JN200384

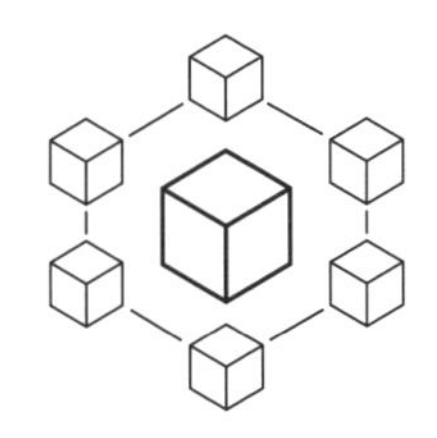

暗号資産とNFTの税務

細川 健
［著］

東京 白桃書房 神田

はじめに

暗号資産（仮想通貨）とNFTの税務について、SNS上の議論の迷走が続いています。暗号資産（仮想通貨）とNFTに係る取引に現行税制がどのように適用されるかについて、暗号資産（仮想通貨）やNFTの租税法の専門家と称する方の記名投稿、匿名投稿が入り乱れています。SNS上の議論の主流は、例えば、暗号資産（仮想通貨）やNFTに係る取引から生じた所得は、原則、譲渡所得に該当するといった納税者有利の根拠のない主張に特徴があり、正にカオスの状態にあります。

暗号資産（仮想通貨）の業界関係団体や業界関係者も暗号資産（仮想通貨）やNFTに係る取引への現行税制の適用関係には余り興味がないようです。私、細川健には、関係団体の金融庁への要望書等の内容が、株式取引に適用される20.315%の分離課税等、税制改正の主張が先走っているように見えてしまいます。暗号資産（仮想通貨）やNFTに係る取引に対して、現行税制がどのように適用されるかをないがしろにしているためか、その主張には説得力が全くありません。

このような状況を打開するために、国税庁は暗号資産（仮想通貨）とNFTの質疑応答集、FAQを次々と出し続けています。そして、暗号資産（仮想通貨）やNFTの租税法の専門家と称する方は、せっかく国税庁が出してくれた暗号資産（仮想通貨）とNFTのFAQ等を真面目に読もうとせず、その解説はおざなりなものばかりで、著作権の譲渡（著法61）と著作物の利用の許諾（著法63）を混同するような稚拙な議論も目立ちます。

そして、暗号資産（仮想通貨）とNFTに係る取引の課税について、SNSを通じて提供される情報は、その性質からどうしても細切れにならざるを得ず、体系的な説明ができないというSNSの致命的な欠点があります。

賛否両論あるでしょうが、暗号資産（仮想通貨）とNFTの税務のように、体系的な知識に基づいて集約された情報の提供が必要なコンテンツには、SNSは基本的に不向きであることが明らかになったと言ってよいでしょう。そして、**本書における暗号資産（仮想通貨）とNFTの税務の検討を通じて、現行税制の脆弱な部分、とりわけ、暗号資産（仮想通貨）の所得税課税とNFT取引の国際源泉課税の不明確さが部分的にせよ明らかになりました**。

国税庁が出している暗号資産（仮想通貨）のFAQ、NFTのFAQ、暗号資産（仮想通貨）の期末時価評価に係るFAQの中には、令和4年12月22日に暗号資産（仮想通貨）のFAQに新設された「1－7　非居住者又は外国法人が行う暗号資産取引（暗号資産（仮想通貨）のFAQ 1-7（11頁））」（本書の第1部　第1章　第7節を参照してください。）のように、問題が多いFAQが含まれているのは事実です。国税庁の担当者が設定した事実関係が曖昧で、なぜ課税されるかについての解説にも明確な根拠の記載がないことから、全く腑に落ちないようなお粗末な内容です。

租税法の専門家の役割は、**国税当局が暗号資産（仮想通貨）やNFT、暗号資産（仮想通貨）の期末時価評価に係る取引の課税関係にどのような見解を持っているかを、その根拠を示しながら丁寧に明らかにすること**です。国税当局の見解が全てではありませんが、納税者有利の意見のみを主張して納税者を惑わせたり、逆に暗号資産（仮想通貨）の必要経費の範囲が狭まるような根拠のない議論を繰り広げて納税者の不安をあおることでは断じてありません。

一部の記名投稿者、匿名投稿者とSNS上での意見のやり取りを試みましたが、思い描いたような成果は得られませんでした。明らかに意図的に論点をずらし、真面目に対応しようとしない税理士も複数いました。主張の根拠の弱さを指摘すると逆ギレして、罵詈雑言を浴びせてきた税理士も現実にいました。

このようなSNS上の苦い経験の積み重ねにより、私、細川健は、暗号資産とNFTの税務について、紙ベースでの出版、それも、費用を自己負担する自費出版やキンドル・ダイレクト出版のようなハードルの低い個人出版ではなく、実績のある出版社からの体系的な解説書を出版する必要性を強く感じ、この本の執筆・出版に至りました。

したがって、本書では、国税庁の暗号資産（仮想通貨）のFAQ、NFTのFAQ、**法人保有暗号資産（仮想通貨）の期末時価評価の取扱い**のうち、重要な質疑応答の全文を黒枠で囲み、**【質疑応答全文】**として掲載した上で、**【筆者解説】**を加えることにしました。そして、納税者からの質問が多い事項を中心に、重要部分について丁寧に記述しています。

本書の《目次》の章立てと節立ても国税庁の暗号資産（仮想通貨）のFAQ、NFTのFAQ、**法人保有暗号資産（仮想通貨）の期末時価評価の取扱い**に全面的に依拠することにしました。そして、国税庁のFAQが取り上げていない若しくは深掘りが必要な論点の解説は節立てを別にして解説し、ブロックチェーンゲームの代表であるステップン（STEPN）の税務については補論でまとめました。

なお、本書の議論は、令和4年12月22日に公表された暗号資産（仮想通貨）のFAQに基づいて記述しています。令和5年12月25日に公表された暗号資産（仮想通貨）のFAQにおける更新追加部分に対する見解、解説等については、今後、順次、著者の細川健のホームページ、ブログ等で公表していく予定です。

さらに、議論が流動的で、今後税制改正等により変わる可能性がある部分に焦点を当てて、暗号資産（仮想通貨）とNFTに関する20のコラムも執筆しました。暗号資産（仮想通貨）やNFTに係る取引の税務に余り興味がない方、興味と必要はあっても税務の基礎知識がない方は、まずは、暗号資産（仮想通貨）とNFTに関するコラムから読んでいただきたいと思います。

本書『暗号資産とNFTの税務』は、本当に様々な紆余曲折を経てようやく出版に漕ぎ着けました。厳しい出版事情にもかかわらず、この本の出版を即決してくださった株式会社白桃書房の大矢栄一郎代表取締役と、この出版社への橋渡しをしてくださった明治大学専門職大学院明治大学グローバル・ビジネス研究科の山口不二夫教授には本当にお世話になりました。この場をかりて深く感謝の意を表したいと思います。

そして最後に、私ごとですが、本の校閲をしてくれた私の愛妻である元参議院速記者の洋子にこの場をかりてメッセージを伝えたいと思います。結婚当初、妻の職業に何の関心もなかったのですが、ひとたび仕事を手伝ってもらうと、妻が仕事を通じて得た知見が想像以上に執筆の助けになりました。また、実務的なことばかりでなく、コロナの後遺症で首と喉の激痛に悩まされ、辛い日々を過ごしている私を精神的にも笑顔で励ましてくれました。

洋子先生、そして、愛猫のTAXちゃん、いつもありがとう。心から愛しています。

令和6年7月末日

《凡　例》

本書の文中に使用した法令通達等の略語は、おおむね次のとおりである。

民法　＝　民法
著法　＝　著作権法
金商法　＝　金融商品取引法
所法　＝　所得税法
所令　＝　所得税法施行令
所規　＝　所得税法施行規則
法法　＝　法人税法
法令　＝　法人税法施行令
法規　＝　法人税法施行規則
消法　＝　消費税法
消令　＝　消費税法施行令
消規　＝　消費税法施行規則
相法　＝　相続税法
相令　＝　相続税法施行令
相規　＝　相続税法施行規則
贈法　＝　贈与税法
贈令　＝　贈与税法施行令
贈規　＝　贈与税法施行規則
国法　＝　国税通則法
国令　＝　国税通則法施行令
国規　＝　国税通則法施行規則
租法　＝　租税特別措置法
租令　＝　租税特別措置法施行令
租規　＝　租税特別措置法施行規則
所基通　＝　所得税基本通達
法基通　＝　法人税基本通達
消基通　＝　消費税法基本通達
相基通　＝　相続税法基本通達
贈基通　＝　贈与税基本通達
財基通　＝　財産評価基本通達
資金決済法　＝　資金決済に関する法律
旧資金決済法　＝　資金決済に関する法律
（令和元年6月7日公布、令和2年5月1日施行前の資金決済法）
新資金決済法　＝　資金決済に関する法律
（令和元年6月7日公布、令和2年5月1日施行後の資金決済法）
暗号資産（仮想通貨）情報　＝　暗号資産に関する税務上の取扱いについて（情報）
暗号資産（仮想通貨）のFAQ　＝　（別添）暗号資産に関する税務上の取扱いについて（FAQ）

NFT 情報　=　NFT に関する税務上の取扱いについて（情報）
NFT の FAQ　=　（別添）NFT に関する税務上の取扱いについて（FAQ）
法人保有暗号資産（仮想通貨）の期末時価評価の取扱い　=
（別添）法人が保有する暗号資産に係る期末時価評価の取扱いについて
国外送金等調書法　=　内国税の適正な課税の確保を図るための国外送金等に係る調書の提出等に関する法律
国外送金等調書施行令　=　内国税の適正な課税の確保を図るための国外送金等に係る調書の提出等に関する法律施行令
国外送金等調書規則　=　内国税の適正な課税の確保を図るための国外送金等に係る調書の提出等に関する法律施行規則

【引用例】
著法 63 ③　=　著作権法第 63 条第 3 項
法法 2 十七　=　法人税法第 2 条第 17 号
所法 161 ①十一　=　所得税法第 161 条第 1 項第 11 号
法基通 7-1-5　=　法人税基本通達 7-1-5

本書は、令和 5 年 8 月末日現在の法令・通達等に基づいて執筆しています。

目　次

第２章　暗号資産の所得税関係 ………… 067

第３章　暗号資産の法人税関係 ………… 111

序　章

暗号資産とNFTの概要

第1節

暗号資産とNFTの制度の概要

まず、暗号資産（仮想通貨）とNFTの概要について説明します。

①暗号資産（仮想通貨）[1]とは、「資金決済に関する法律」（以下「資金決済法」といいます。）に定義されるインターネット上でやり取りできる財産的価値であり、② NFT（Non-Fungible Token）とは、ブロックチェーンを基盤にして作成された代替不可能な電子的証票です。

暗号資産（仮想通貨）が資金決済法の定義に依拠して議論されているのに対して、NFTは明確な定義が存在しないまま議論されているという現状にあることに留意してください。

暗号資産（仮想通貨）の税務の取扱いとNFTの税務の取扱いは整合性のあるものでなければなりませんし、NFTの税務の取扱いは、著作権法に依拠した議論と密接に関連するものとならざるを得ません。

このような事情にあるため、第1部では、暗号資産（仮想通貨）の税務の取扱いについて解説を行い、第2部では、著作権法に依拠した議論、とりわけ、著作物の利用の許諾（著法63）の議論を考慮しつつ、NFTの税務の取扱いについて解説を行うこととします。

〈国税当局によるNFTとFTの税務の取扱いの基本的な考え方〉

国税庁は、令和4年4月1日に、NFTに関して初めて税務の取扱いを公表しました。この取扱いの表題は、「No. 1525-2　NFTやFTを用いた取引を行った場合の課税関係」[2]となっており、その内容は、NFT（Non-Fungible Token）とFT（Fungible Token）、つまり、暗号資産（仮想通貨）とNFTを並列的に取り扱っているところに大きな特徴があります。しかしながら、この取扱いはNFTとFTのそれぞれの定義を明確にしないまま、

1　令和元年6月7日公布、令和2年5月1日施行の旧資金決済法では、「仮想通貨」を「暗号資産」という名称に改めています。暗号資産（仮想通貨）のFAQも、それに合わせて名称を変更していますので、本書においては、基本的に「暗号資産（仮想通貨）」と表記します。

2　国税庁HPタックスアンサー「No.1525-2　NFTやFTを用いた取引を行った場合の課税関係」（令和5年8月31日閲覧）

NFTとFTの課税関係を並列的に取り扱うという結論のみを示したものであり、筆者はその議論の組立てそのものに大きな疑問を持っています。

そして、SNSを中心に、「No. 1525-2　NFTやFTを用いた取引を行った場合の課税関係」の解釈として、NFTに係る取引から生じる所得は譲渡所得に該当する等根拠のない、誤った議論が急増しました。国税庁はこの状況に対応するために、新たな文書の作成と公表に追われることになりました。

国税庁は令和5年1月13日に「NFTに関する税務上の取扱いについて（情報）」（以下「NFT情報」といいます。）[3]を公表し、その別添として「（別添）NFTに関する税務上の取扱いについて（FAQ）」（以下「NFTのFAQ」といいます。）を公表しましたが、削除されなかった「No. 1525-2　NFTやFTを用いた取引を行った場合の課税関係」との関係は必ずしも明らかではありません。

〈NFTとFTとを区分する「代替性」について〉

NFT（Non-Fungible Token）とは、代替性のないトークン（証票、しるし等）のことであって、唯一無二（非代替）のデジタルトークン（電子的証票）のことをいいます。

一方、FT（Fungible Token）とは、代替性のあるトークンのことであり、その代表的なものは、別々のATMから自由に預け入れと引き出しが可能な1万円札や千円札です。

このようなNFTとFTの相違点となっている「代替性」は相対的なものであり、代替的なものと非代替的なものの中間に位置するものも実際には存在しており、税務ではそのような中間的な存在の取扱いが今後重要になります。

〈マイクロソフトが提唱する中間的なハイブリッド・トークン〉

2019年4月17日のマーレイ・グレイ氏の投稿[4]によれば、マイクロソフトはNFT（非代替性トークン）とFT（代替性トークン）との中間的概念として、ハイブリッド・トークンという類型を提唱していることが明らかにされています。

このため、NFT（非代替性トークン）とFT（代替性トークン）を区分するということ自体の妥当性についても検討が必要であるということになります。

〈国税当局によるNFTとFTの所得税法上の取扱い〉

国税庁HPのタックスアンサー「No. 1525-2　NFTやFTを用いた取引を行った場合の課税関係」によれば、「いわゆるNFT（非代替性トークン）やFT（代替性トークン）が、**暗号資産などの財産的価値を有する資産と交換できるものである場合**、そのNFTやFTを用いた取引については、**所得税の課税対象となります**。」（下線と強調は筆者）と説明されていて、NFTであれFTであれ、財産的価値を有する資産と交換できる場合には所得税の課税対象とされ、財産的価値を有する資産と交換できないNFTやFTを用いた取引

3　国税庁HP法令等／その他法令解釈に関する情報「NFTに関する税務上の取扱いについて（情報）」（令和5年1月13日）（令和5年8月31日閲覧）

4　Marley Gray, “Microsoft driving standards for the token economy with the Token Taxonomy Framework” dated April 17th, 2019.（令和5年8月31日閲覧）

については、所得税の課税対象とならないことが明らかにされています。そして、NFTやFTを用いた取引の税務の取扱いについては、既に雑所得として取り扱うことが明らかにされている暗号資産（仮想通貨）の取扱いが前提になると考えられます[5]。

なお、暗号資産（仮想通貨）とNFTに係る主な財務省・国税庁資料一覧と国税当局が考えるNFT、FT及び暗号資産（仮想通貨）の関係を図表にすると、次のようになります。

図表0-1……**暗号資産（仮想通貨）とNFTとFTに係る主な発表資料一覧**

資料名	資料公表日又は改正日
①国税庁HP「No. 1524　暗号資産を使用することにより利益が生じた場合の課税関係」	令和4年4月1日公表
②国税庁HP「No. 1525　暗号資産交換業者から暗号資産に代えて金銭の補償を受けた場合」	令和4年4月1日公表
③国税庁HP「No. 1525-2　NFTやFTを用いた取引を行った場合の課税関係」	令和4年4月1日公表
④国税庁HP「所得税基本通達の制定について」の一部改正について（法令解釈通達）「雑所得の範囲の取扱いに関する所得税基本通達の解説」	令和4年10月7日改正
⑤国税庁HP「（別添）暗号資産に関する税務上の取扱いについて（FAQ）」「1-7　非居住者又は外国法人が行う暗号資産取引」（11頁）追加	平成30年11月21日公表 令和4年12月22日改正
⑥国税庁HP「（別添）NFTに関する税務上の取扱いについて（FAQ）」	令和5年1月13日公表
⑦国税庁HP法令等／その他法令解釈に関する情報「法人が保有する暗号資産に係る期末時価評価の取扱いについて」	令和5年1月20日公表
⑧国税庁HP「令和5年度法人税関係法令の改正の概要　5暗号資産の評価方法等の見直し」	令和5年5月17日公表
⑨国税庁『改正税法のすべて　令和5年版』（大蔵財務協会、2023年）	令和5年7月26日発行
⑩財務省HP『令和5年度　税制改正の解説』小竹義範＝山中潤＝針原亮＝下髙原徹＝大沢暁子＝岡本憲治著「法人税法等の解説」250～260頁	令和5年7月4日公表

5　国税庁HP令和4年12月22日付「暗号資産に関する税務上の取扱いについて（情報）」（令和5年8月31日閲覧）

図表 0-2……**国税当局が No. 1525-2 において議論する NFT と FT、及び雑所得扱いの暗号資産（仮想通貨）の関係**

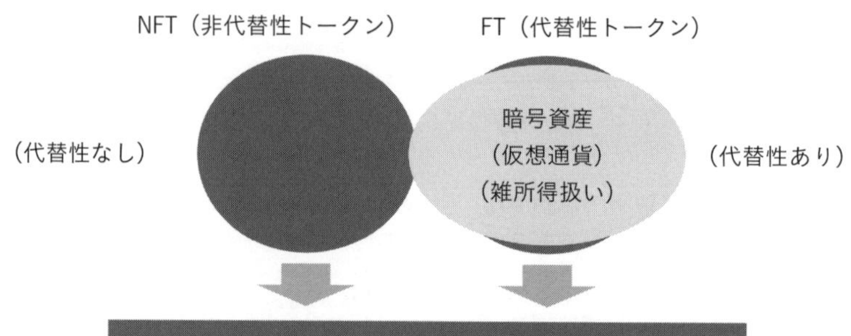

・代替性は相対的な概念……野球のボール（有体物）・ナンバー付き紙幣（FT）
　……コンサートＳ席とＡ席（代替性は相対的概念）
・①暗号資産（仮想通貨）を手放して現金を取得する
・②暗号資産（仮想通貨）を手放して商品やサービスを取得する
・③暗号資産（仮想通貨）を手放してアルトコインと呼ばれる暗号資産（仮想通貨）を取得する
・いずれも取得した商品、サービス及び暗号資産（仮想通貨）の時価を中心に考える
・アート NFT の定義が極めて重要、議論の混乱と錯綜多々あり
「NFT（Non-Fungible Token）とは、ブロックチェーン上で、デジタルデータに唯一の性質を付与して真贋性を担保する機能や、取引履歴を追跡できる機能をもつトークンをいいます。」（「NFT に関する税務上の取扱いについて（FAQ）」）
・デジタルアセットである NFT アート（アート作品）とアート NFT の峻別が重要

第２節

暗号資産の税務の概要

第１項……はじめに

前節では、暗号資産（仮想通貨）と NFT の概要について説明しました。次に、暗号資産（仮想通貨）の税務の概要について説明します。

暗号資産（仮想通貨）の取扱いについて、国税庁は、令和４年12月22日付で「暗号資産に関する税務上の取扱いについて（情報）」（以下「暗号資産（仮想通貨）情報」といいます。）を公表しており、その別添として「（別添）暗号資産に関する税務上の取扱いについて（FAQ）」（以下「暗号資産（仮想通貨）の FAQ」といいます。）を公表しています。また、国税庁 HP には、タックスアンサーとして、No. 1524、No. 1525 及び No. 1525-2[6] が公表されています。

巷間、様々な議論がされている暗号資産（仮想通貨）と NFT の税務ですが、「NFT に係る取引から生じた所得は全て譲渡所得該当」等国税当局の考え方を誤解、歪曲した解説が SNS を中心に広く流布されている状況にあります。したがって、まずは、「国税が何を説明しているのか」を明確にするために、国税庁タックスアンサー、暗号資産（仮想通貨）の FAQ の中で重要なものを取り上げて問と答の部分を四角で囲み、問と答の全文を記述し、その記述に基づいて説明を行うことにします。

暗号資産（仮想通貨）情報と暗号資産（仮想通貨）の FAQ が公表された最初の日付は、それぞれ平成29年12月１日と平成30年11月21日となっていて、その後、それらが改訂されて現在の暗号資産（仮想通貨）情報と暗号資産（仮想通貨）の FAQ となっています。

本節では、国税庁が示している暗号資産（仮想通貨）の取扱いの概要について紹介をすることとします。

暗号資産（仮想通貨）の FAQ は34の質疑応答を掲載していて、その目次は次のとおりです（目次内の頁番号は、暗号資産（仮想通貨）の FAQ の頁を示しています）。

6　脚注２国税庁 HP タックスアンサー参照。

なお、令和4年12月22日付の暗号資産（仮想通貨）情報と暗号資産（仮想通貨）のFAQには、「1-7　非居住者又は外国法人が行う暗号資産取引（11頁）」が追加されています。「第1部　暗号資産の税務」においては、34の質疑応答のうち重要な27の［**質疑応答**］を太線で示し、質疑応答の全文を［**質疑応答全文**］として掲載し、筆者による内容説明を［**筆者解説**］として記述します。

また、「第1部　暗号資産の税務」は、《1　所得税・法人税共通関係》等の見出しに依拠して章立てし、「1-1　暗号資産を売却した場合」等の設問に従って節立てしています。

第2項……暗号資産とNFTの税制改正の動向

令和4年1月26日、自民党のデジタル社会推進本部は「NFT政策検討プロジェクトチーム（PT）」（以下「PT」といいます。）の設置を発表し、令和4年3月30日、PTは「NFTホワイトペーパー（案）～Web3.0時代を見据えたわが国のNFT戦略～」を発表しました。

〈「Web3.0」とは何か―価値の共創・保有・交換を行う新しいレイヤー（段階）―〉

まず、経産省HP「「Web3.0」とは何か？」に基づいて「Web3.0」について説明します。「Web3.0」とは、「ブロックチェーン上で、暗号資産等のトークンを媒体として「価値の共創・保有・交換」を行う経済」（トークン経済）、世界では、①NFT取引、②分散型金融（DeFi）、③ゲームと金融の融合（GameFi）など、暗号資産やNFT等のトークンを用いた多様なスタートアップが誕生。」と説明されています。

「Web3.0」とは、価値の共創・保有・交換を行う新しい3つ目のレイヤー（段階）のことであり、分散型台帳技術が参加当事者による取引履歴の追跡と検証を可能にしたことにより、ブロックチェーン上で、改ざんが困難なデジタルアセットの唯一無二性（非代替性）とその取引の真正性を証明できるNFTの特徴を用いて、デジタルアセットの経済価値を飛躍的に高めることが可能になりました。

NFTのFAQでは、「**NFT（Non-Fungible Token）とは、ブロックチェーン上で、デジタルデータに唯一の性質を付与して真贋性を担保する機能や、取引履歴を追跡できる機能をもつトークンをいいます。**」とNFTを定義していますが、著作権法や租税法を考慮したものではなく、必ずしも公式の定義ではないことに留意してください。

以上の説明をまとめると、次の図表のようになります。

図表 0-3……「Web3.0」とは価値の共創・保有・交換を行う 3 つ目のレイヤー（段階）（10 頁）[7]

「Web1.0」－Read
・e メールによる交信
・ホームページによる発信
・検索エンジンを通じた検索
・e コマースによる購買活動

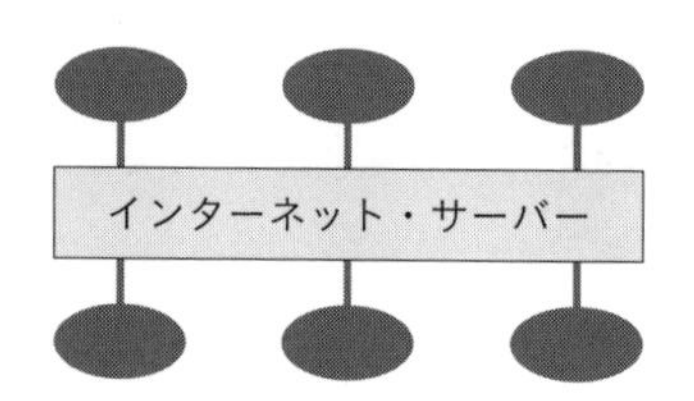

「Web2.0」－Read & Write
・SNS の登場により双方向の情報受発信が拡大
・独占的プラットフォーマーに個人データ集中が進行

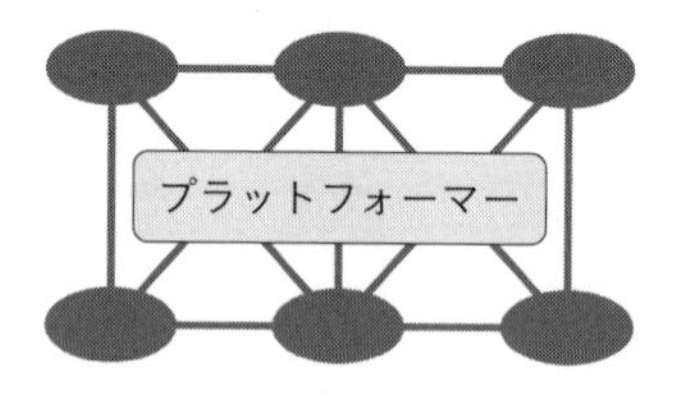

「Web3.0」－Read, Write & Own
・ブロックチェーン技術が基盤
・価値の共創・保有・交換を行うトークン経済の構築
・分散型台帳により参加者による取引履歴の追跡と検証が可能

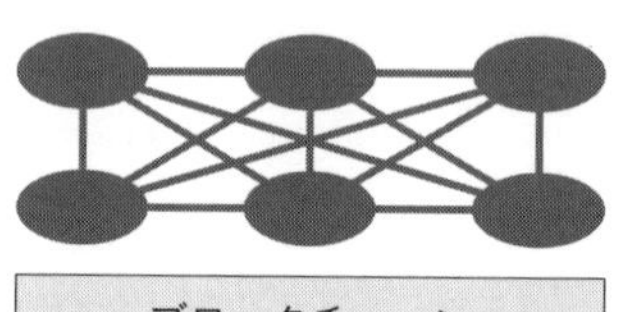
ブロックチェーン

〈NFT ホワイトペーパーの 3 つの税務関連項目〉

税務関連項目としては、1 つ目には、「15. 自社発行の保有トークンに対する時価評価課税の負担が非常に重く、ビジネスの海外流出の要因に」なっているとして、「発行した法人自ら保有するトークンは、期末時価評価の対象から除外し、実際に収益が発生した時点で課税するよう税制改正や取扱いの見直しを行うべき」としました。なお、令和 5 年度税制改正大綱（令和 4 年 12 月 16 日　自由民主党　公明党）75・76 頁によれば暗号資産の評価方法等について見直しを行うとされていて、令和 5 年 1 月 20 日に「法人が保有する暗号資産に係る期末時価評価の取扱いについて（情報）」[8]と、その別添として「（別添）法人が保有する暗号資産に係る期末時価評価の取扱いについて」（以下「法人保有暗号資産（仮想通貨）の期末時価の取扱い」といいます。）が公表されています。

2 つ目には、「19. 個人の暗号資産の取引の損益に、最高税率 55 %の所得税・住民税が課される」として、「個人の暗号資産取引の損益も、上場株式等の取引と同様に、20% の税率（筆者注：正式には 20.315%（所得税及び復興特別所得税 15.315%＋住民税 5%））に

7　経済産業省 HP「「Web3.0」とは何か？」（令和 5 年 8 月 31 日閲覧）に基づいて筆者が作成。
8　国税庁 HP 法令等／その他法令解釈に関する情報「法人が保有する暗号資産に係る期末時価評価の取扱いについて（情報）」（令和 5 年 1 月 20 日付）（令和 5 年 8 月 31 日閲覧）

よる申告分離課税の対象とすることも含め、検討を行うべき」としました。しかしながら、この問題は、令和5年度税制改正でも触れられることがなく、棚上げされたままです。

3つ目には、「20. 国境を跨ぐ NFT 取引」について、所得税・法人税・消費税の課税関係が一部不明確」であるとして、「海外当局と協力して、課税関係の明確化と、課税の公平性を担保するために必要な体制整備を行うべき」としています。しかしながらこの問題も、令和5年度税制改正でも触れられることがなく、棚上げされたままです。

さらに、自民党のデジタル社会推進本部は令和4年4月26日、「デジタル・ニッポン2022～デジタルによる新しい資本主義への挑戦～」を正式に発表しました[9]。PT によるその別添1.「NFT ホワイトペーパー　Web3.0 時代を見据えたわが国の NFT 戦略」(68～78頁)「6. NFT ビジネスを支えるブロックチェーンエコシステムの健全な育成に必要な施策」(68頁) の中で(1)「ブロックチェーンエコノミーに適した税制改正」(68頁)、(5)「利用者に対する所得課税の見直し」(71頁) 及び(6)「国境を跨ぐ取引における所得税及び消費税の課税関係の整理」(71・72頁) が改めて記述されています。

自由民主党デジタル社会推進本部の web3 プロジェクトチームが令和5年4月に発表した「web3 ホワイトペーパー　～誰もがデジタル資産を利活用する時代へ～」によれば、「(2-1) トークンによる資金調達を妨げない税制改正」として、「他社が発行するトークンを保有する場合、そのようなトークンのうち短期売買目的でないものを期末時価評価課税の対象から除外し、取得原価で評価する措置を講じるべきである。」(7頁) と提言し、「(2-2) 個人が保有する暗号資産に対する所得課税の見直し」として、「①暗号資産の取引により生じた損益について 20% の税率による申告分離課税の対象とすること、②暗号資産にかかる損失の所得金額からの繰越控除（翌年以降3年間）を認めること、③暗号資産デリバティブ取引についても、同様に申告分離課税の対象にすることが検討されるべきである。」(8・9頁) と提言していますが、いずれも令和5年度税制改正では取り上げられていない事項の再度の提言です。

〈栗原克文論文の紹介する暗号資産（仮想通貨）税制〉

栗原克文「仮想通貨（暗号資産）と税制」[10]は、2つの海外論文を紹介することにより、各国の暗号資産（仮想通貨）の所得区分は譲渡所得が主流であること、ICO によるトークン発行の取扱い（所得の種類、所得源泉地を含む）を中心に議論しています。

また、エアードロップ及び（ハード）フォークにより受け取るトークンの取扱いを紹介し、活発な市場が存在していない暗号資産（仮想通貨）の譲渡損益の算定や時価評価の対象ではない暗号資産（仮想通貨）の評価損の取扱い（損金算入の可否等）及び暗号資産（仮想通貨）に関する各国での税務上の取扱いの相違から生じ得る租税回避への対応等の必要性を指摘しています。

9　自由民主党政務調査会デジタル社会推進本部「デジタル・ニッポン 2022～デジタルによる新しい資本主義への挑戦～」(令和4年4月26日)(令和5年8月31日閲覧)

10　栗原克文「仮想通貨（暗号資産）と税制」第840号（日本租税研究協会、2019年）254～270頁。

栗原克文「仮想通貨（暗号資産）と税制」の内容は、「NFTホワイトペーパー　Web3.0時代を見据えたわが国のNFT戦略」にほぼ一致しています。

自由民主党のデジタル社会推進本部による「NFTホワイトペーパー　Web3.0時代を見据えたわが国のNFT戦略」と「web3ホワイトペーパー　～誰もがデジタル資産を利活用する時代へ～」の税制上のポイントを示すと次の図表のようになります。

図表0-4……「NFTホワイトペーパー　Web3.0時代を見据えたわが国のNFT戦略」と「web3ホワイトペーパー　～誰もがデジタル資産を利活用する時代へ～」の税制上のポイント（自由民主党のデジタル社会推進本部）

①ブロックチェーンエコノミーに適した税制改正	自社発行の保有トークンのうち一定の要件を満たすものを期末時価課税から除外
	他社発行の保有トークンのうち短期売買目的でないものを期末時価課税から除外
②個人の暗号資産（仮想通貨）の取引に係る税制の見直し	分離課税制度（20.315%）の導入
	損失の所得金額からの繰越控除（翌年以降3年間）
	暗号資産デリバティブ取引についても申告分離課税の対象
③国境を跨ぐNFT取引の所得税及び消費税の課税関係の見直し（具体的な内容について，筆者加筆）	所得税法第204条（著作権の使用料）の内容検討
	所得税法161条1項11号（旧7号所得）（著作権の使用料）の内容検討
	国内源泉所得の定義、使用地主義と債務者主義（租税条約の適用）
	著作権譲渡（著作権の全部譲渡と一部譲渡）（著法61）と著作物の利用の許諾（著法63）との峻別

第3項……暗号資産の税務の定義

暗号資産（仮想通貨）の税務の定義は、旧資金決済法2条（定義）5項の「暗号資産」の定義に依拠して規定されていました（所法48の2①、法法61①）。

この旧資金決済法2条5項の暗号資産（仮想通貨）の定義は、次のとおりになっていました。

〈旧資金決済法2条（定義）5項1号及び2号の「暗号資産」の定義〉

5　この法律において「暗号資産」とは、次に掲げるものをいう。ただし、金融商品取引法（昭和二十三年法律第二十五号）第二条第三項に規定する電子記録移転権利を表示するものを除く。

一　物品を購入し、若しくは借り受け、又は役務の提供を受ける場合に、これらの**代価の弁済のために不特定の者に対して使用する**ことができ、かつ、**不特定の者を相手方として購入及び売却を行うことができる財産的価値**（電子機器その他の物に電子的方法により記録されているものに限り、本邦通貨及び外国通貨並びに通貨建資産を除く。次号において同じ。）であって、電子情報処理組織を用いて移転することができるもの

二　**不特定の者を相手方として**前号に掲げるものと**相互に交換を行うことができる財**

産的価値であって、電子情報処理組織を用いて移転することができるもの

旧資金決済法2条5項1号及び2号に規定される暗号資産（仮想通貨）は、それぞれ「1号暗号資産」と「2号暗号資産」と呼ばれていて、この暗号資産（仮想通貨）の定義をまとめると、次の図表のようになります（下線と強調は筆者）[11]。

図表0-5……旧資金決済法2条5項上の暗号資産（仮想通貨）の定義の確認

旧資金決済法上の条項	要　件
1号暗号資産（仮想通貨） （旧資金決済法2条5項1号）	①物品の購入、借り受け、サービス提供の**代価の弁済に不特定の者に対して使用できること** ②**不特定の者を相手方として、購入・売却できること** ③コンピュータ等に電子的に記録された**財産的価値**で、ITシステムにより移転できること ④日本通貨、外国通貨、通貨建資産（預金、債券等）でないこと
2号暗号資産（仮想通貨） （旧資金決済法2条5項2号）	①不特定の者を相手方として、1号暗号資産（仮想通貨）と交換できること ②コンピュータ等に電子的に記録された**財産的価値**で、ITシステムにより移転できること

旧資金決済法2条5項の1号暗号資産（仮想通貨）の定義に「代価の弁済のために不特定の者を相手方として」とありますが、暗号資産（仮想通貨）の定義が不特定の者に対する決済手段であることが重視されていることが所得税法上で雑所得に区分されることにもつながっています。

「電子記録移転権利」は、暗号資産（仮想通貨）の定義から除外されており（旧資金決済法2条5項ただし書）、金融商品取引法（以下「金商法」といいます。）2条3項に規定されています。これは、ICO（Initial Coin Offering）のうち、収益分配等を受けることができるトークンを「電子記録移転権利」[12]と定義し、金商法に規定して規制するためです。「電子記録移転権利」は、旧資金決済法2条5項の決済型の暗号資産（仮想通貨）ではなく、金商法2条3項に投資型の暗号資産（仮想通貨）として規定されることにより、金商法上の開示規制等の対象となることになります[13]。また、「電子記録移転権利」は、金商法2条1項に流通性の高い1項有価証券として規定され、金商法2条2項に規定されている流通性の低いみなし有価証券とは区別されます。

11　松嶋隆弘＝渡邊涼介編『改正資金決済法対応　仮想通貨はこう変わる‼　暗号資産の法律税務会計』（有斐閣、2019）永井徳人＝櫻井駿「Ⅲ　資金決済法における暗号資産　1　暗号資産（仮想通貨）交換事業者に対する法規制」104頁の説明を基に筆者が作成したものです。

12　下尾裕「暗号資産・トークンを巡る課税上の諸問題」（日本租税研究協会、2023年7月14日講演）講演資料4頁参照。セキュリティ・トークンと呼ばれる「有価証券（電子記録移転権利・集団投資スキーム持分）」は金商法により規定され、税法上は原則として有価証券（法法2二十一）に区分され、株式等・公社債に該当すると説明されています。

13　脚注11　松嶋隆弘＝渡邊涼介編　永井徳人＝櫻井駿「Ⅲ　資金決済法における暗号資産」104頁、鬼頭駿泰「Ⅳ　暗号資産の利用に際してかかわる諸法規」192・193頁参照。

以上の説明をまとめると、次の図表のようになります。

図表0-6……暗号資産（仮想通貨）と電子記録移転権利等との区分と根拠条文[14]

暗号資産（仮想通貨）等の区分	根拠条文
決済型暗号資産（仮想通貨） 旧資金決済法に規定され、金商法上は金銭とみなされてデリバティブ取引の原資産と参照数値になる	旧資金決済法2条5項、金商法2条の2
投資型暗号資産（仮想通貨） ①**電子記録移転権利**（流通性の高いもの。1項有価証券） ②みなし有価証券（流通性の低いもの。2項有価証券）	金商法2条1項・3項、金商法2条2項・3項括弧書き

〈新資金決済法の改正（令和5年6月1日から施行）〉

安定的かつ効率的な資金決済制度の構築を図るための資金決済に関する法律等の一部を改正する法律（令和4年法律第61号）により、資金決済法が改正されたこと（以下「新資金決済法」といいます。）に伴う規定の整備が行われました。暗号資産（仮想通貨）とは、新資金決済法2条14項に規定する暗号資産（仮想通貨）をいうとされ（法法61①）、令和5年6月1日から施行されています。

なお、この新資金決済法2条14項の暗号資産（仮想通貨）の定義は、次のとおりになっています。

〈新資金決済法2条（定義）14項1号及び2号の「暗号資産」の定義〉

14　この法律において「暗号資産」とは、次に掲げるものをいう。ただし、金融商品取引法第二十九条の二第一項第八号に規定する権利を表示するものを除く。

一　**物品等**を購入し、若しくは借り受け、又は役務の提供を受ける場合に、これらの**代価の弁済のために不特定の者に対して使用する**ことができ、かつ、不特定の者を相手方として購入及び売却を行うことができる**財産的価値**（電子機器その他の物に電子的方法により記録されているものに限り、本邦通貨及び外国通貨、通貨建資産並びに**電子決済手段**（通貨建資産に該当するものを除く。）を除く。次号において同じ。）であって、電子情報処理組織を用いて移転することができるもの

二　不特定の者を相手方として前号に掲げるものと相互に交換を行うことができる財産的価値であって、電子情報処理組織を用いて移転することができるもの

新資金決済法2条14項1号及び2号に規定される暗号資産（仮想通貨）は、それぞれ「1号暗号資産」と「2号暗号資産」と呼ばれていて、この暗号資産（仮想通貨）の定義をまとめると、次の図表のようになります（下線と強調は筆者）。

14　脚注11　松嶋隆弘＝渡邊涼介編　鬼頭駿泰「Ⅳ　暗号資産の利用に際してかかわる諸法規　3　暗号資産の利用と金商法との接点」193頁を基に筆者が作成したものです。

図表0-7……新資金決済法2条14項上の暗号資産（仮想通貨）の定義の確認[15]

新資金決済法上の条項	要　件
1号暗号資産（仮想通貨） （新資金決済法2条14項1号）	①※**物品等**（通貨ではない物品その他の財産的価値）の購入、借受け、サービス提供の**代価の弁済に不特定の者に対して使用できること** ②不特定者を相手方として、購入・売却できること ③コンピュータ等に電子的に記録された**財産的価値**で、ITシステムにより移転できること ④日本通貨及び外国通貨、通貨建資産（預金、債券等）並びに※※**電子決済手段**（通貨建資産に該当するものを除く）**でないこと**
2号暗号資産（仮想通貨） （新資金決済法2条14項2号）	①不特定者を相手方として、1号暗号資産（仮想通貨）と交換できること ②コンピュータ等に電子的に記録された**財産的価値**で、ITシステムにより移転できること

※　新資金決済法2条6項において、「「物品等」とは、物品その他の財産的価値（本邦通貨及び外国通貨を除く。）をいう。」と定義され、無体物の購入に用いられるものも暗号資産（仮想通貨）に該当することが明確化されました。

※※　新資金決済法2条7項において、「「通貨建資産」とは、本邦通貨若しくは外国通貨をもって表示され、又は本邦通貨若しくは外国通貨をもって債務の履行、払戻しその他これらに準ずるもの」と定義され、**通貨建資産に加えて電子決済手段（法定通貨担保型ステーブルコイン等）が暗号資産（仮想通貨）の範囲から除外**されました[16]。

具体的には、Tether（USDT）、USD Coin（USDC）、BUSD（Binance USD）等の米ドルが担保資産、裏付け資産とされる電子決済手段（法定通貨担保型ステーブルコイン等）が暗号資産（仮想通貨）の範囲から除外され、**日本国内での法定通貨担保型ステーブルコインの発行者は銀行、信託会社、資金移動業者の3つに限定されることになりました**[17]。

〈改正暗号資産ガイドラインⅠ-1-1（決済手段性に関する考え方）〉

金融庁「事務ガイドライン（第三分冊：金融会社関係）」（16　暗号資産交換業者関係）の一部改正（案）の公表について」（令和4年12月16日）によれば、改正暗号資産ガイドラインⅠ-1-1①に（注）が追加されていて、暗号資産（仮想通貨）の定義である「代

15　脚注12　下尾裕講演資料5頁を基に筆者作成。

16　日本租税研究協会の和気清隆氏を通じて、「電子決済手段（法定通貨担保型ステーブルコイン等）が暗号資産（仮想通貨）の範囲から除外」されたことについてその法律的及び税法的な意義を質問したところ、下尾裕氏から次のような追加説明をいただきました（令和5年7月18日確認）。「今回の資金決済法の改正は、あくまで金融規制の観点から、デジタルマネーに類似するステーブルコインの取扱事業者に一定の行為規制を課するべく行われたものであり、税務を考慮したものではありません。ただ、法人税法上の暗号資産＝資金決済法の暗号資産とされていることとの関係で、新たに電子決済手段（筆者注：下尾裕「暗号資産・トークンを巡る課税上の諸問題」（日本租税研究協会、2023年7月14日講演）講演資料4頁においては、電子決済手段（筆者注：法定通貨担保型ステーブルコイン等を指す。）と説明されています。）という類型が生まれ、これが暗号資産の範囲から除外されたことにより、今後、電子決済手段として整理されるステーブルコインについては期末時価評価益課税の対象とはならないことが明確になったということになります。」

17　日本経済新聞電子版（令和5年6月3日）「ステーブルコイン、日本でも発行可能に　何が変わる？　イチから分かる金融」（令和5年8月31日閲覧）によれば、法定通貨担保型ステーブルコインは、「従来は暗号資産（仮想通貨）の一種と位置づけられてきましたが、日本では仮想通貨とは切り分けて法律を整備しました。この結果、ステーブルコインの発行者は銀行、信託会社、資金移動業者の3つに限定されることになりました。」として、電子決済手段（筆者注：法定通貨担保型ステーブルコイン等を指す。）が暗号資産（仮想通貨）の範囲から除外され、別途、法整備されたこととその理由が報道されています。

価の弁済のために不特定の者に対して使用することができる」を満たさない場合やその例外等が提示されています。

(注) 以下のイ及びロを充足するなど、**社会通念上、法定通貨や暗号資産を用いて購入又は売却を行うことができる、物品等にとどまると考えられるもの**については、「**代価の弁済のために不特定の者に対して使用することができる**」ものという要件は満たさない。ただし、イ及びロを充足する場合であっても、法定通貨や暗号資産を用いて購入又は売却を行うことができる物品等にとどまらず、現に小売業者の実店舗・ECサイトやアプリにおいて、**物品等の購入の代価の弁済のために使用されているなど、不特定の者に対する代価の弁済として使用される実態がある場合**には、同要件を満たす場合があることに留意する。

イ．発行者等において**不特定の者に対して物品等の代価の弁済のために使用されない意図であることを明確にしていること**（例えば、発行者又は取扱事業者の規約や商品説明等において決済手段としての使用の禁止を明示している、又はシステム上決済手段として使用されない仕様となっていること）

ロ．当該財産的価値の価格や数量、技術的特性・仕様等を総合考慮し、**不特定の者に対して物品等の代価の弁済に使用し得る要素が限定的であること**。例えば、以下のいずれかの性質を有すること

・最小取引単位当たりの価格が通常の決済手段として用いるものとしては高額であること

・発行数量を最小取引単位で除した数量（分割可能性を踏まえた発行数量）が限定的であること

なお、以上のイ及びロを充足しないことをもって直ちに暗号資産に該当するものではなく、個別具体的な判断の結果、暗号資産に該当しない場合もあり得ることに留意する。(下線と強調は筆者)

パブリックコメント回答の内容については、次のような解説があります。

上記ロの「高額」及び「数量」については、**例えば「1000円以上」、「100万個以下」との例示**がなされています（上記ガイドライン　改正に関するパブリックコメントNo. 16及びNo. 20他参照）[18]

つまり、アートNFTを含むトークンについて、イ．発行者又は取扱事業者の利用規約等により決済手段としての利用を禁止すること及びロ．当該トークンの発行上限を（分割

18　脚注12　下尾裕講演資料6頁、金融庁「コメントの概要及びコメントに対する金融庁の考え方」(令和5年8月31日閲覧)

可能性を踏まえて）100 万個以下に設定又は最小取引単価を 1,000 円以上に設定することにより、「**社会通念上、法定通貨や暗号資産を用いて購入又は売却を行うことができる、物品等にとどまると考えられる**」場合には、「**代価の弁済のために不特定の者に対して使用することができる**」という要件は満たさないことから、暗号資産（仮想通貨）に該当しないことが原則になります。

COLUMN

コラム1

関係3団体に苦言、暗号資産の税制改正の議論が盛り上がらないのはなぜなのか

暗号資産（仮想通貨）の税制改正の議論が盛り上がっていません。それはなぜでしょうか。一言で言えば、現行税制の分析が全くできていないからです。ですから、論点を絞れていないので、その議論と提言が説得力に欠けるということではないかと思います。

日本ブロックチェーン協会（JBA）は「暗号資産に関する税制改正要望（2024年度）」を金融庁に提出し、⑴第三者発行トークンに対する期末含み益課税の撤廃、⑵個人の暗号資産取引に対する課税方法を申告分離課税に変更し税率を一律20.315%とすること、⑶暗号資産同士の交換時の都度利益に対する所得税課税の撤廃の3つを提案しています。

日本暗号資産ビジネス協会（JCBA）は、日本暗号資産取引業協会（JVCEA）と共同で、「2024年度税制改正に関する要望書」を取りまとめ、金融庁に提出し、ほぼ同様の提案をしています。

⑵と⑶は、既に繰り返し要望等がなされています。したがって、この2つは世間に周知徹底されていて、税制改正により税負担を軽減するか否かを政府が決めるかどうかの問題です。

⑵は暗号資産（仮想通貨）の取引を棚ぼた的な投機的利益と考える一般層からの理解が得られにくく、⑶は租税回避行為の横行が容易に想像できることを考えると、早期の撤廃は不可能であると考えられます。

つまり、現行税制が暗号資産（仮想通貨）を雑所得扱いしている背景や、なぜ暗号資産（仮想通貨）が譲渡所得に区分することができないか等、現行法を理論的根拠を伴って掘り下げて議論することを忘れているので、議論と提言が飛躍し過ぎていて説得力が全くないのではないかと思います。

「発行の時から継続して有する」と「自己の計算において有する」場合の国税当局の解釈は、「法人が保有する暗号資産に係る期末時価評価の取扱いについて（情報）」により明らかにされています。既に立法されている「発行の時から継続して有する」と「自己の計算において有する」暗号資産（仮想通貨）の解釈論と、令和5年度税制改正で見送られた他社が発行し第三者が保有する短期売買目的でないトークンを期末時価評価の対象外にすることは明確に分けるべきです。令和5年度税制改正関係の法令通達の量の多さや、「発行の時から継続して有する」と「自己の計算において有する」場合に係る未解決の解釈論に鑑みれば、⑴の他社が発行し第三者が保有する短期売買目的でないトークンを期末時価評価の対象外にする議論は立法そのものが技術的に難しく、安易に税制改正を提案するべきではありません。

日本ブロックチェーン協会（JBA）、日本暗号資産ビジネス協会（JCBA）、日本暗号資産取引業協会（JVCEA）は税制改正要望の内容を再検討すべきでしょう。

コラム **2**

COLUMN

暗号資産（仮想通貨）の定義
－法定通貨担保型ステーブルコインの取扱い－

にわかに注目を集めているステーブルコインのステーブルは「安定した」という意味で、ステーブルコインとは価格が大きく変動しないようにブロックチェーン（分散型台帳）上で設計される決済手段をいいます。そして、価値安定の手法により、法定通貨担保型、暗号資産（仮想通貨）担保型、コモディティー担保型、無担保型の 4 つに分けられます。

このうち米ドルを担保にしたテザー（tether）等法定通貨担保型ステーブルコインは、令和 5 年 6 月 1 日に改正された新資金決済法により電子決済手段と定義されました。そして、通貨建資産に加えて、電子決済手段が暗号資産（仮想通貨）の範囲から除外されました。日本経済新聞電子版（令和 5 年 6 月 3 日）は、「従来は暗号資産（仮想通貨）の一種と位置付けられてきましたが、日本では仮想通貨とは切り分けて法律を整備しました。この結果、ステーブルコインの発行者は銀行、信託会社、資金移動業者の 3 つに限定されることになり」、国内での発行が検討されていると報じています。

日本の租税法の暗号資産（仮想通貨）の定義は資金決済法に依拠していることから、当然ながら電子決済手段（法定通貨担保型ステーブルコイン等）も租税法上の暗号資産（仮想通貨）の範囲から除かれることになります。そして、資金決済法の改正は、必ずしも租税法上の取扱いを考慮したものでないことは明らかです。

また、いわゆるトークン、ペイメントトークンと呼ばれる典型的な暗号資産（仮想通貨）から除外されるものとしては、有価証券（電子記録移転権利・集団投資スキーム持分）やユーティリティトークンと呼ばれるアート NFT があります。

さらに、暗号資産（仮想通貨）とアート NFT の区分は改めて問題視されていて、金融庁「事務ガイドライン（第三分冊：金融会社関係）」（16 暗号資産交換業者関係）の一部改正（案）の公表について」によれば、改正暗号資産ガイドライン 1 -1-1 ①に（注）が追加されています。そのパブリックコメントに対する回答の中で、「代価の弁済のために不特定の者に対して使用することができる」という暗号資産（仮想通貨）の要件を満たさない可能性がある例として具体的な数値（最小取引単価を 1,000 円以上に設定する又は発行上限 100 万個以下）が提示されています。

第３節

NFT の税務の概要

第１項……はじめに

前節では暗号資産（仮想通貨）の税務の概要を説明しました。第３節では NFT の税務の概要を NFT とは何かを含めて説明します。

〈NFT（Non-Fungible Token）と FT（Fungible Token）とは何か〉

NFT（Non-Fungible Token）とは、代替不可能なトークン（証票、しるし等）の総称です。FT（Fungible Token）が代替可能なトークンであるのに対して NFT（Non-Fungible Token）には個別性があり、唯一無二のトークンであるという特徴があります。そして、典型的な FT（Fungible Token）は、複数の ATM で自由に出し入れが可能な紙幣（１万円札や千円札）です。全ての日本銀行発行紙幣には通しナンバーが付いているという意味では個別性があり、代替不可能ですが、紙幣として通常使用する場合には誰も１万円札や千円札の通しナンバーには注目しないという社会的な事情があるため、日本銀行発行紙幣は代替可能トークンの代表として社会的に認知されています。このように、それぞれのトークンが社会的にどのように認知されているのかということも、NFT であるのか、あるいは FT であるのかという判断の重要な要素になります。

〈トークンとは証票、電子的証票の意味〉

「トークン（Token）」の一般的な意味としては、証票、しるし等ということになります。NFT の法律や税制でいうトークンには、定義があるわけではありません。下尾裕[19]は、「一般的には証票、この文脈では電子的証票を意味しております。」、「個別のトークンに個性があるかというところが大きな分岐点です。」と説明します[20]。

〈個別性、唯一無二性、代替性と中間的な性質〉

例えば、著名な野球選手ベーブ・ルースのサインボールは、日付やサインボールを渡した相手や場所が特定される場合も少なからずあり、その価値はオークションで数千ドルになることもあります。このように、個別性がある、唯一無二のものであるという特徴は、デジタルアセットのみならず、本来は何の特徴もない野球ボールのような有体物にも当てはまります。

個別性、唯一無二の NFT と代替可能な FT には、コンサート A 席・S 席のような代替性のある中間的区分が存在することが重要です。例えば、コンサート S 席のうち、F 14 席、F 15 席というような非代替性トークンの固有の区分も含まれています。例えば、S 席であればどこでも構わないという顧客にとっては代替性トークンの意味合いもあることが重要になってきます。つまり、「NFT か FT かという問題は、代替性という意味では、そも

19　下尾裕「NFT 関連取引を巡る税務上の論点整理」『租税研究』（日本租税研究協会、2022 年）第 874 号 27～59 頁。
20　脚注 19　下尾裕 28 頁参照。

そも相対的なものではある」ことから[21]、中間的な性質のトークンの取扱いが今後の税務上の取扱いの問題のポイントの１つになると考えられるわけです。

以下、下尾裕「NFT 関連取引を巡る税務上の論点整理」を中心に税務上の取扱いの論点をまとめていきますが、その前に NFT、とりわけアート NFT の意義について議論します。

第２項……NFT とは何か

NFT が話題になったのは、カナダのゲームアプリ会社であるダッパーラボ社（Dapper Labs Inc.）が開発したブロックチェーンゲームで、かわいい独自の猫キャラを育てるクリプトキティーズ（CryptoKitties）の 2017 年のヒットがありました。そして、ダッパーラボ社が米国バスケットボールリーグと業務提携し、プレイヤーの画像や動画を採用して開発したトレーディングカードである NBA トップショット（NBA Top Shot）の、2021 年 10 月の発売直後の大ヒットも、さらに NFT を広く知らしめることとなりました。

そして、NFT が世界的に注目されたのは、2021 年３月 12 日、デジタルアーティストであるビープル（Beeple）ことマイク・ウィンケルマン（Michel Joseph Winkelmann）が毎日のように制作したデジタルアートを１つのデジタルアートにコラージュしてアート NFT にしたエブリデイズ：最初の 5,000 日（Everydays:the First 5,000 days ）」が 6,935 万ドル（約 75 億円）で落札されたという報道があってからです[22]。新聞報道等によればデジタルアートのデータと著作権自体はデジタルアーティストであるビープル（Beeple）が留保していると考えられるところ、NFT アート（アート作品）[23]は代表的なオークションハウスであるクリスティーズが発行して顧客である落札者の一人が購入していると考えられることから、①アート NFT が発行される仕組みそのものと②落札者が 75 億円でクリスティーズを通じてデジタルアーティストであるビープル（Beeple）からアート NFT を購入する社会的、法律的な意味合いが大きな話題になったのです。

ここからは、デジタルアセットである NFT アート（アート作品）とアート NFT との混同を避けるために、NFT アート（アート作品）と NFT の峻別が必要な場合には NFT を「アート NFT」と記載します。

第３項……アート NFT が発行される仕組みとは

〈NFT アート（アート作品）とアート NFT〉

それでは、デジタルアセットであるアート NFT が NFT アート（アート作品）に依拠

21　脚注 19　下尾裕 34 頁参照。
22　天羽健介＝増田雅史編『NFT の教科書』（朝日新聞出版、2021 年）天羽健介「第１章　NFT ビジネスの全体像」13 頁参照。
23　デジタルアセットである NFT アート（アート作品）は、デジタルアーティストが制作するデジタルデータそのものであり、デジタルアートとも呼ばれます。デジタルアセットである NFT アート（アート作品）に依拠してオークションハウスやオープンシー（OpenSea）のようなプラットフォーム事業者によりアート NFT が制作されます。

して発行される仕組みとはどのようなものでしょうか。一番知名度が高いプラットフォーム事業者であるオープンシー（OpenSea）を用いて、デジタルアートであるNFTアート（アート作品）のアートNFT化のケースを説明します。

登場人物は、NFTアート（アート作品）の著作権者であるデジタルアーティスト、オープンシー（OpenSea）に代表されるプラットフォーム事業者及びアートNFTをETH（イーサリアム）等で購入するアートNFTの購入者（保有者）の3者です。そして、デジタルアーティストは、プラットフォーム事業者を通じてNFTアート（アート作品）をNFT化してアートNFTマーケットプレイスのブロックチェーン上にアップロードします。アートNFTの購入者（保有者）は、アートNFTマーケットプレイスを通じてデジタルアーティストからアートNFTを購入し、保有することになります。

〈ETH（イーサリアム）とスマートコントラクトとERC 721とは何か〉

このような仕組みを実現したのは、ETH（イーサリアム）のブロックチェーンです。なぜならば、ETH（イーサリアム）のブロックチェーンは、「一定の発行条件や運用条件をトークンにあらかじめ組み込むことによって、条件を満たすと一定の効果が自動的に発現するというようなプログラム設計が可能」[24]であるスマートコントラクトと呼ばれる機能を持っていて、様々な情報を電子的証票に表章することが可能なのです。そして、ETH（イーサリアム）のブロック・チェーンは、ERC721に代表される「ERC（Ethereum Request for Comments）というイーサリアム・ブロックチェーンにおける技術的な共通規格」[25]を持っていることから、NFT取引には頻繁に利用されます。

〈アートNFT購入・保有の意味〉

「アートNFTを第三者に移転できる者は通常、それが記録されているブロックチェーン上のアドレス（Wallet）に対応する秘密鍵を知る者に限られます」[26]。この点について、赤澤直樹「NFTアートのデータはどこにある？　改ざんや複製もあり得るNFT、よくある誤解を解説」は、アートNFTに関する世間一般の誤解を端的に説明しています。つまり、「（アート）NFTはコンテンツの複製防止の技術ではなく、**(デジタル）データと持ち主（筆者注：アートNFTの購入者（保有者））を紐付けている証明書（筆者注：電子的証票）をブロックチェーンに記録**しているイメージ」（下線と強調は筆者）です[27]。したがって、デジタルデータであるNFTアート（アート作品）とアートNFTが直接紐付けられているのではなく、デジタルデータであるNFTアート（アート作品）とアートNFTの購入者（保有者）が紐付けられているということが非常に重要になってきます。

アートNFTは、NFTアート（アート作品）をNFT化したものであり、NFTアート（アー

24　脚注19　下尾裕28頁参照。

25　脚注22　天羽健介＝増田雅史編　増田雅史「第2章　NFTの法律と会計」189頁参照。

26　脚注22　天羽健介＝増田雅史編　増田雅史「第2章　NFTの法律と会計」189頁参照。

27　赤澤直樹「NFTアートのデータはどこにある？改ざんや複製もあり得るNFT、よくある誤解を解説」（令和3年6月2日）（令和5年8月31日閲覧）

ト作品）がNFT化されることで、唯一無二の価値を持ったアートNFTになるという関係となりますので、NFTアート（アート作品）とアートNFTとの間には密接なつながりがあるということになりますが、アートNFTは、NFTアート（アート作品）から別途独立して取引されることになりますので、この「つながり」は、アートNFTの税務上の取扱いを考える上では、基本的には考慮する必要はないと考えられます。

〈IPFS（InterPlanetary File System）とブロックチェーン〉

さらに重要なことは、NFTアート（アート作品）のデジタルデータは、デジタルアーティストによりInterPlanetary File System（IPFS）と呼ばれるオフチェーン・システムにアップロードされるのが通常であり、ビープル（Beeple）のデジタルデータ作品も、作品自体はIPFS上にアップロードされていて、誰でもダウンロードができるという事実です。NFTアート（アート作品）のデジタルデータはIPFS（InterPlanetary File System）にアップロードされるのであり（これをオフチェーンといいます）、ブロックチェーン上にアップロードされるわけではありません。

IPFS（InterPlanetary File System）は、プロトコルラボ社（Protocol Labs社）が開発して提唱するピアーツーピアー（P2P）の分散型システムであり、特定のサーバーに依存せずにコンテンツを保持することができる点に特徴があります[28]。その一方で、プラットフォーム事業者がアートNFTをアップロードし、アートNFTの購入者（保有者）がアートNFTを購入する場合は、ブロックチェーンを通じてアートNFTを購入して保有しているのであり、NFTアート（アート作品）そのものがアップロードされ、売買されているわけでもなければ、アートNFTがデジタルデータであるNFTアート（アート作品）に紐付けられて売買されているわけもないのです。

ところで、泉絢也＝藤本剛平『事例でわかる！　NFT・暗号資産の税務』（中央経済社、2022年）は、「実物絵画をNFT化して譲渡する場合にも、同じように譲渡益非課税・譲渡損失無視の規定が適用されるのでしょうか。この点に関する国税庁の公式見解は出ていません。NFTを売買するといった場合に、関係当事者は、究極的にはその紐付いている資産や権利を売買の目的物、あるいは取引の対象として考えているという関係当事者の意思や、（ここは様々な議論があるのですが）NFTの価値の源を考えると、NFTに紐付けられた資産や権利はNFTにおいて重要な要素であると思います。そうであれば、税金の取扱いを検討する際に、……（中略）……**NFTに紐付けられた資産や権利に着目すべきです。**」（下線と強調は筆者）[29]と述べています。

筆者は、この見解に賛成できません。

NFTアート（アート作品）とアートNFTには関連性があって、つながりがあるとは言い得ますが、NFTアート（アート作品）の取引とアートNFTの取引は全く別の取引

28　脚注22　天羽健介＝増田雅史編　増田雅史「第2章　NFTの法律と会計」202頁参照。
29　泉絢也＝藤本剛平『事例でわかる！　NFT・暗号資産の税務』（中央経済社、2022年）68・69頁参照。

として行われることになり、アートNFTの取引が行われても、NFTアート（アート作品）の権利は著作権者等に留保されたままで何ら変わることはありません[30]。

このような事情にあることから、筆者は、租税法の取扱いを検討するに当たり、アート作品とNFTが「紐付けられた」関係にある又はつながりがあることに着目するというのは不適切と考えます。

国税庁は、令和5年1月13日にNFTのFAQを公表しましたが、NFTのFAQ 1（3頁）の［解説］は、アートNFTを組成して第三者に譲渡した場合（一次流通）は、「デジタルアートの閲覧に関する権利」の設定に係る取引に該当し、当該取引から生じた所得は雑所得又は事業所得に区分されるということを明らかにしています。そして、NFTのFAQ 1（3頁）の質問文は、「デジタルアートを制作し、そのデジタルアートを紐づけたNFTをマーケットプレイスを通じて第三者に有償で譲渡しました。」と記述しており、デジタルアートの制作とアートNFTの取引を別のものと捉えていることが確認できます。

なお、「デジタルアートの閲覧に関する権利」の設定に係る取引とは、アートNFTを組成して第三者に譲渡した場合のその譲渡（一次流通）ですが、正確に内容を説明すると、著作物の利用の許諾（著法63）のうち、著作権法21条に規定する複製権及び同法23条に規定する公衆送信権等に該当します（NFTのFAQ 10（15頁））。

図表0-8　NFTアート（アート作品）とアートNFTのアップロードと関係者の概観図

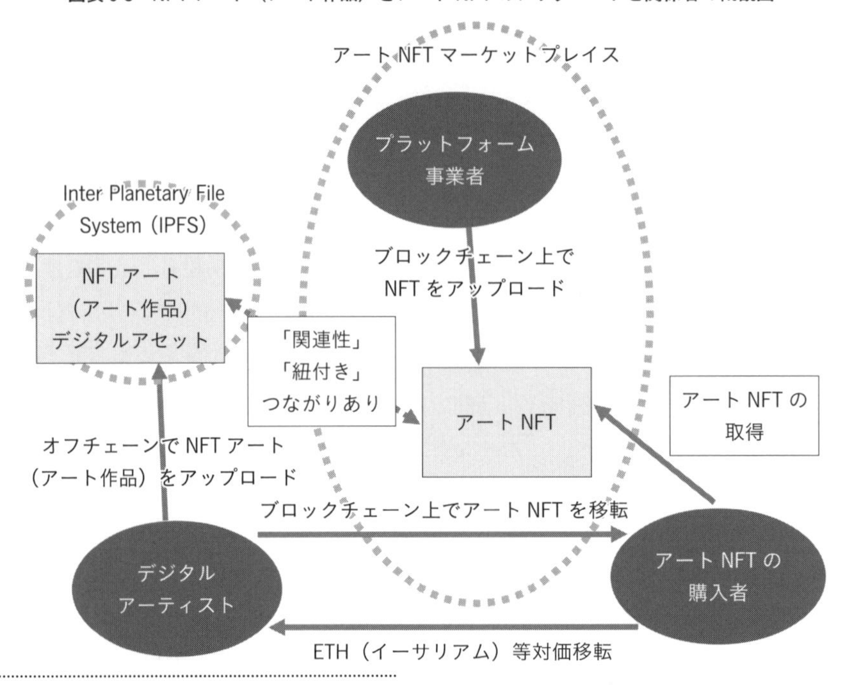

30　脚注29　泉絢也＝藤本剛平68・69頁参照。著作権の譲渡（著法61）と著作物の利用の許諾（著法63）は明確に分けて議論するのが著作権法の基本です。泉絢也＝藤本剛平のデジタルデータであるNFTアート（アート作品）とアートNFTの混同は、著作権譲渡（著法61）と著作物の利用の許諾（著法63）の混同という深刻な誤解、曲解を生んでいます。

第4項……国税庁のNFTに関する税務上の取扱いについて（FAQ）の説明

NFTのFAQ（1頁）では、「**NFT（Non-Fungible Token）とは、ブロックチェーン上で、デジタルデータに唯一の性質を付与して真贋性を担保する機能や、取引履歴を追跡できる機能をもつトークンをいいます。**」（下線と強調は筆者）と、アートNFTの機能に着目して定義しており、この定義から、デジタルアセットであるNFTアート（アート作品）に係る取引とアートNFTに係る取引が明確に区分されていることが確認できます。つまり、著作権譲渡（著法61）と著作物の利用の許諾（著法63）との峻別が議論の出発点になります。

NFTのFAQの目次は、次のとおりです（《目次》内の頁番号はNFTのFAQ内の頁番号を示しています。）。「第2部　NFTの税務」では公表されたNFTのFAQの質疑応答の全文を枠で囲み、[**質疑応答全文**]として掲載し、[**筆者解説**]を記述することにします。

なお、「第2部　NFTの税務」は、[所得税・法人税関係]等の見出しに依拠して章立てし、「問1. NFTを組成して第三者に譲渡した場合（一次流通）」等の設問に従って節立てしています。

《目次》

第1部

暗号資産の税務

第 **1** 章

暗号資産の所得税・法人税共通関係

この章では、暗号資産（仮想通貨）のFAQの順番に沿って、暗号資産（仮想通貨）の税務上の取扱いのうち、所得税・法人税に共通する税務上の取扱いについて説明します。

第1節

暗号資産を売却した場合
（暗号資産（仮想通貨）のFAQ 1-1（4頁））

［質疑応答全文］

問　次の暗号資産取引を行った場合の所得の計算方法を教えてください。

（例）　・4月2日　4,000,000円で4 BTCを購入した。
　　　　・4月20日　0.2 BTCを210,000円で売却した。
　　　　（注）上記取引において暗号資産の売買手数料については勘案していない。

答　上記（例）の場合の所得金額は、次の計算式のとおりです。

［計算式］

210,000円－（4,000,000円÷4 BTC）×　0.2 BTC　＝10,000円（注2）
［譲渡価額］　［1 BTC当たりの価額（注1）］　［売却した数量］　［所得金額］
［譲渡原価］

（注）1　総平均法又は移動平均法のうちいずれか選択した方法（選択しない場合、個人においては総平均法、法人においては移動平均法）により計算した金額となります。
　　2　その他の必要経費がある場合には、その必要経費の額を差し引いた金額となります。

保有する暗号資産を売却（日本円に換金）した場合の所得金額は、その暗号資産の譲渡価額とその暗号資産の譲渡原価等との差額となります。

［筆者解説］

個人が暗号資産（仮想通貨）を売却すると、その譲渡益は、所得税法上、雑所得に分類されます。そして、所得金額は、譲渡価額から譲渡原価と必要経費になる売買手数料等を控除することにより計算されます。

法人が暗号資産（仮想通貨）を売却すると、譲渡価額が益金に算入され、譲渡原価と売買手数料等が損金に算入されて、法人税法上の所得金額が算出されます。

〈4月2日の仕訳〉

FAQ 1-1の取引を仕訳で示すと、次のようになり、所得金額は10,000円となります。

（借方）暗号資産 4,000,000円　　（貸方）現金預金 4,000,000円

4 BTCを4,000,000円で取得しているので、取得した時のレート（平均単価）は1,000,000円、数量は4 BTCになります（@1,000,000円×4 BTC＝4,000,000円）。

保有する暗号資産（仮想通貨）を売却（日本円に換金）した場合の所得金額は、その暗号資産（仮想通貨）の譲渡価額とその暗号資産（仮想通貨）の譲渡原価等との差額となります。

（借方）現金預金	210,000円	（貸方）暗号資産	200,000円
		暗号資産譲渡益	10,000円

取得単価1,000,000円のBTCを0.2 BTCだけ売却しているので、譲渡原価は200,000円、譲渡価額は210,000円になり、暗号資産（仮想通貨）の譲渡益は10,000円になります。暗号資産（仮想通貨）の個人の法定評価方法は総平均法であり、法人の法定評価方法は移動平均法ですが、この例の場合、取得した時のレート（平均単価）はいずれも同じ金額になります。

「所得税の暗号資産の評価方法の届出手続」[31]の提出は、法定評価方法である総平均法以外の評価方法である移動平均法を選択する場合に、通常、提出する必要があります。暗号資産（仮想通貨）の評価方法を現在行っている評価方法から変更する場合には、個人の場合、翌年の確定申告書の提出期限までに「所得税の暗号資産の評価方法の届出書（変更申請書）」[32]を提出する必要があります。

詳しくは、「第2章　暗号資産の所得税関係　第5節　暗号資産の評価方法の届出（暗号資産（仮想通貨）のFAQ 2-5（18頁））」と「第6節　暗号資産の評価方法の変更手続（暗号資産（仮想通貨）のFAQ 2-6（20頁））」で説明します。

31　国税庁HP「A1-21所得税の暗号資産の評価方法の届出手続」（令和5年8月31日閲覧）
32　国税庁HP「A1-25所得税の暗号資産の評価方法の変更承認申請手続」（令和5年8月31日閲覧）

第2節
暗号資産で商品を購入した場合
（暗号資産（仮想通貨）のFAQ 1-2（5頁））

［質疑応答全文］

問　次の暗号資産取引を行った場合の所得の計算方法を教えてください。

（例）　・4月2日　4,000,000円で4 BTCを購入した。

・10月5日　403,000円（消費税等込）の商品を購入する際の決済に0.3 BTCを支払いました。なお、取引時における交換レートは1 BTC＝1,350,000円であった。

（注）上記取引において暗号資産の売買手数料については勘案していない。

答　上記（例）の場合の所得金額は、次の計算式のとおりです。

［計算式］

403,000円	－（4,000,000円÷4 BTC）×	0.3 BTC	＝103,000円（注2）
［商品価額（＝ビットコインの譲渡価額）］	［1 BTC当たりの価額（注1）］	［支払った数量］	［所得金額］
	［譲渡原価］		

（注）1　総平均法又は移動平均法のうちいずれか選択した方法（選択しない場合、個人においては総平均法、法人においては移動平均法）により計算した金額となります。

2　その他の必要経費がある場合には、その必要経費の額を差し引いた金額となります。

保有する暗号資産で商品を購入した場合、保有する暗号資産を譲渡したことになりますので、この譲渡に係る所得金額は、その暗号資産の譲渡価額とその暗号資産の譲渡原価等との差額となります。

保有する暗号資産を売却（日本円に換金）した場合の所得金額は、その暗号資産の譲渡価額とその暗号資産の譲渡原価等との差額となります。

［筆者解説］

次に、暗号資産（仮想通貨）で商品やサービスを購入した場合（暗号資産（仮想通貨）のFAQ 1-2（5頁））について、説明します。

暗号資産（仮想通貨）で商品やサービスを購入した場合には、一旦、暗号資産（仮想通貨）を手放して現金を取得し、その後に、その現金で商品やサービスを購入したと考えるのが基本です。

手放した暗号資産（仮想通貨）の時価と取得した商品やサービスの時価とが異なる場合には、手放した暗号資産（仮想通貨）の時価ではなく、取得した商品やサービスの時価を基準として暗号資産（仮想通貨）の譲渡損益の計算を行うこととなりますので、手放した暗号資産（仮想通貨）の時価と取得した商品やサービスの時価との差額は、暗号資産（仮想通貨）の譲渡益・譲渡損の額を増加させたり減少させたりすることとなります。

〈4月2日の仕訳〉

4,000,000円で4 BTCを購入しているので、取得価額は取得した時のレート（平均単価）に取得した時の数量を乗じることにより計算され（1,000,000円（@1,000,000×4 BTC＝4,000,000円））、仕訳は、次のようになります。

（借方）暗号資産（4 BTC）4,000,000円　　　　（貸方）現金預金　4,000,000円

この例では、平均単価が1,000,000円の暗号資産（仮想通貨）を0.3 BTCだけ手放していますので、譲渡原価は300,000円になります。そして、取引した時のレートが1 BTC＝1,350,000円に値上がりしているため、手放した時のレートから取得した時のレートを差し引いて、手放した数量を乗ずると、((1,350,000円－1,000,000円)×0.3 BTC＝105,000円)という金額が算出されることになります。

しかしながら、この例では、403,000円の商品を取得していますので、暗号資産（仮想通貨）の譲渡価額は405,000円（405,000円＝1,350,000円×0.3 BTC）ではなく、403,000円とすることになります。

そうすると、暗号資産（仮想通貨）の譲渡益は105,000円ではなく、103,000円（403,000円－4,000,000円÷4 BTC×0.3 BTC）ということになります。

つまり、手放した暗号資産（仮想通貨）の時価405,000円と取得した商品の時価403,000円との差額の2,000円は、暗号資産（仮想通貨）の譲渡益の額を減少させることとなっているということです。

これが暗号資産（仮想通貨）のFAQ 1-2（5頁）の結論ということになります。

ただし、実務においては、暗号資産（仮想通貨）を手放して取得する商品やサービスの時価が不明確であるというケースも多々あるものと考えられます。

そのようなケースの実務対応としては、取得する商品やサービスの時価について、手放す暗号資産（仮想通貨）の時価を用いることもあり得ます。

第3節

暗号資産同士の交換を行った場合
（暗号資産（仮想通貨）のFAQ 1-3（6頁））

［質疑応答全文］

問　次の暗号資産取引を行った場合の所得の計算方法を教えてください。

（例）　・4月2日　4,000,000円で4 BTCを購入した。
・11月2日　40 XRPを購入する際の決済に1 BTCを支払った。なお、取引時における交換レートは1 XRP=30,000円であった。

（注）1　上記取引において暗号資産の売買手数料については勘案していない。
2　上記取引は一時的に必要な暗号資産を取得した場合には該当しないケースである。

答　上記（例）の場合の所得金額は、次の計算式のとおりです。

［計算式］

（30,000円×40 XRP）　－（4,000,000円÷4 BTC）×　1 BTC　＝200,000円（注2）
［リップルの購入価額（＝ビットコインの譲渡価額）］　［1 BTC当たりの価額（注1）］　［支払数量］　［所得金額］
［譲渡原価］

（注）1　総平均法又は移動平均法のうちいずれか選択した方法（選択しない場合、個人においては総平均法、法人においては移動平均法）により計算した金額となります。
2　その他の必要経費がある場合には、その必要経費の額を差し引いた金額となります。

【筆者解説】

暗号資産（仮想通貨）と暗号資産（仮想通貨）との交換を行い、アルトコインと呼ばれる他の暗号資産（仮想通貨）を取得した場合には、一旦、取得した時の価格（平均単価）に手放した数量を掛けることにより暗号資産（仮想通貨）の譲渡原価を計算します。そして、それを一度現金に替え、その後、その現金で他の暗号資産（仮想通貨）を取得したと考えると、処理を容易に理解することができるようになります。

ただし、手放した暗号資産（仮想通貨）の譲渡価額は、取得した暗号資産（仮想通貨）の時価となることに留意する必要があります。

手放した暗号資産（仮想通貨）の譲渡原価は、取得した時の暗号資産（仮想通貨）の価格（平均単価）に手放した数量を掛けることによって算出することになります。

暗号資産（仮想通貨）の売却に係る所得税と法人税の課税には、①暗号資産（仮想通貨）を手放して現金を取得する、②暗号資産（仮想通貨）を手放して商品やサービスを取得する及び③暗号資産（仮想通貨）を手放してアルトコインと呼ばれるその他の暗号資産（仮想通貨）を取得する3つのパターンがあります。取得した時の暗号資産（仮想通貨）の価格（平均単価）に手放した暗号資産（仮想通貨）の数量を掛けることにより譲渡原価を計算するのは3つのパターンとも共通です。

〈4月2日の仕訳〉

4,000,000円で4 BTCを購入しているので、平均単価1,000,000円（@1,000,000円×4

BTC＝4,000,000円）と計算されます。

（借方）暗号資産（4 BTC）4,000,000円　　（貸方）現金預金　4,000,000円

〈11月2日の仕訳〉

単価30,000円のリップル（XRP）を40 XRP取得しているので、譲渡価額は1,200,000円（1,200,000円＝30,000円×40 XRP）になり、手放した1 BTCは取得した時の1,000,000円から1,200,000円に値上がりしていることになります。

暗号資産（仮想通貨）の譲渡損益は、200,000円（200,000円＝(1,200,000円－1,000,000円)×1 BTC）と計算されます。

（借方）暗号資産（40 XRP）1,200,000円　（貸方）暗号資産（1 BTC）1,000,000円
暗号資産譲渡益　200,000円

この例は、取得した暗号資産（XRP）の取得した時の価格（平均単価）に取得した数量を掛けた金額（1,200,000円＝@30,000円×40 XRP）と手放した暗号資産（BTC）の手放した時の価格に手放した数量を掛けた金額（1,200,000円＝1,200,000円)×1 BTC）とが一致しています。一致していない場合は、取得した暗号資産（XRP）の取得した時の価格（平均単価）に取得した数量を掛けた金額である取得価額を基礎にして、手放した暗号資産（BTC）の手放した時の価格に手放した数量を掛けた金額との差額は、暗号資産（仮想通貨）の譲渡益・譲渡損の額を増加させたり減少させたりすることとなります。

暗号資産（仮想通貨）同士を交換した時の暗号資産（仮想通貨）の譲渡原価、譲渡益・譲渡損をまとめると次のようになります。

- 暗号資産（仮想通貨）の譲渡原価＝暗号資産（仮想通貨）を取得した時の価格（取得単価）×手放した暗号資産（仮想通貨）の数量
- 暗号資産（仮想通貨）の譲渡損益（その1）＝(暗号資産（仮想通貨）を取得した時の価格（取得単価）－手放した暗号資産（仮想通貨）を手放した時の価格)×手放した暗号資産（仮想通貨）の数量
- 暗号資産（仮想通貨）の譲渡損益（その2）＝取得した暗号資産（仮想通貨）の時価又は商品やサービスの時価（基準になる金額)－手放した暗号資産（仮想通貨）を取得した時の価格×手放した暗号資産（仮想通貨）の数量

第４節
暗号資産の取得価額
（暗号資産（仮想通貨）のFAQ 1-4（7頁））

［質疑応答全文］

問　国内の暗号資産交換業者から、暗号資産を購入しましたが、その際に手数料を支払いました。この場合の購入した暗号資産の取得価額はどうなりますか。

（例）10月2日　2 BTCを2,000,000円で購入した。購入時に手数料550円（消費税等込）を支払った。

答　上記（例）の場合の暗号資産の取得価額は、購入の代価2,000,000円に手数料550円を加算した2,000,550円になります。

暗号資産の取得価額は、その取得の方法により、それぞれ次のとおりとされています。なお、取得価額は、購入手数料など暗号資産の購入のために要した費用がある場合には、その費用の額を含む金額となります。

①対価を支払って取得（購入）した場合
購入時に支払った対価の額

②贈与又は遺贈により取得した場合（次の③の場合を除く）
贈与又は遺贈の時の価額（時価）

③相続人に対する死因贈与、相続、包括遺贈又は相続人に対する特定遺贈により取得した場合
被相続人の死亡の時に、その被相続人が暗号資産について選択していた方法により評価した金額（被相続人が死亡時に保有する暗号資産の評価額）

④上記以外の場合
その取得時点の価額（時価）

（注）上記以外の場合とは、例えば、暗号資産同士の交換、マイニング（採掘）、分裂（分岐）などにより暗号資産を取得した場合をいい、その場合の取得価額は、取得時点の価額（時価）になります。なお、分裂（分岐）により暗号資産を取得した場合の取得価額は0円です（「1-5　暗号資産の分裂（分岐）により暗号資産を取得した場合」参照）。

［参考］消費税の課税事業者（税抜経理方式を適用）である法人が、上記（例）の取引を行う場合の購入した暗号資産の取得価額

上記（例）の場合の暗号資産の取得価額は2,000,500円（注1、2）になります。

（注）1　消費税法では、暗号資産などの支払手段等の譲渡は非課税とされていますが、暗号資産交換業者に対して取引の仲介料として支払う手数料は、仲介に係る役務の提供の対価に該当し、消費税の課税対象になります。

2　本件取引を行う者が消費税法上の課税事業者に該当し、かつ、税抜経理方式を適用している場合には、手数料に含まれる消費税等の額（50円＝550円×10/110）と課税取引の対価の額（500円＝550円－50円）を区分し、課税取引の対価の額を暗号資産の支払対価の額に加算した金額（2,000,500円＝2,000,000円＋500円）が購入した暗号資産の取得価額となります。

［筆者解説］

第１項……暗号資産の取得価額と付随費用

〈10月２日の仕訳〉

（借方）暗号資産（2 BTC）2,000,550円　　（貸方）現金預金 2,000,550円

まず、暗号資産（仮想通貨）の取得に伴って支払う購入手数料は取得価額に含まれます。一部の暗号資産（仮想通貨）の税金計算ソフトではガス代を経費に設定していますが、購入手数料やガス代等の付随費用は支払時の経費にすることはできず、経費ではなく取得価額に含まれることに留意してください。

なお、例えば、Crypto.comの計算ソフトでアートNFTに係るガス代を費用処理されている理由をEメールで問い合わせたところ、Crypto.comサポートデスクから次のような回答がありました。

「……NFTの取得にかかったガス代をNFTの取得原価にすべきかに関しましては、明確なルールが定まっておりませんため、税務署の判断になるかと存じます。……（中略）……ガス代の処理方法に関してはお客様でのご判断にお任せしております。現在は、弊社の仕様上はガス代は費用計上とする処理としております。こちらの仕様については、現時点では取得原価に含める機能のご用意がございませんため、今後のアップデートで検討してまいります。」（令和４年11月７日）

1,000,000円で暗号資産（仮想通貨）やアートNFTを取得した際にガス代として200,000円掛かった場合、取得価額は1,200,000円になります。

（借方）暗号資産（アートNFT）1,200,000円　　（貸方）現金預金 1,200,000円

第２項……暗号資産の取得方法と取得価額

暗号資産の取得価額は、取得の方法により変わることになります（所令119の6）。暗号資産（仮想通貨）のFAQ 1-4（7頁）には、上記②から④までにおいて、対価を支払って取得（購入）した場合以外に、取得価額がどのような金額となるのかということが示されています。

「①対価を支払って取得（購入）した場合」は「購入時に支払った対価の額」と説明されていて、対価の額は明確なので特段の問題は生じないと考えられます（所令119条の6①一）。

「②贈与又は遺贈により取得した場合（次の③の場合を除く）」は「贈与又は遺贈の時の価額（時価）」と説明されていて、贈与については、受贈者の贈与税の課税標準が贈与時の価額（時価）で行われていることを説明しています。

「③相続人に対する死因贈与、相続、包括遺贈又は相続人に対する特定遺贈により取得した場合」は、「被相続人の死亡の時に、その被相続人が暗号資産について選択していた方法により評価した金額（被相続人が死亡時に保有する暗号資産の評価額）」と説明されていて所令上も同様の規定になっています（所令119条の6②一）。**相続人は被相続人が**

選択した方法により評価した金額、つまり、相続時の取得価額を被相続人が暗号資産について評価した方法により評価した金額を引き継ぐと考えられ、十分な検討が必要です。

「④上記以外の場合」は、暗号資産（仮想通貨）の「その取得時点の価額（時価）」と説明されていますが、所得税法施行令では、その取得時点の時価とせずに「その取得の時におけるその暗号資産の取得のために通常要する価額」（所令 119 条の 6 ①三）とされているところは十分な検討が必要です。

ｉ）暗号資産（仮想通貨）を手放して現金を取得した場合は、上記①の対価を支払って取得（購入）した場合に該当することから、購入時に支払った対価の額に購入手数料等の付随費用を加算した金額が取得価額になります（所令 119 の 6 ①一）。そして、ⅱ）暗号資産（仮想通貨）を手放して商品やサービスを購入した場合や、ⅲ）アルトコインと呼ばれるその他の暗号資産（仮想通貨）を取得した場合には、一旦、現金を取得し、その後、その現金で商品やサービス、アルトコインと呼ばれるその他の暗号資産（仮想通貨）を取得することになると考えるのが基本と考えられます。

ただし、購入以外の方法で暗号資産（仮想通貨）を取得した場合の取得価額については、所得税法施行令 119 条の 6 第 1 項及び 2 項各号において、別途、定めが設けられていて、所得税法 40 条（棚卸資産の贈与等の場合の総収入金額算入）等の例外もあり複雑多岐ですが、その内容をまとめると次のようになります。

所得税法 40 条の適用関係については「第 2 章　暗号資産の所得税関係　第 8 節　暗号資産を低額（無償）譲渡等した場合の取扱い（暗号資産（仮想通貨）の FAQ 2-10（27 頁））」を参照してください。

暗号資産（仮想通貨）を相続や贈与により取得した場合については、「第 4 章　暗号資産の相続税・贈与税関係　第 1 節　暗号資産を相続や贈与により取得した場合（暗号資産（仮想通貨）の FAQ 4-1（38 頁））」「第 2 節　相続や贈与により取得した暗号資産の評価方法（暗号資産（仮想通貨）の FAQ 4-2（39 頁））」で再度説明します。

以上の説明をまとめると、次の図表のようになります。

図表 1-1……暗号資産（仮想通貨）の取得価額のまとめ

取引類型と根拠条文	取得価額の概要
①対価を支払って取得した場合（所令 119 の 6①一）	購入時に支払った対価の額（購入手数料その他その暗号資産（仮想通貨）の購入のために要した費用がある場合には、その費用の額を加算した金額）
②自己が発行することにより取得した場合（所令 119 の 6①二）	その発行のために要した費用
③贈与、相続又は遺贈により取得した場合（※の場合を除く）（所令 119 の 6②一）	**被相続人の死亡時において、被相続人が選択した暗号資産の評価方法により評価した金額** 相続税の課税は相続時の時価で行われるが、相続人等は、被相続人等の相続時の暗号資産の評価方法、つまり取得価額を引継ぐことに留意
④棚卸資産等を低額譲渡により取得した場合（所法 40①二、所令 119 の 6②二）	当該譲渡の対価の額と同号に定める金額の合計額 所得税法 40 条 1 項 2 号の適用により個人が暗号資産（仮想通貨）を時価のおおむね 70% 相当額未満で譲渡した場合は時価の 70% 相当額
⑤相続人に対する死因贈与、相続、包括遺贈又は相続人に対する特定遺贈により取得した場合（所法 40①一括弧書き、所令 119 の 6②一）	【質疑応答】に「③相続人に対する死因贈与、相続、包括遺贈又は相続人に対する特定遺贈により取得した場合　**被相続人の死亡の時に、その被相続人が暗号資産について選択していた方法により評価した金額**（被相続人が死亡時に保有する暗号資産の評価額）」と説明あり
⑥上記以外の場合※※（所令 119 の 6①三）	**その取得の時におけるその暗号資産の取得のために通常要する価額**

※　所法 40 条 1 項 1 号（たな卸資産の贈与等の場合の総収入金額算入）に掲げる贈与又は遺贈により取得したものが除かれます。「なお、贈与（相続人に対する死因贈与を除く。）又は遺贈（包括遺贈及び相続人に対する特定遺贈を除く。）により暗号資産を他の個人又は法人に移転させた場合には、その贈与又は遺贈の時における暗号資産の価額（時価）を雑所得等の総収入金額の算入する必要がある（所法 40①、所令 87）」と説明されています（武田昌輔監修『所得税コンメンタール』（第一法規）3719 の 113 頁）。

※※　⑥上記以外の場合とは、例えば、暗号資産（仮想通貨）同士の交換、マイニング（採掘）、分裂（分岐）などにより暗号資産（仮想通貨）を取得した場合をいいます。令和 5 年度税制改正大綱（令和 4 年 12 月 16 日　自由民主党　公明党）75・76 頁によれば、暗号資産（仮想通貨）の評価方法等について見直しを行うとされています。

そして、国税庁「暗号資産（仮想通貨）の税制見直し 5　暗号資産の評価方法等の見直し」によれば、「自己発行により取得した暗号資産について、その暗号資産の取得価額は、**その発行のために要した費用の額**（改正前：その取得の時におけるその取得のために通常要する価額）とすることとされました（法令 118 の 5 二）」と説明されています。

また、令和 5 年度税制改正が反映された所得税法施行令には、①購入した暗号資産（仮想通貨）は、**その購入の代価**（引取運賃、荷役費、運送保険料、購入手数料、関税その他その短期売買商品等の購入のために要した費用がある場合には、その費用の額を加算した金額）（所令 119 の 6①一）、②自己が発行することにより取得した短期売買商品等（暗号資産に限る。）は、**その発行のために要した費用の額**（所令 119 の 6①二）（令和 5 年税制改正により新設）、③前 2 号に掲げる暗号資産（仮想通貨）以外の暗号資産（仮想通貨）は、取得の時の時価と規定せずに、**その取得の時における暗号資産の取得のために通常要する価額**（所令 119 の 6①三）と規定されていますので、十分な検討が必要です。

第５節
暗号資産の分裂（分岐）により暗号資産を取得した場合
（暗号資産（仮想通貨）のFAQ 1-5（9頁））

[質疑応答全文]

問　暗号資産の分裂（分岐）に伴い、新たに誕生した暗号資産を取得しましたが、この取得により、所得税又は法人税の課税対象となる所得は生じますか。

答　暗号資産の分裂（分岐）により新たに誕生した暗号資産を取得した場合、その時点では課税対象となる所得は生じません。

所得税法上、経済的価値のあるものを取得した場合には、その取得時点における時価を基にして所得金額を計算します。

しかしながら、ご質問の暗号資産の分裂（分岐）に伴い取得した新たな暗号資産（仮想通貨）については、分裂（分岐）時点において取引相場が存しておらず、同時点においては価値を有していなかったと考えられます。

したがって、その取得時点では所得が生じず、その新たな暗号資産（仮想通貨）を売却又は使用した時点において所得が生ずることとなります。

なお、その新たな暗号資産（仮想通貨）の取得価額は０円となります。

法人税についても同様に、分裂（分岐）に伴い取得した新たな暗号資産（仮想通貨）の取得価額は０円となり、分裂（分岐）に伴い新たな暗号資産（仮想通貨）を取得したことによりその事業年度の所得の金額の計算上益金の額に算入すべき収益の額はないものと考えられます。

[筆者解説]

第１項……はじめに

暗号資産（仮想通貨）のFAQ 1-5（9頁）は、個人又は法人が暗号資産（仮想通貨）の分裂（分岐）により、新たに誕生した暗号資産（仮想通貨）を取得した場合、分裂（分岐）時点において取引相場が存在していないため、その暗号資産（仮想通貨）は価値を有していなかったと考えられるということを理由として、ゼロになると説明しています。

暗号資産（仮想通貨）のFAQ 1-5（9頁）は、新たに誕生した暗号資産（仮想通貨）を取得した場合、分裂（分岐）時点において取引相場が存在している場合を一切説明していませんが、このような考え方によれば、例えば、ハードフォーク等により新たにETH（イーサリアム）に加えて時価が明確なWETH（ラップドイーサリアム）を取得した場合には、取得したWETH（ラップドイーサリアム）を取得した時のレートに取得した数量を掛けて算出した金額を資産として計上するとともに収入又は利益を計上する必要があるということになります。

以下、WETH（ラップドイーサリアム）を取得した場合、分裂（分岐）の時の取引相場がある時とない時の取扱いについて説明します。

第2項……ハードフォークにより取得し、売却したETCの課税関係

(1)　分裂（分岐）の時にETCに取引相場がある場合

ハードフォークによる分裂（分岐）前の2016年4月1日に市場価格1 ETH 2万円で10 ETHを購入しました。10 ETH（イーサリアム）の取得価額は、200,000円でした。

〈2016/04/01の仕訳〉

（借方）暗号資産（10 ETH）200,000円　　（貸方）現金預金　200,000円

ハードフォークにより10 ETH（イーサリアム）に加えて10 ETC（イーサリアム・クラシック）が2016年9月20日に発生しました。元々持っていた10 ETHがフォークにより分裂（分岐）して、10 ETHと10 ETCを所持することになります。

ハードフォークの時の市場価格は、1 ETH（イーサリアム）45万円、1 ETC（イーサリアム・クラシック）5万円とします。

〈2016/09/20の仕訳〉

（借方）暗号資産（10 ETC）500,000円　　（貸方）暗号資産取得益500,000円

ハードフォークにより市場価格が明白なETC（イーサリアム・クラシック）等を取得した時は、取得時の課税関係が問題とされる場合があることに留意してください。

上記の仕訳では、一応、「暗号資産取得益」という名称を用いていますが、この金額は、個人の場合には「総収入金額」（所法36①）となり、法人の場合には「益金の額」（法法22②）になります。

次に、2016年10月20日に10 ETCの全てを60万円で売却したとすれば、次のような仕訳となります。

〈2016/10/20の仕訳〉

（借方）現金預金　600,000円　　（貸方）暗号資産（10 ETC）　500,000円
　　　　　　　　　　　　　　　　　　　　暗号資産譲渡益　　　100,000円

(2)　分裂（分岐）の時にETCに取引相場がない場合

ハードフォークによる分裂（分岐）前の2016年4月1日に、市場価格1 ETH 2万円で10 ETHを購入しました。10 ETH（イーサリアム）の取得価額は、200,000円でした。

〈2016/04/01の仕訳〉

（借方）暗号資産（10 ETH）200,000円　　（貸方）現金預金　200,000円

ハードフォークにより10 ETHに加えて10 ETC（イーサリアム・クラシック）が2016年9月20日に発生しました。もともと持っていた10 ETH（イーサリアム）がフォークにより分裂（分岐）し、10 ETHと10 ETCを所持することになりました。

ハードフォークの時の市場価格は、1 ETH 45万円、1 ETC（イーサリアム・クラシック）ETCの市場価格は不明でした。

〈2016/09/20の仕訳〉

仕訳なし

ハードフォークの時の市場価格が不明な場合は、取得時にETC（イーサリアム・クラシッ

ク）を計上する必要はありません。

2016年10月20日に、10 ETCを全て譲渡価額60万円で売却しました。

〈2016/10/20〉

（借方）現金預金　600,000円　（貸方）暗号資産（10 ETC）200,000円
　　　　　　　　　　　　　　　　　　　暗号資産譲渡益　　400,000円

(3)　ハードフォークにより取得して売却する予定のETHFの課税関係

2022年9月15日にハードフォークが発生すると仮定すると、ハードフォークの時にEthereum Fair（以下「ETHF（イーサリアム・フェアー）」といいます。）の時価が明らかな場合とそうでない場合に分けて課税関係を想定する必要があります。「ビットバンクからのお知らせ／2022年9月15日のETHアップグレードにて生じたETHF付与・取扱方針およびシステムメインテナンスに関するお知らせ」によれば、「・付与対象となるお客様：ETHFが発生した時点でETHを保有していた方　・付与日：2022年11月17日　・付与に用いる当社日本円換算レート：80円」とありますので、個人に付与された時にはETHF（イーサリアム・フェアー）を時価で総収入金額に雑所得扱いで算入する必要があり（所法36①)、法人に付与された時にも時価で益金に算入する必要があります(法法22②)[33]。

分裂（分岐）の時にETHF（イーサリアム・フェアー）に取引相場がある場合と分裂（分岐）の時にETHF（イーサリアム・フェアー）に取引相場がない場合に明確に分けて処理すべきなのは、ETC（イーサリアム・クラシック）を取得した時と同様です。

第3項……ICO（Initial Coin Offering）の税務上の取扱い

ハードフォークと同様に無償による取引の益金算入が必要なのが、ICO（Initial Coin Offering）です。とりわけ、法人が暗号資産（仮想通貨）を無償により取得した場合や、暗号資産（仮想通貨）を無償で譲渡した場合には、無償譲渡した法人のみならず、無償で譲り受けた法人側でも益金算入が必要となるため、内国法人が日本国内でICO（Initial Coin Offering）を行うことは難しいと言われています。

内国法人が資金提供を受けて暗号資産（仮想通貨）をICO（Initial Coin Offering）で発行すれば、時価で暗号資産（仮想通貨）を譲渡したものとして暗号資産（仮想通貨）の時価に相当する金額を益金に算入する必要があります（法法22②）。さらに、ICO（Initial Coin Offering）の成功によって保有している暗号資産（仮想通貨）のうち一定のものは、事業年度終了の時において時価評価の対象とされている（法法61②、法令118の7）ため、取得価額と事業年度終了の日の時価との差額を益金に算入する必要があります。

なお、令和5年度税制改正大綱（令和4年12月16日　自由民主党　公明党）（75･76頁）

33　「ビットバンクからのお知らせ／2022年9月15日のETHアップグレードにて生じたETHFの付与・取扱い方針およびシステムメンテナンスに関するお知らせ」（令和5年8月31日閲覧）

によれば「暗号資産の評価方法等について、次の見直しを行う」とされています。

〈令和５年度税制改正大綱による暗号資産の評価方法等の見直し〉

①法人が事業年度末において有する暗号資産のうち時価評価により評価損益を計上するものの範囲から、次の要件に該当する暗号資産を除外する。

イ　自己が発行した暗号資産でその発行の時から継続して保有しているものであること。

ロ　その暗号資産の発行の時から継続して次のいずれかにより譲渡制限が行われているものであること。

（イ）他の者に移転することができないようにする技術的措置がとられていること。

（ロ）一定の要件を満たす信託の信託財産としていること。

②自己が発行した暗号資産について、その取得価額を発行に要した費用の額とする。

③法人が暗号資産交換業者以外の者から借り入れた暗号資産の譲渡をした場合において、その譲渡をした日の属する事業年度終了の時までにその暗号資産と種類を同じくする暗号資産の買戻しをしていないときは、その時においてその買戻しをしたものとみなして計算した損益相当額を計上する。

④その他所要の措置を講ずる。

個人がICO（Initial Coin Offering）により暗号資産（仮想通貨）を取得した場合の取扱いについては、見解が分かれています。

贈与税の対象と考える見解によれば、年間110万円までは贈与税は課税されませんし、法人からの贈与（所基通34-1⑸）と考える見解によれば一時所得に該当し、50万円の特別控除（所税34②③）をした金額の２分の１が一時所得として課税されます（所税22②二）。

一番判断が難しいのは、所得税法40条（たな卸資産の贈与等の場合の総収入金額算入）の適用関係ですが、本来、棚卸資産の低額譲渡等を規制する規定であった同条は、暗号資産（仮想通貨）の無償取引及び低額取引にも適用があり、同条が譲渡者に適用され、贈与税が譲受者に適用されることが暗号資産（仮想通貨）のFAQ 2-10（27・28頁）により明らかにされています。

第6節
マイニング、ステーキング、レンディングなどにより暗号資産を取得した場合（暗号資産（仮想通貨）のFAQ 1-6（10頁））

[質疑応答全文]

問　マイニング、ステーキング、レンディングなどにより暗号資産を取得した場合の所得税又は法人税の課税関係はどのようになりますか。

答　マイニング、ステーキング、レンディングなどにより暗号資産を取得した場合、その取得に伴い生ずる利益は所得税又は法人税の課税対象となります。

いわゆる「マイニング」、「ステーキング」、「レンディング」など（以下「マイニング等」といいます。）により暗号資産を取得した場合、その取得した暗号資産の取得時点の価額（時価）については所得の金額の計算上総収入金額（法人税においては益金の額）に算入され、マイニング等に要した費用については所得の金額の計算上必要経費（法人税においては損金の額）に算入されることになります。

[筆者解説]

暗号資産（仮想通貨）のFAQ 1-6（10頁）によれば、マイニング、ステーキング、レンディングなど（以下「マイニング等」といいます。）により暗号資産（仮想通貨）を取得した場合には、その取得した暗号資産（仮想通貨）の取得した時の価額（時価）で、個人の場合、所得の金額の計算上総収入金額（所法36①）（法人の場合、所得の金額の計算上益金の額（法法22②））に算入されます。

そして、マイニング等に要した費用については、個人においては、所得の金額の計算上必要経費（所法37①）、法人においては、所得の金額の計算上損金の額（法法22③）に算入されます。

ただし、取得した時に時価が不明な場合には、取得した時の暗号資産（仮想通貨）の経済価値はゼロになります。

マイニング等の場合も、暗号資産（仮想通貨）を取得した時の時価が明確な場合は、暗号資産（仮想通貨）の時価で、個人においては、所得の金額の計算上総収入金額（所法36①）に、法人においては、所得の金額の計算上、益金の額（法法22②）に算入されます。

第7節

非居住者又は外国法人が行う暗号資産取引

（暗号資産（仮想通貨）のFAQ 1-7（11頁））（下線と強調は筆者）

［質疑応答全文］

問　私は、アメリカに居住していますが、保有する暗号資産を日本の暗号資産交換業者に売却しました。この場合、日本での申告は必要でしょうか。

答　日本での申告の必要はありません。

日本の所得税では、日本に居住する方は、全世界で稼得した所得が課税対象となり、外国に居住する方（非居住者）は、日本で発生した所得（国内源泉所得）が課税対象となります。

そのうえで、国内源泉所得の対象となる資産の譲渡に係る所得（恒久的施設に帰属する所得を除きます。）は、次に掲げるものなどに限定されており、**外国に居住する方（非居住者）が日本の暗号資産交換業者に保有する暗号資産を譲渡することにより生ずる所得は、所得税の課税対象とされていません。**

①国内にある不動産の譲渡による所得
②国内にある不動産の上に存する権利等の譲渡による所得
③国内にある山林の伐採又は譲渡による所得
④内国法人の発行する株式等の譲渡による所得で一定のもの
⑤不動産関連法人の株式等の譲渡による所得
⑥非居住者が国内に滞在する間に行う国内にある資産の譲渡による所得

外国法人についても同様に日本での申告の必要はありません。

（注）外国に居住する方（非居住者）や外国法人が日本の暗号資産交換業者に保有する暗号資産を譲渡することにより生ずる所得については、源泉徴収の対象ともされていません。

［筆者解説］

第1項……はじめに

令和4年12月22日に暗号資産（仮想通貨）のFAQの改訂が行われ、「1-7　非居住者又は外国法人が行う暗号資産取引」（11頁）が追加されました。暗号資産（仮想通貨）に関する質疑応答ですが、マーケットの所在地の見地から、アートNFTの「国内にある資産の譲渡による所得」、つまり、国内源泉所得該当性にも関係が深いので、その基本的な考え方について、アートNFTについても記述し、内容を説明します。

国内源泉所得の対象となる資産の譲渡に係る所得は、所得税法第161条第1項第3号に係る所得税法施行令281条に限定列挙されています。暗号資産（仮想通貨）のFAQ 1-7（11頁）では、非居住者や外国法人が「日本の暗号資産交換業者に保有する暗号資産を譲渡することにより生ずる所得は、所得税の課税対象とされていません。」と記述されています。

しかしながら、「非居住者が国内に滞在する間に行う国内にある資産の譲渡による所得」(所法161①三、所令281①八)、つまり、非居住者が国内に滞在している間に国内や国外にある暗号資産（仮想通貨）の取引所で取引した場合の課税関係についての明確な説明がありません。そして何よりも、暗号資産（仮想通貨）とNFTを国内又は国外のマーケットで取引することが国内源泉所得に該当することと関係があるのかについての説明がありません。

第2項……暗号資産の「国内にある資産の譲渡による所得」該当性

まず、「非居住者が国内に滞在する間に行う国内にある資産の譲渡による所得」(所令281①八）が規定されていますので、非居住者が国内に滞在する間に国内と国外にある暗号資産（仮想通貨）の取引所で暗号資産（仮想通貨）を取引した場合の国内資産該当性の検討が必要です。

この点については、非居住者が国内に滞在する間に、国内の暗号資産（仮想通貨）の取引所で暗号資産（仮想通貨）を取引した場合は、暗号資産（仮想通貨）の取引所が日本に所在することから､「国内にある資産の譲渡による所得」に該当すると考えます。そして、国外の暗号資産（仮想通貨）の取引所で暗号資産（仮想通貨）を取引した場合は、暗号資産（仮想通貨）の取引所が日本国外に所在することから、「国内にある資産の譲渡による所得」には該当しないと考えられます。

第3項……アートNFTの「国内にある資産の譲渡による所得」該当性

次に、非居住者が国内に滞在する間に、暗号資産（仮想通貨）の取引と同様に、国内と国外にあるマーケットプレイスでアートNFTを取引した場合の国内資産該当性の検討も必要です。日本国内に恒久的施設（PE）を保有する外国のプラットフォーム事業者や、日本国内のプラットフォーム事業者を通じてアートNFTを取引する場合には、プラットフォーム事業者が日本に所在することから、「非居住者が国内に滞在する間に行う国内にある資産の譲渡による所得」(所令281①八）が規定されていますので、「国内にある資産の譲渡による所得」に該当する可能性があり、日本での所得税課税を検討する必要があると考えられます。

以上の議論を図表でまとめると次のようになります。

図表 1-2……国内と国外の暗号資産取引所と国内源泉所得

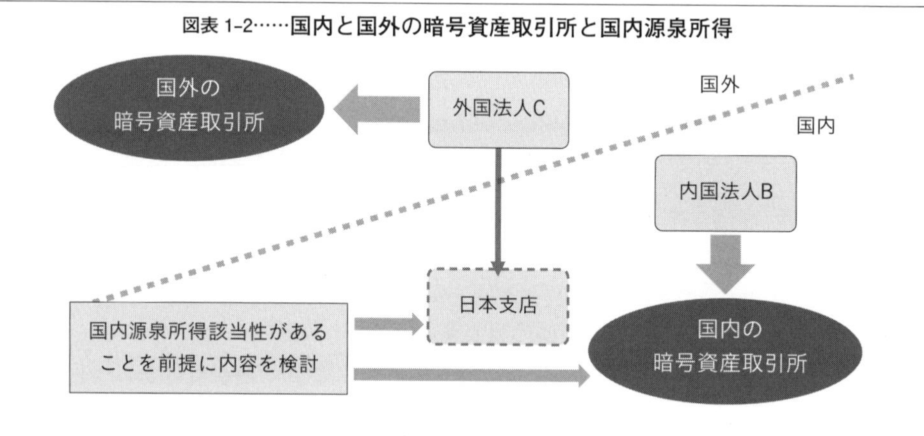

図表 1-3……アート NFT と国内源泉所得の関係―国内外のマーケットプレイスでの取引―

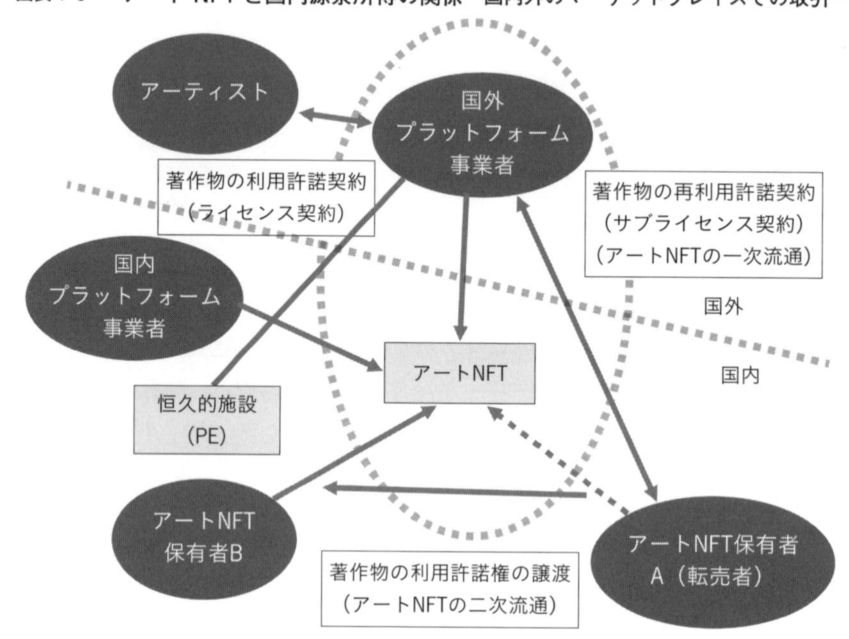

- 日本国内に恒久的施設（PE）のある外国法人のプラットフォーム事業者又は日本のプラットフォーム事業者がアート NFT を保有すれば国内源泉所得該当性あり
- 国内源泉所得の対象となる資産の譲渡に係る所得は、所得税法 161 条 1 項 3 号に係る所得税法施行令 281 条に限定列挙
- 所得税法 161 条 1 項 2 号の「国内にある資産の運用又は保有により生ずる所得」の検討が必要

なお、アート NFT の譲渡がサービス利用権の対価ではなく、明確に著作物の利用の許諾（著法 63）や著作物の利用許諾権の譲渡（著法 63 ③）と整理できる場合は、著作権の譲渡（著法 61）との峻別というそもそも論から、資産の譲渡には該当しないという議論も十分に可能であると思われます。

第4項……インターネット取引されるアートNFTの国内資産該当性の考え方

非居住者又は外国法人が恒久的施設（PE）のない外国法人であるオープンシー（OpenSea）に代表されるプラットフォーム事業者から購入するアートNFTは国内資産に該当しないと考えられます。そして、恒久的施設（PE）のない外国法人が保有するプラットフォーム事業者において発行するアートNFTは、取引の直前までアートNFTが日本国内にあるとは言い難く、「国内にある資産の譲渡」には該当しないと考えられますが、仮に、アートNFTの購入者（保有者）が居住者又は内国法人である場合には、国内資産に該当する可能性があります。

そして、日本の居住者が非居住者になった場合、制度的に国内の暗号資産（仮想通貨）の取引所に暗号資産（仮想通貨）を保有できないことを考慮して、暗号資産（仮想通貨）のFAQ 1-7の事実関係を「私は、アメリカに居住しています」と設定している可能性もあります。

第5項……暗号資産（仮想通貨）のFAQ 1-7の特殊な事実関係について

暗号資産（仮想通貨）のFAQ 1-7（11頁）には、「私は、アメリカに居住していますが、**保有する暗号資産を日本の暗号資産交換業者に売却**しました。」（下線と強調は筆者）と特殊な事実関係が記述されています。アメリカの居住者が国外の暗号資産（仮想通貨）の取引所において暗号資産（仮想通貨）を保有していて、その譲渡は国外の暗号資産（仮想通貨）の取引所において行われ、国外の暗号資産取引所において暗号資産（仮想通貨）の譲渡損益が発生し、その暗号資産（仮想通貨）を国外の暗号資産（仮想通貨）の取引所から国内の暗号資産（仮想通貨）の取引所に変更する移管取引がされた可能性があります。

〈日米租税条約13条7項の適用〉

アメリカ居住者が日本の暗号資産（仮想通貨）の交換業者と取引していることから、日米租税条約13条7項の適用により、暗号資産（仮想通貨）やアートNFTに係る取引はその他の譲渡収益に該当し、居住地国課税の原則が適用されて、源泉地国課税はされないことから日本では課税されないとも考えられます。

以上の議論を図表でまとめると次のようになります。

図表1-4……暗号資産（仮想通貨）のFAQ 1-7の事実関係

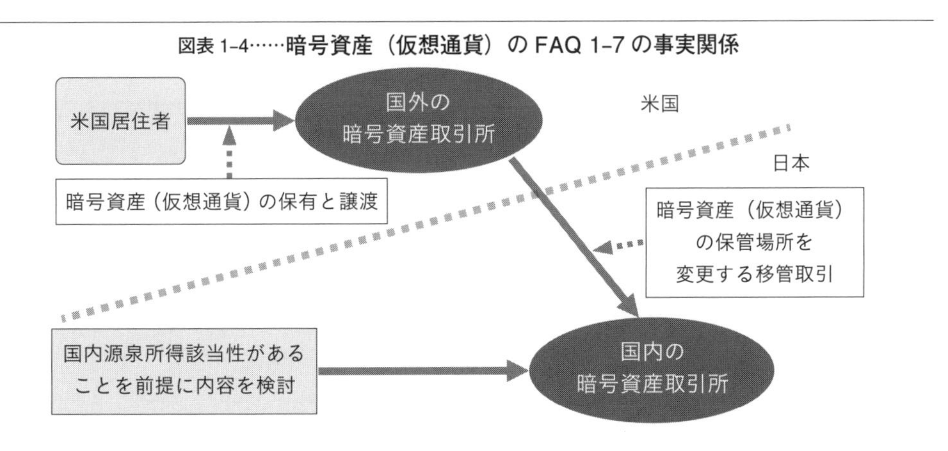

第6項……役務提供の対価について

次に、アートNFTに係る取引に関連して、国内源泉所得に該当する可能性がある役務提供の対価、とりわけ人的役務提供の対価について分析します。

〈国内において行う業務とは〉

「前各号に掲げるもののほかその源泉が国内にある所得として政令で定めるもの」（所法161①十七、法法138①六）に該当するかは慎重な検討が必要です。アートNFTの発行者が国内においてアートNFTの販売を行っているといえる場合には、「国内において行う業務又は国内にある資産に関し供与を受ける経済的利益に係る所得」（所令289六、法令180五）として国内源泉所得に該当する可能性があります。下尾裕は、アートNFTは、オンラインで販売されていて従業員等も日本国内にいないことから、アートNFTの販売は「国内業務」と言えるか不明確であるとしています[34]。

「前各号に掲げるもののほかその源泉が国内にある所得として政令で定めるもの」（所法161①十七、法法138①六）には、「国内においてした行為に伴い取得する一時所得」（所令289五）と「国内において行う業務又は国内にある資産に関し供与を受ける経済的な利益に係る所得」（所令289六、法令180五）も含まれていますが、恒久的施設（PE）のない外国法人がアートNFTを発行し販売する行為はインターネット上で行われていることから、「国内においてした行為」や「国内において行う業務」とは基本的にならず、アートNFTの販売によって生ずる利益は国内源泉所得には該当しないと考えられます。

〈人的役務の提供事業の対価とは〉

恒久的施設（PE）のない外国法人であるプラットフォーム事業者がアートNFTを販売して得る対価は、「国内において人的役務の提供を主たる内容とする事業で政令で定めるものを行う者が受ける当該人的役務の提供に係る対価」（所法161①六、法法138①四）に該当する可能性があります。

人的役務の提供事業の対価は、不動産の賃借料と同様に、20.42%の源泉徴収をされた上で、恒久的施設（PE）の有無にかかわらず確定申告が必要となっており、「恒久的施設（PE）なければ課税なし」の大原則の例外という特徴があります。

しかしながら、恒久的施設（PE）のない外国法人であるプラットフォーム事業者がインターネットを通じて提供するアートNFTを「国内において人的役務の提供」をしていると判断することは困難であり、多くの場合、人的役務の提供の対価には該当しないと考えられます。

人的役務の提供事業の対価は、租税条約上、事業所得に読み替えられ、源泉所得税の問題は起きてこないのが通常ですが、日本インド租税条約はその例外です。

〈人的役務提供事業の対価の広範囲性と国内事業対価該当性〉

国内源泉所得となる人的役務の提供に係る対価は、所得税法161条1項6号において「国

34　脚注19下尾裕37・38・52頁参照。

内において人的役務の提供を主たる内容とする事業で政令で定めるものを行う者が受ける当該人的役務の提供に係る対価」とされており、この「政令で定めるもの」については、次のように所得税法施行令282条に定められています。

〈人的役務の提供を主たる内容とする事業の範囲〉

第二百八十二条　法第百六十一条第一項第六号（国内源泉所得）に規定する政令で定める事業は、次に掲げる事業とする。

一　映画若しくは演劇の俳優、音楽家その他の芸能人又は職業運動家の役務の提供を主たる内容とする事業

二　弁護士、公認会計士、建築士その他の自由職業者の役務の提供を主たる内容とする事業

三　**科学技術、経営管理その他の分野に関する専門的知識又は特別の技能を有する者の当該知識又は技能を活用して行う役務の提供を主たる内容とする事業**（機械設備の販売その他事業を行う者の主たる業務に付随して行われる場合における当該事業及び法第2条第1項第8号の4ロ（定義）に規定する建設又は据付けの工事の指揮監督の役務の提供を主たる内容とする事業を除く。）（下線と強調は筆者）

問題になるのは、所得税法施行令282条3号に規定されている「科学技術、経営管理その他の分野に関する専門的知識又は特別の技能を有する者の当該知識又は技能を活用して行う役務の提供を主たる内容とする事業」の広範囲性と国内事業対価該当性であり、広範囲な高付加価値の人的役務の提供事業の対価が含まれると考えられます。

例えば、インド居住者である翻訳者がインド現地法人の文書を英語に翻訳して内国法人に提供するような人的役務の提供事業の対価も含まれます。インド国内での翻訳事業が人的役務の提供事業として完結していて、国内での人的役務の提供に該当しないという見方もできます。しかしながら、提供される文書や情報が必ずしも提供側の著作物として厳密に管理されているわけではなく、資料情報の提供を受けた内国法人が日本国内で文書や情報を支配管理し自由に利用しているとなると、国内において行われる人的役務の事業の対価（所法161①六）と「科学技術、経営管理その他の分野に関する専門的知識又は特別の技能を有する者の当該知識又は技能を活用して行う役務の提供を主たる内容とする事業」（所令282三）に該当するものと考えられます[35]。

〈日印租税条約12条と国連モデル条約の2017年改定〉

日印租税条約12条（使用料及び技術上の役務に対する料金）には例外的にテクニカル・サービス・フィー条項が含まれていて、2017年改定による国連モデル条約12条のAに

35　令和2年事務年度において、麹町税務署管内のインド系内国法人Xは、インド居住者である翻訳者のサービスへの支払が人的役務の提供事業の対価（所法161①六）に該当するとして20.42%の税率で源泉所得税の告知処分と不納付加算税の賦課決定処分を受けています。

おいても全く同様のものが採択されました[36]。

バグ取り、タイピングのような単純作業を除くソフトウェア制作の対価は、人的役務の提供事業の対価（所法161①六、法法138①四）として処理されます。そして、著作権の使用料に対してだけでなく、人的役務の提供事業の対価のうち、テクニカル・サービス・フィーには日印租税条約12条が適用され、20.42%から10%に変更された源泉所得税が課税されます。さらに、使用地主義は債務者主義に変更されることにより、本来は日本国内の業務でない限り課税対象にならない人的役務提供事業の対価が、支払者が内国法人であれば役務提供の場所がどこであれ10%の源泉所得税の課税対象となります。

第7項……アートNFTの二次流通の譲渡対価の国内源泉所得該当性

アートNFTの転売者（保有者）が恒久的施設（PE）のない外国法人からアートNFTを取得した後、第三者に売却する場面を考えます。

⑴　アートNFTはどのような場合に「国内にある資産」に該当するのか

〈ブロックチェーン上の取引は国内にある資産に該当するか〉

下尾裕は、「まず、検討すべき事項としては、NFTが国内にある資産といえるかという点です。このあたりは，既にご承知の方もいらっしゃるかと思うのですけれども、NFTというのは、デジタルのデータそのものですので、元々日本の伝統的な民法とか私法上の考え方からすると、所有権の対象ではないということになってきます。」と議論しています[37]。つまり、アートNFTはブロックチェーン上に存在する電子データであることから、NFTの購入者（保有者）が居住者又は内国法人であるとしても、アートNFTが国内にある資産とは断定できません。そして、インターネット上で取引されるアートNFTは、そもそも民法や私法上の所有権の対象ではなく、資産としての物理的所在を確認することができません。そして、ここが非常に重要な部分ですが、所有権の対象にならないということはアートNFTの本質は何かに深く関係してきます。

〈アートNFTの正体〉

下尾裕は、「NFTは、先ほど来申し上げたとおり、サービス提供を受け得る地位だったり、著作物の利用許諾権の再許諾権、再許諾され得る地位であったり，契約上の地位に近いようなものだと整理し得るものだと考えています。」と議論しています[38]。つまり、アートNFTは、発行者のサービス提供を受け得る地位（サービス利用権）、著作物の利用の許諾（著法63）の対価、著作物の利用権（著法63③）を再許諾され得る地位又は契約上の地位とも整理できます。アートNFTの正体が著作物の利用の許諾（著法63）の対価のみなのか、著作物の利用の許諾（著法63）の対価が重要部分を構成しているのか、そし

36　本田光宏「国連における国際課税の最近の動向について」『租税研究』（日本租税研究協会、2019年）第832号195～221頁。

37　脚注19下尾裕38・53頁参照。

38　脚注19下尾裕38・53頁参照。

て著作物の利用の許諾（著法63）の対価が一部を占めるにすぎないサービス利用権なのかが議論のポイントになってきます。

〈クロスボーダー取引である「国内にある資産の譲渡により生ずる政令で定めるもの」は限定列挙されていること〉

しかしながら、クロスボーダー取引である「国内にある資産の譲渡により生ずる所得として政令で定めるもの」（所法161①三、法法138①三）はそれぞれ所得税法施行令281条1項1号から8号と法人税法施行令178条1項1号から7号までに限定列挙で規定されていることに留意する必要があります。そして、所得税法施行令281条と法人税法施行令178条とに共通に規定されているのは、①国内にある不動産の譲渡による所得、②国内にある不動産の上に存する権利等の譲渡による所得、③国内にある山林の伐採又は譲渡による所得、④買い集めをした内国法人の株式等の譲渡による所得、⑤不動産関連法人株式の譲渡による所得、⑥国内にあるゴルフ場の所有・経営に係る法人の株式等の譲渡による所得及び⑦国内にあるゴルフ会員権の譲渡による所得です。したがって、例えば、ゴルフ会員権に類似する性質のアートNFT（アートNFTはサービス利用権に含まれます。）を譲渡する場合には、ゴルフ会員権が限定列挙に含まれているので問題になることはありません。

〈「非居住者が国内に滞在する間に行う国内にある資産の譲渡」とは何か〉

そして、所得税法施行令にのみ規定されているのは、所得税法施行令281条1項8号の「非居住者が国内に滞在する間に行う国内にある資産の譲渡による所得」であり、「国内にある資産の譲渡」が何かということが問題になります。暗号資産（仮想通貨）の場合は、国内にある暗号資産取引所で取引される暗号資産（仮想通貨）は「国内にある資産の譲渡」に該当すると考えられるところ、非居住者が国内に滞在している間に国内にある暗号資産取引所で取引しない限り課税されないと考えられます。

アートNFTの場合は、恒久的施設（PE）のない外国法人であるプラットフォーム事業者がインターネット上でアートNFTを取引しているのが一般的であり、「国内にある資産の譲渡」には該当しないと考えられます。そして、国内資産性を契約地で見るのか（契約締結地主義）、債務者で見るのか（債務者主義）という問題はあるものの、インターネット上の取引の場合、債務者が居住者又は内国法人というだけでは国内資産と判断するのは難しいと考えられます。

〈未決済デリバティブ取引の令和4年度税制改正〉

令和4年度税制改正により非居住者・外国法人の未決済デリバティブ取引に係る所得が国内源泉所得である資産の運用・保有所得に該当しないとされました[39]。そうすると、非居住者・外国法人の未決済デリバティブ取引に係る所得は、資産の運用・保有所得には該

39 改正の詳細については、国税庁「クロスボーダーで行うデリバティブ取引の決済により生ずる所得の取扱いについて」（令和4年1月）（令和5年8月31日閲覧）参照。

当しないのはもちろんのこと、国内源泉所得である国内にある資産の譲渡により生ずる所得（所法161①三、法法138①三）にも該当しない前提で議論されていることになります。

しかしながら、そもそも、国内にある資産の譲渡により生ずる所得として政令で定めるもの（所法161①三、法法138①三）に関しては、それぞれ所得税法施行令281条1項1号から8号と法人税法施行令178条1項1号から7号までに限定列挙で規定されていることから、非居住者・外国法人の未決済デリバティブ取引に係る所得やアートNFTの著作物の利用の許諾（著法63）の対価や利用権の譲渡（著法63③）のような契約上の地位の譲渡は、国内にある資産の譲渡により生ずる所得として政令で定めるもの（所法161①三、法法138①三）に含まれないことは自明のことであるように考えられます。

〈租税条約上の譲渡所得のルール〉

租税条約上の譲渡所得のルールは、①恒久的施設（PE）帰属所得に加えて、②不動産については不動産所在地主義を認めながらも、③内国法人の株式譲渡のうち事業類似譲渡株式や不動産化体株式譲渡のみに源泉地国課税を認めるルールになっていて、①恒久的施設（PE）帰属所得や②不動産所得の不動産所在地主義以外は居住地国課税が基本とされているので、恒久的施設（PE）のない外国法人の国内資産の譲渡の範囲の議論を深める実益は少ないようにも考えられます。

〈給与等人的役務の報酬〉

恒久的施設（PE）のない外国法人から人的役務の提供の対価としてアートNFTを収受する場合も考えられますが、基本的には「……給与その他人的役務の提供に対する報酬のうち、国内において行う勤務その他の人的役務の提供（内国法人の役員として国外において行う勤務その他の政令で定める人的役務の提供を含む。）に基因するもの」（所法161①十二イ）に該当します。従業員であれば国内源泉所得に該当するのは日本国内の勤務のみです。

⑵　アートNFTを著作物の利用の許諾／再利用許諾の譲渡と見た場合の取扱い

〈「その他これに準ずるもの」に著作物の利用の許諾等は含まれるのか〉

「著作権（出版権及び著作隣接権その他これに準ずるものを含む。）」（所法161①十一ロ）の「その他これに準ずるもの」に著作物の利用の許諾等が含まれるか否かも議論の対象になっています。

工業所有権については所得税基本通達161-34において「実施権等」が含まれていることに鑑みれば、所得税法161条1項11号ロの「著作権（出版権及び著作隣接権その他これに準ずるものを含む。）の使用料又はその譲渡による対価」に著作物の利用の許諾（著法63）の対価が含まれる可能性があります。

しかしながら、仮に、「著作権（出版権及び著作隣接権その他これに準ずるものを含む。）」の「その他これに準ずるもの」に著作物の利用の許諾等が仮に含まれるとしても、アートNFTの購入者（保有者）は、一般に事業者ではないケースが多いことから、「国内において業務を行う者から受ける次に掲げる使用料又は対価で当該業務に係るもの」（所法

161①十一）の「国内において業務を行う者」に該当せず、国内源泉所得該当性を認め得るケースは限定的であると考えられます。

(3)　著作物の利用の許諾／再利用許諾の譲渡は「著作権（出版権及び著作隣接権その他これに準ずるものを含む。）」の譲渡に含まれないこと

下尾裕は、昭和45年の所得税の税制改正により「その他これに準ずるもの」の部分は改正され、「当時の説明としては、著作権に含まれる映画フィルムの上映権とかビデオテープについての放送に関する権利が著作権の一部になるということがはっきりしたということで、それを表示する意味で「その他これに準ずるもの」というものを入れたというものになっている」と説明しています。つまり、著作権に含まれる映画フィルムの上映権とかビデオテープについての放送に関する権利が著作権の一部になることを「その他これに準ずるもの」として明らかにしたにすぎず、著作物の利用の許諾（著法63）は含まれないと議論しています[40・41]。「その他これに準ずるもの」の「これ」は「著作隣接権」を指し、「著作隣接権」の並列的例示と考えられますので、「著作権（出版権及び著作隣接権その他これに準ずるものを含む。）」に著作物の利用の許諾（著法63）の対価は含まれないという結論は正しいと考えられます[42]。

しかしながら、著作権法は同法21条から28条に法定利用禁止行為を11個規定していて、アートNFTが関係するのはその内の7個です。著作権は限定列挙であることに加えて、著作権に含まれる出版権や著作隣接権の範囲も著作権法では明確に定められていることに鑑みるに、著作物の利用の許諾（著法63）の対価であるアートNFTを「著作権（出版権及び著作隣接権その他これに準ずるもの含む）。」のうち、「その他これに準ずるもの」に含めて考えることは著作権法の法体系全体の解釈から、そもそも論として誤りがあると考えます。

(4)　オープンシー（OpenSea）等からの二次流通の使用料の法的性質

アートNFTの特徴として、アートNFTの購入者（保有者）が第三者にアートNFTを貸し付けることにより対価を得たり、アートNFTの購入者（保有者）が第三者にアートNFTを売却することにより、著作権者であるデジタルアーティストが使用料を収受したりすることが可能です。

下尾裕は、日本の著作権法は著作権者に二次流通の時の収入を認めるような追及権を認めていないので、NFTの購入者（保有者）が第三者にアートNFTを売却することにより、

40　脚注19下尾裕39・53頁参照。

41　木村昌代「国内源泉所得のあり方について―知的財産権等の使用料に係る源泉徴収の問題を中心として―」『税大論叢』第63巻（税務大学校、2009年）381・382頁。

42　「著作権（出版権及び著作隣接権その他これに準ずるものを含む。）の使用料又はその譲渡による対価」（所法161①十一ロ）の「著作隣接権その他これに準ずるもの」が、仮に、「著作隣接権その他のこれに準ずるもの」と規定されているとすれば、「著作隣接権」は「その他のこれ（筆者注：「これ」は著作隣接権を指します。）に準ずるもの」の包括的な例示に該当します。

著作権者であるデジタルアーティストが使用料を収受する場合は、「著作権の対価（筆者注：著作物の利用の許諾（著法63）の対価という意味）ということではなくて、あくまでも契約上の権利ということで整理せざるを得ない」[43]としています。

つまり、デジタルアーティストとオープンシー（OpenSea）に代表されるプラットフォーム事業者との間で締結される契約は、あくまでも著作物の利用の許諾（著法63）であるとしながらも、その対価には日本の著作権法上の著作物の利用の許諾（著法63）以外の対価が含まれているということになります。

そして、プラットフォーム事業者とアートNFTの購入者（保有者）との間で締結される契約も、アートNFTを貸与することにより得られる収入というのは、著作物の利用の許諾（著法63）の対価ではなく、あくまでも契約上の地位と整理され、著作物の再利用許諾権を基礎にする幅広いサービス利用契約の対価という議論につながります。

この論点は、消費税法上の取引が著作物の利用の許諾（著法63）に該当しないとしても、外国における権利が「著作権法の規定に基づき著作者が著作物に対して有する権利」（消基通5-7-6⑴）に該当するか否かという問題に関係するものですが、詳細に関しては、消費税法における著作権の定義に関して解説を行った「第2部　第4章　NFTの消費税関係」を参照してください。

43　脚注19下尾裕43・44頁参照。

コラム3

COLUMN

コンピュータ・ソフトウェアの税務に係る日印租税条約の特殊性

内国法人や居住者が外国法人や非居住者に著作権の使用料を払うと、原則として 20.42 %の源泉所得税を所轄の税務署に納める必要があります。

大部分の租税条約は日米租税条約のように著作権の使用料の源泉所得税を免税にしているのですが、日本シンガポール租税条約のように 10 %の源泉所得税課税を認めている場合もありますし、租税条約の存在しない国や地域では、著作権の使用料に 20.42 %の源泉所得税が掛かります。

特に注目すべきは特殊な日印租税条約です。日印租税条約には、使用料（ロイヤリティ）課税に加えて、コンピュータ・ソフトウェアに係る人的役務の提供に対して課税するというテクニカル・サービス・フィー条項が含まれていて、コンピュータ・ソフトウェアに係る人的役務の提供を例外的に一緒に課税しています。しかしながら、2017 年改定による国連モデル条約において全く同様の考え方が採択されたことにより、この取扱いは必ずしも特殊なとか例外的にとは言えなくなりました。

バグ取り、タイピングのような単純作業を除くソフトウェア制作の対価は、人的役務の提供事業の対価として処理されます。そして、日印取引については、人的役務の提供事業の対価は著作権の使用料と一緒に日印租税条約により 20.42 %から 10 %に変更された源泉所得税が課税されます。

さらには、使用地主義が支払者が日本国内に所在すれば課税される債務者主義に変更されることにより、本来は日本国内の業務でない限り課税対象にならない人的役務提供事業の対価が、支払者が日本国内に所在すれば役務提供の場所がどこであれ、10 %の源泉所得税の課税対象となります。

日印租税条約の取決めは、アート NFT 取引についても、著作権の使用料に加えて、人的役務提供事業（テクニカル・サービス・フィー）の 10 %による源泉所得税課税という古くて新しい問題を惹起しているのです。

コラム 4

COLUMN

暗号資産（仮想通貨）やアートNFTの譲渡に係る課税をどう考えるのか

暗号資産（仮想通貨）のFAQの改訂が行われ、FAQ 1-7（11頁）が追加されました。その中で、国税当局は、国内源泉所得の対象となる資産の譲渡に係る所得は限定列挙されていることを理由に、「外国に居住する方（非居住者）が日本の暗号資産交換業者に保有する暗号資産を譲渡することにより生ずる所得は、所得税の課税対象とされていません。」と回答しています。「資産の譲渡」の中には、「⑥非居住者が国内に滞在する間に行う国内にある資産の譲渡による所得」が規定されていることから、国税当局は、非居住者が国内に滞在する間に行う暗号資産（仮想通貨）の譲渡を「国内にある資産の譲渡」とは考えていないようです。

ここには大きな問題があります。FAQ 1-7（11頁）において、国税当局は非居住者が国内に滞在する間に行う暗号資産（仮想通貨）の譲渡が「国内にある資産の譲渡」に該当しないとする根拠を明確に記述していないことです。

税理士の意見書であれば一発退場、二度と仕事は振ってもらえないようなお粗末な内容ですが、国税当局の記述した文書はネット上で生き続け、「国税当局のお考えはこういうことではないか」と繰り返し繰り返し取り上げられます。

非居住者が国内に滞在する間に暗号資産（仮想通貨）の譲渡を行えば、当然ながら、その暗号資産（仮想通貨）の取引所の所在地が国内か国外かが問題になると思われます。そして、非居住者が国内に滞在する間に国内取引所で暗号資産（仮想通貨）を取引すれば、暗号資産（仮想通貨）を取引する取引所が日本に所在するので、国内源泉所得に該当する可能性が高いと思われます。

同様の話はアートNFTを取引するマーケットプレイスにも当てはまります。非居住者や外国法人が運営するマーケットプレイスが日本に恒久的施設（PE）を有している場合や、居住者や内国法人が運営するマーケットプレイスにおけるアートNFT取引は国内源泉所得に該当する可能性が高いと思われます。

暗号資産（仮想通貨）やアートNFT取引がネット上にあることを理由に、全ての暗号資産（仮想通貨）やアートNFTは所在不明資産という前提を置くべきではありません。暗号資産（仮想通貨）の国内取引所で暗号資産（仮想通貨）が取引される場合や、日本国内に所在するマーケットプレイスでアートNFTが取引される場合は、マーケットの地理的な所在地から国内源泉所得該当性を考える必要があります。そして、居住者又内国法人がアートNFTを一次流通で購入したことが明白であれば、アートNFTの二次流通に係る所得は国内源泉所得と考えるのが自然だと思います。

もっとも、FAQ 1-7（問）には、「私は、アメリカに居住していますが、保有する暗号資産を日本の暗号資産交換業者に売却しました。」と特殊な事実関係が記述されています。そうすると、アメリカの居住者が日本国外の暗号資産（仮想通貨）の取引所において暗号資産（仮想通貨）を保有していて、その譲渡は国外の暗号資産（仮想通貨）の取引所において行われ、その結果、国外の暗号資産（仮想通貨）の取引所において暗号資産（仮想通貨）の譲渡損益は発生し、暗号資産（仮想通貨）は国外の暗号資産（仮想通貨）の取引所から国内の暗号資産（仮想通貨）の取引所に移管されたと考えられます。

さらには、アメリカ居住者が取引していることから、日米租税条約の適用により、暗号資産（仮想通貨）取引やアートNFT取引はその他の譲渡収益に該当し、居住地国課税の原則が適用されることから日本では課税されないとも考えられます。

以上説明したように、大きな問題を抱えている暗号資産（仮想通貨）のFAQ 1-7（11頁）は、国税当局による速やかな改定が必要です。

第８節

暗号資産の取引によって生じた所得の譲渡所得該当性の検討

本章は、暗号資産（仮想通貨）の取引によって生じた所得が譲渡所得に該当するか否かについて検討を行います。

第１項……暗号資産の定義

所得税法と法人税法における暗号資産（仮想通貨）の定義は、資金決済法の定義を用いて定められています。資金決済法は令和５年６月１日に改正され、暗号資産（仮想通貨）の定義は新資金決済法２条14項に規定されています。その改正については新資金決済法として、「序章　第２節　暗号資産の税務の概要　第３項　暗号資産の税務の定義」で説明しています。

ここでは、旧資金決済法２条５項で定義されていた内容に基づいて説明します。

〈暗号資産（仮想通貨）の定義〉

まず、旧資金決済法の暗号資産（仮想通貨）の定義を改めて確認します。

〈旧資金決済法２条５項の暗号資産（仮想通貨）の定義〉

５　この法律において「暗号資産」とは、次に掲げるものをいう。ただし、金融商品取引法（昭和二十三年法律第二十五号）第二条第三項に規定する電子記録移転権利を表示するものを除く。

一　物品を購入し、若しくは借り受け、又は役務の提供を受ける場合に、これらの代価の弁済のために不特定の者に対して使用することができ、かつ、不特定の者を相手方として購入及び売却を行うことができる財産的価値（電子機器その他の物に電子的方法により記録されているものに限り、本邦通貨及び外国通貨並びに通貨建資産を除く。次号において同じ。）であって、電子情報処理組織を用いて移転することができるもの

二　不特定の者を相手方として前号に掲げるものと相互に交換を行うことができる財産的価値であって、電子情報処理組織を用いて移転することができるもの

旧資金決済法２条５項１号と２号に掲げられている暗号資産（仮想通貨）は、それぞれ「１号暗号資産」と「２号暗号資産」と略称されます。

なお、金融商品取引法２条３項に規定されている電子記録移転権利は、旧資金決済法２条５項の暗号資産（仮想通貨）の定義から除かれていますので、ICO（Initial Coin Offering）のうち、収益を上げる分配等を受けることができるトークンを発行する場合、このトークンは電子記録移転権利に該当し、旧資金決済法ではなく、金商法の適用を受けることになります[44]。

以上の説明を図表にすると次のようになります。

図表1-5……旧資金決済法上の暗号資産（仮想通貨）の定義[45]

旧資金決済法の規定	要　　件
1号暗号資産 （旧資金決済法2条5項1号）	①物品の購入、借り受け、サービス提供の**代価の弁済**に不特定者に対して使用できること ②不特定者を相手方として購入、売却できること ③コンピュータ等に電子記録された**財産的価値**で、ITシステムにより移転できること ④日本国・外国の通貨、通貨建資産（預金、債権等）でないこと
2号暗号資産 （旧資金決済法2条5項2号）	①不特定者を相手方として1号暗号資産（仮想通貨）と交換できること ②コンピュータ等に電子記録された**財産的価値**で、ITシステムにより移転できること

第2項……暗号資産の譲渡により生じた損益に関する国税庁の考え方

平成30年3月22日の参議院財政金融委員会で藤巻健史議員は、暗号資産（仮想通貨）の譲渡により生じた所得の所得区分について、暗号資産（仮想通貨）を物と考えれば譲渡所得という考えもあり得たが、資金決済法では暗号資産（仮想通貨）を支払手段と位置付けたため、国税庁の取扱いは雑所得が原則となったという理解で正しいかという趣旨の質問を次のように行っています[46]。

〈国税当局に対する暗号資産（仮想通貨）の所得区分の確認〉

国税庁若しくは主税局にお聞きしたいんですけれども、仮想通貨を物と考えれば、これ譲渡所得という考えも考えられたわけですけれども、結局、原則雑所得となったのは、改正資金決済法でこれは仮想通貨を支払手段と位置付けたせいだというふうに理解しておりますが、それでよろしいんでしょうか。

これに対して藤井健志・国税庁次長（当時）は、次のとおり答弁しています。

〈国税当局の説明する暗号資産（仮想通貨）の所得区分〉

結論は委員御指摘のとおりでございます。所得税法上、譲渡所得につきましては、最高裁判決などにおきまして、資産の値上がりによりその資産の所有者に帰属する増加益を所得として、その資産が所有者の支配を離れて他に移転するのを機会にこれを清算して課税する趣旨と解されておりまして、法令上は資産の譲渡による所得と、こ

44　松嶋隆弘＝渡邊涼介編『改正資金決済法対応　仮想通貨はこう変わる‼　暗号資産の法律・税務・会計暗号資産の法律税務会計』松嶋隆弘「Ⅲ　資金決済法における暗号資産」（ぎょうせい、2019年）104頁参照。
45　脚注44　松嶋隆弘＝渡邊涼介編104頁を基に筆者が作成。
46　第196回国会　参議院　財政金融委員会　第5号　平成30年3月22日（令和5年8月31日閲覧）

ういうことでございます。

ビットコインなどの仮想通貨につきましては、御指摘の資金決済法上、代価の弁済のために不特定の者に対して使用することができる財産的価値と規定されており、消費税法上も支払手段に類するものとして位置付けられておりますので、外国通貨と同様に、その売却又は使用により生ずる利益は、資産の値上がりによる譲渡所得とは性質を異にするものであるというふうに考えられるところでございます。

そういうふうに考えられるところでございますので、資金決済法の改正によって位置付けがなされたことも考慮の上、仮想通貨の売却又は使用により生じた利益は譲渡所得には該当せず、どの所得にも属さないということで雑所得に該当するというふうに解しているところでございます[47]。

国税当局の考え方を整理すると、暗号資産（仮想通貨）の譲渡により生じた損益は、①最高裁判決で規範として示された保有する資産の値上りによる増加益（キャピタル・ゲイン）を所得として、資産の所有から離れることによる清算課税の対象になる資産に該当しないこと、②資金決済法2条5項の規定上、暗号資産（仮想通貨）は代価の弁済のために不特定の者に対して使用することができる財産的価値と規定されていること、③消費税法上、支払手段に類するものと位置付けられていること、これらを暗号資産（仮想通貨）の売却又は使用により生ずる利益が譲渡所得に該当しない根拠にしていることが分かります。

暗号資産（仮想通貨）が所得税法33条1項に規定されている譲渡所得の基因となる資産に含まれるのか否かが問題になりますが、一番判断が困難であるのは、暗号資産（仮想通貨）が資産の値上りによる増加益（キャピタル・ゲイン）の清算課税の対象になる資産に該当するか否かであると考えられ、代価の弁済のための支払手段である暗号資産（仮想通貨）は譲渡所得の基因となる資産に含まれず、暗号資産（仮想通貨）の譲渡損益は土地に代表される保有する資産の値上りによる増加益（キャピタル・ゲイン）に該当しないというのが国税の見解ということになります。

第3項……所得税法33条2項と所得税基本通達33-1の確認

所得税法33条（譲渡所得）は、「譲渡所得とは、資産の譲渡（建物又は構築物の所有を目的とする地上権又は賃借権の設定その他契約により他人に土地を長期間使用させる行為で政令で定めるものを含む。以下この条において同じ。）による所得をいう。」と規定していて、資産の譲渡に地上権又は賃借権の設定等を含むとしていることから、土地と土地の利用権の譲渡を中心に考えていることが分かります。

しかしながら、暗号資産（仮想通貨）が含まれるか否かは、文理解釈からはにわかには判断できません。

47　第196回国会　参議院　財政金融委員会　第5号　平成30年3月22日（令和5年8月31日閲覧）

そして、譲渡所得とは、資産の譲渡（建物又は構築物の所有を目的とする地上権又は賃借権の設定その他契約により他人に土地を長期間使用させる行為）による所得をいうと規定され（所法33）、土地建物の利用が中心に規定されていて、棚卸資産の譲渡その他営利を目的に継続的に行われる資産の譲渡（所法33②一）と山林の伐採又は譲渡による所得（所法33②二）は除かれています。

また、所得税基本通達33－1（譲渡所得の基因となる資産の範囲）によれば、「譲渡所得の基因となる資産とは、法第33条第2項各号に規定する資産及び金銭債権以外の一切の資産をいい、当該資産には、借家権又は行政官庁の許可、認可、割当て等により発生した事実上の権利も含まれる。」とされています。棚卸資産等や「金銭債権以外の一切の資産」という文言がありますが、あくまで所得税基本通達33-1上の文言であり、法令に規定されているわけではありません。そして、資産に含まれる権利として例示されているのは、借家権と、本来は幅広い無形固定資産である営業権（のれん）のうち、法人税基本通達7-1-5に記述される法律的営業権（のれん）のように資産性が明確なもののみであることに留意する必要があります。

第4項……『所得税基本通達逐条解説（令和3年版）』の所得税法33条の解説

所得税法33条の譲渡所得の基因となる資産については、上記3項において確認したとおり、所得税基本通達33－1に国税庁の解釈が示されていますが、その解釈について国税庁の職員が解説した『所得税基本通達逐条解説（令和3年版）』（大蔵財務協会、2021年）は、「その資産には、取引慣行のある借家権のほか、いわゆる反射権[48]と呼ばれる行政官庁の許可、認可、割当て等により発生した事実上の権利など一般にその経済的価値が認められて取引の対象とされ、キャピタル・ゲイン（又はキャピタル・ロス）が生ずるような全ての資産が含まれることを明らかにしている」（178頁）と説明されています。

その一方で、この書籍においては、「金銭債権の譲渡による利益は、その債権の元本の増加益（すなわちキャピタル・ゲインそのもの）ではなく、事業所得又は雑所得に該当する金利に相当するものであると考えられることから、金銭債権は、譲渡所得の基因となる資産には該当しない」（178頁）という説明もなされています。

これらの説明から、『所得税基本通達逐条解説（令和3年版）』は、譲渡所得の基因となる資産を幅広く捉えつつ、金銭債権の金利相当額をその範囲から除くというように、譲渡所得該当性を資産ごとに個別に判断をしていることが分かります。

しかしながら、なぜ、金銭債権の金利相当額が事業所得又は雑所得に該当するのか、金銭債権の金利相当額を元本から分けて金利相当額がその債権の元本の増加益（すなわちキャピタル・ゲインそのもの）ではないと考えるのか、これらの疑問に答える記述は、「金

48　反射的利益とは、法令が特定の者に対して命令・制限・禁止などを定めることの反射として、第三者が受ける事実上の権利をいうことから、「反射権」は反射的利益の言い間違いと考えられます。

銭債権の譲渡による利益は、その債権の元本の増加益（すなわちキャピタル・ゲインそのもの）ではなく」とあるだけで、この書籍の説明の中には見当たりません。

筆者としては、譲渡する資産ごとに、①譲渡可能性、②測定可能性及び③分離可能性について、個別に検討をして判断をする必要があると考えます。

第5項……注解所得税研究会『注解所得税法〔6訂版〕』が議論する譲渡所得の基因となる資産

注解所得税研究会『注解所得税法〔6訂版〕』は、「実際上、およそ経済価値を持つものが他に移転し、その対価の取得がある限りにおいて、それは「資産」と考えられ、したがって、普通はいちいちその中身についてそれが「資産」であるかどうかを吟味する必要は起こらないものと考えられる」[49]とし、譲渡所得の基因となる資産を極めて幅広く捉える説明をしています。

しかしながら、譲渡可能性と測定可能性（対価性）だけでは、例えば、金銭債権がなぜ譲渡所得の基因となる資産から除かれるのか、金銭債権の利息相当額がなぜ金銭債権と分けられて事業所得や雑所得に該当することとなるのかというようなことを説明することができません。

筆者としては、①譲渡可能性と②測定可能性に加えて、③分離可能性を考慮しながら、対象となる資産ごとに譲渡所得の基因となる資産に該当するか否か等について個別に検討することが必要であると考えます。

第6項……金子宏『租税法〔第24版〕』における譲渡所得

金子宏『租税法〔第24版〕』では、「譲渡所得の意義と範囲に関連して、最も問題となるのは、資産とは何か、および譲渡とは何かである」と記述した後、資産について次のような記述をしています（下線と強調は筆者）。

> 資産とは、**譲渡性のある財産権**をすべて含む概念で、動産・不動産はもとより、借地権、無体財産権、許認可によって得た権利や地位、ビットコイン等の暗号資産（仮想通貨。資金決済法（平成21年法律59号）2条5項、消税別表12号、消税令9条4項参照）などが広くそれに含まれる[50]。

金子宏『租税法〔第24版〕』は、譲渡所得の対象になる資産を「資産とは、譲渡性のある財産権をすべて含む概念」として広く捉えていますが、国税当局は、暗号資産（仮想通貨）の取引により生じた利益が雑所得に該当することを暗号資産（仮想通貨）のFAQ

49　注解所得税法研究会編『注解所得税法〔6訂版〕』（大蔵財務協会、2019年）733頁参照。
50　金子宏『租税法〔第24版〕』（弘文堂、2001年）265頁参照。

2-2（13頁）で明らかにしており、金子宏『租税法〔第24版〕』の「資産とは、譲渡性のある財産権をすべて含む概念」と「ビットコイン等の暗号資産が含まれる」という見解は採っていないことから、金子宏『租税法〔第24版〕』は国税当局の暗号資産（仮想通貨）の取引に係る所得は雑所得該当という見解表明に全く対応できていないと考えられます。

また、金子宏『租税法〔第24版〕』は、「譲渡性のある財産権」が広く譲渡所得の基因となる資産に該当すると述べていますが、なぜビットコイン等の暗号資産（仮想通貨）が「譲渡性のある財産権」に含まれるのかということが検討されていません。

また、「ビットコイン等の暗号資産」を含めて、なぜ「譲渡性のある財産権」が広く譲渡所得の基因となる資産に該当するのか、譲渡所得の基因となる資産に該当する「譲渡性のある財産権」の範囲がどうなっているのかという本質的な部分についても、詳しい説明がありません。

第7項……佐藤英明『スタンダード所得税法〔第2版補正2版〕』が議論する譲渡所得の基因とならない資産

佐藤英明『スタンダード所得税法〔第2版補正2版〕』は「経済的価値があり、他人に移転可能なあらゆるものが譲渡所得を発生させる『資産』」であり、他の論者と同様に資産の①測定可能性と②譲渡可能性（移転可能性）を議論します[51]。その一方で、佐藤英明『スタンダード所得税法〔第2版補正2版〕』は、「値上がり」や「値下がり」を考えることができない、そして、「**それ自体が他のものや利益を測る尺度である現金」に加えて、現金が譲渡所得の対象にならないことから派生して金銭債権が譲渡所得の基因となる資産には該当しないことを指摘**しています[52]（下線と強調は筆者）。なお、金銭債権が譲渡所得の基因となる資産に該当しない理由を、金銭債権が、「それ自体が他のものや利益を測る尺度である現金」から派生していることを指摘しているのは、佐藤英明だけです。

さらには、為替差損益が譲渡所得ではなく、事業所得又は雑所得とされることも指摘しています[53]が、その理由についての言及はありません。

譲渡対象資産ごとに、①譲渡可能性、②測定可能性及び③分離可能性について個別的検討をする必要があると考えます。

第8項……国税庁HPの譲渡所得の対象となる資産と外国為替差損益の説明

国税庁HPは「譲渡所得の対象となる資産」は、「土地、借地権、建物、株式等、金地金、宝石、書画、骨とう、船舶、機械器具、漁業権、取引慣行のある借家権、配偶者居住権、配偶者敷地利用権、ゴルフ会員権、特許権、著作権、鉱業権、土石（砂）などが含まれま

51　佐藤英明『スタンダード所得税法〔第2版補正2版〕』（弘文堂、2020）87頁参照。
52　脚注51　佐藤英明87・88頁参照。
53　脚注51　佐藤英明87・88頁参照。
54　国税庁HP タックスアンサー「No.3105 譲渡所得の対象となる資産と課税方法」（令和5年8月31日閲覧）

す。」、「なお、貸付金や売掛金などの金銭債権は除かれます。」[54]と説明していますが、譲渡資産に該当しない現金については言及がなく、金銭債権が譲渡所得の基因となる資産に該当しない理由については説明していません。国税当局は、貸付金、売掛金及び現金が資産の値上がり益を生じない資産であり、譲渡の基因となる資産に該当しないことは自明のことであることから説明の必要はないと考えている可能性があります。そして、著作権については著作権の全部譲渡及び一部譲渡が譲渡所得の対象となる資産と考えられ、著作物の利用の許諾（著法63）、利用権の譲渡（著法63③）は含まれないところが重要です。この部分はアートNFTの譲渡所得該当性のところで詳しく述べます。

一方、国税庁HPは、①同一の金融機関に、②同一の外国通貨で、③継続して（筆者注：法律上は「引き続き」と規定）預け入れる場合の預貯金の預入については、外貨建取引（所法57の3①）に該当しないこととされている（所令167の6②）ので、その元本部分に係る為替差損益が認識されることはないと説明しています[55]。

「外貨建取引」とは、「外国通貨で支払が行われる資産の販売及び購入、役務の提供、金銭の貸付け及び借入れその他の取引」（所法57の3①）をいい、居住者が外貨建取引を行った場合には、その外貨建取引の金額の円換算額は、その外貨建取引を行った時における外国為替の売買相場により換算した金額として、その者の各年分の各種所得の金額を計算するものとされています（所法57の3①）。ただし、外国通貨で表示された預貯金を受け入れる金融機関を相手方とする当該預貯金に関する契約に基づき預入が行われる当該預貯金の元本に係る金銭により引き続き同一の金融機関に同一の外国通貨で行われる預貯金の預入は、上記の外貨建取引には該当しないものとされています（所令167の6②）。

外国為替差損益の雑所得該当性が争われた裁判例があり、東京地方裁判所令和4年8月31日判決（令和2（行ウ）502）では納税者が全面敗訴しています。裁判所は「所得税法施行令第167条の6第2項は、外貨建取引から除外される取引として、引き続き同一の金融機関に同一の外国通貨で行われる預貯金の預入を挙げるのみであることからすれば、同項は各取引が外貨建取引に該当しないとする納税者の主張の根拠とはならない」と判示し、「各取引が契約に基づき、納税者のリスクで行われ、各取引に係る為替差損益が生じた場合には、その利益も損失も納税者に帰属するのであるから、これにより生ずる所得区分は納税者を基準に決すべき」として、納税者の「多通貨で資産を保有するという分散投資の目的で行われた各取引が外貨取引（所法57の3①）には該当しない」という主張を排斥しています[56]。

以上検討したように、外国為替差損益が、なぜ事業所得又は雑所得になるのか、なぜ譲

55　国税庁HP 質疑応答事例（所得税）「外貨建預貯金の預入及び払出に係る為替差損益の取扱い」（令和5年8月31日閲覧）外貨建預貯金の預入のみならず、その払出についても為替差損益には課税されない例が示されています。したがって、国税当局による誤指導により多くの本来課税対象にならない為替差損益が雑所得として課税されていると考えられます。

56　『税のしるべ』「各取引で為替差損益、所得は雑所得　外国銀行との投資一任契約による所得巡り地裁判決」2022年9月12日号参照。

渡所得にならないのかという理論的説明は極めて困難であり、問題になる資産が譲渡所得の基因となる資産に該当するか否かは、①譲渡可能性と②測定可能性に加えて、③分離可能性を考慮しながら、譲渡所得の基因となる資産に該当するか否か等を、問題になる資産ごとに個別かつ慎重に検討することが必要であると考えます。

第9項……国税庁の正式見解：暗号資産の譲渡から生ずる所得は雑所得に該当

国税庁の見解は、暗号資産（仮想通貨）の譲渡から生ずる所得は雑所得であるとしていることに留意する必要があります。所得税法33条の譲渡所得の文理解釈からは、暗号資産（仮想通貨）が譲渡所得の基因となる資産に含まれるか否かは明らかではありませんが、次の所得税基本通達33-1の文言は、暗号資産（仮想通貨）の譲渡から生ずる所得が譲渡所得に該当すると読めなくもありません。

〈法人税基本通達33-1〉

譲渡所得の基因となる資産とは、法第33条第2項各号に規定する資産及び金銭債権以外の一切の資産をいい、当該資産には、借家権又は行政官庁の許可、認可、割当て等により発生した事実上の権利も含まれる。（下線と強調は筆者）

以上の説明を図表にすると次のようになります。

図表1-6……譲渡所得の基因となる資産（所得税基本通達33-1）とは

項　　目	備　　考
所得税法33条2項各号に規定する資産	
金銭債権以外の一切の資産	現金、売掛金、貸付金等以外の資産
借家権又は行政官庁の許可、認可、割当て等により発生した事実上の権利	「行政官庁の許可、認可、割当て等により発生した事実上の権利」は、法人税基本通達7-1-5（織機の登録権利等）に記述されている営業権（のれん）であり、営業権（のれん）（①超過収益力説、②差額概念説及び③営業機会取得説）のうち資産性が明確な法律的営業権（のれん）のみを例示
著作権の全部譲渡と一部譲渡	著作権の全部譲渡と一部譲渡は譲渡所得該当（著法61） cf. 著作物の利用の許諾（著法63）は非該当

「行政官庁の許可、認可、割当て等により発生した事実上の権利」は、法人税基本通達7-1-5（織機の登録権利等）に記述されている営業権（のれん）であり、営業権（のれん）そのものは、本来的には幅広い無形固定資産であり、営業権（のれん）（①超過収益力説、②差額概念説及び③営業機会取得説）のうち資産性が明確な法律的営業権（のれん）（③営業機会取得説）のみを例示していることが重要です。

暗号資産（仮想通貨）やアートNFTの譲渡所得該当性を強調する論者は、所得税基本通達33-1の「法第33条第2項各号に規定する資産及び金銭債権以外の一切の資産」を強調しますが、その文言は、法令の文言ではなく、あくまでも所得税基本通達の文言にとどまり、例示されているものも、借家権等本来は幅広い無形固定資産である営業権（のれん）のうち、法律的営業権（のれん）のみであることに留意する必要があります。

令和４年10月７日に改正された所得税基本通達35-1⑿では、雑所得の例示として「譲渡所得の基因とならない資産の譲渡から生ずる所得（営利を目的として継続的に行う当該資産の譲渡から生ずる所得及び山林の譲渡による所得を除く。）」としています。そして、令和４年10月７日に改正された「雑所得の範囲の取扱いに関する所得税基本通達の解説」の【解説】３によれば、「⑿の譲渡所得の基因とならない資産について、**具体的には、「金銭債権」、「外国通貨」、「暗号資産」などの「資産の値上がり益が生じないと認められる資産」が該当することとなります。**なお、譲渡所得の基因となる資産の範囲については、所得税基本通達33-1をご参照ください。」と説明されています（下線と強調は筆者）。金銭債権から生じる利息相当額、外国通貨から生じる為替差損益、暗号資産（仮想通貨）から生じる暗号資産（仮想通貨）の譲渡益・譲渡損は、事業所得又は雑所得に区分されることが明らかにされていますが、「金銭債権」、「外国通貨」、「暗号資産」などが、なぜ、「資産の値上がり益が生じないと認められる資産」に区分され、「譲渡所得の基因とならない資産」に区分されるのかは説明されていません。

筆者は、①譲渡可能性と②測定可能性に加えて、③分離可能性を考慮しながら、対象となる資産ごとに譲渡所得の基因となる資産に該当するか否か等について個別に検討することが必要であると考えます。

以上の説明を図表にすると次のようになります。

図表1-7……譲渡所得の基因とならない資産とは何か

項　　目	説　　明
①現金	「金銭債権」と同様に譲渡所得の基因とならない資産に該当
②「金銭債権」から生じる利息相当額	②、③、④の３つは「資産の値上がり益（キャピタル・ゲイン）が生じないと認められる資産」に区分され、「（所得税基本通達35-1）⑿の譲渡所得の基因とならない資産」に該当（国税庁「雑所得の範囲の取扱いに関する所得税基本通達の解説」）
③「外国通貨」から生じる為替差損益	
④「暗号資産」から生じる暗号資産（仮想通貨）の譲渡益・譲渡損	

第10項……NFTやFTに関連する取引を行った場合の課税関係の分析

令和４年４月１日に国税庁HPに公表されたタックスアンサー[57]に記述されているNFTやFTに関連する取引を行った場合の課税関係の分析をします。

> １　いわゆるNFT（非代替性トークン）やFT（代替性トークン）が、暗号資産などの財産的価値を有する資産と交換できるものである場合、そのNFTやFTを用いた取引については、所得税の課税対象となります。

57　国税庁HPタックスアンサー「No. 1525-2 NFTやFTを用いた取引を行った場合の課税関係」（令和５年８月31日閲覧）

※　財産的価値を有する資産と交換できないNFTやFTを用いた取引については、所得税の課税対象となりません。

ここでは、保有しているNFTやFTそのものの財産的価値ではなく、交換により取得する暗号資産(仮想通貨)の財産的価値を問題にしていることに留意する必要があります。

そして、財産的価値を有する資産と交換できないNFTやFTを用いた取引は所得税の課税対象にならないとしています。これは、暗号資産（仮想通貨）のFAQ 1-1（4頁）、1-2（5頁）、1-3（6頁）が暗号資産（仮想通貨）の課税関係を、暗号資産（仮想通貨）を手放して、①現金を取得する場合と②物やサービスを取得する場合及び③アルトコインと呼ばれる他の暗号資産（仮想通貨）を取得する場合に分けて説明する議論の基礎になっているところ、法人税の取扱いも同様であると考えられます。

2　所得税の課税対象となる場合の所得区分は、概ね次のとおりです。

⑴　役務提供などにより、NFTやFTを取得した場合

・役務提供の対価として、NFTやFTを取得した場合は、事業所得、給与所得または雑所得に区分されます。
・臨時・偶発的にNFTやFTを取得した場合は、一時所得に区分されます。
・上記以外の場合は、雑所得に区分されます。

まず、役務提供の対価等によりNFTやFTを取得した場合の所得区分は事業所得、給与所得又は雑所得に区分されることを説明し、従業員・役員等が所属する法人に役務提供をして、その対価として取得した暗号資産（仮想通貨）は給与所得に該当することを説明しています。

そして、事業者が事業として役務提供をしてその対価として暗号資産（仮想通貨）を取得した場合は事業所得、それ以外の場合は雑所得として処理することを説明しています。

さらに、「臨時的・偶発的にNFTやFTを取得した場合は一時所得」と説明していますが、法人から個人が金品等の贈与を受けた場合は一時所得になることは所得税基本通達34-1（一時所得の例示）⑸により明らかにされていて、個人から個人が贈与を受けた場合は贈与税の対象になると考えられるところ、それ以外の「臨時的・偶発的にNFTやFTを取得した場合」とはどのような場合を指すのか不明確です。

〈NFTやFTを譲渡した場合の所得区分〉

⑵ NFTやFTを譲渡した場合

・譲渡したNFTやFTやが、譲渡所得の基因となる資産に該当する場合（その所得が譲渡したNFTやFTの値上がり益(キャピタル・ゲイン)と認められる場合)は、譲渡所得に区分されます。

（注）NFT や FT の譲渡が、営利を目的として継続的に行われている場合は、譲渡所得ではなく、雑所得または事業所得に区分されます。

・譲渡したNFTやFTが、譲渡所得の基因となる資産に該当しない場合は、雑所得（規模等によっては事業所得）に区分されます。

ここでいうNFTやFTが何を指すのかが問題になりますが、暗号資産（仮想通貨）のFAQ 2-2（13頁）で取扱いが明確化されている旧資金決済法２条５項に依拠して定義されていた暗号資産（仮想通貨）以外のものをNFTやFTと記述していると整理する必要があります。

NFTやFTが譲渡所得の基因となる資産に該当する場合は譲渡所得になることを明らかにし、譲渡したNFTやFTが、譲渡所得の基因となる資産に該当し、その所得が譲渡した「NFTやFTの値上がり益（キャピタル・ゲイン）と認められる場合は、譲渡所得に区分され」ると説明しています。

そして、値上がり益（キャピタル・ゲイン）課税とは、最高裁判所昭和43年10月31日第一小法廷判決（昭和41（行ツ）8）において、「資産の値上がりによりその所有者に帰属する増加益を所得として、その資産が所有者の支配を離れて他に移転する機会に、清算して課税する」趣旨のものと判示されています。

これは、国税庁がNFTやFTが譲渡所得の基因となる資産に該当する場合は譲渡所得になるという従来の考え方を再確認しただけであり、NFTやFTに関係する取引が一般的に譲渡所得に該当することを説明しているのではないことに留意する必要があると考えます。

既に、暗号資産（仮想通貨）のFAQ 2-2（13頁）で暗号資産（仮想通貨）に係る譲渡損益は雑所得に該当することが明らかにされていて、NFTやFTから雑所得扱いとされている暗号資産（仮想通貨）は除いて考えられているところ、暗号資産（仮想通貨）に含まれないFTの範囲については明確な説明がありません。

また、譲渡所得と事業所得や雑所得との関係について、NFTやFTの譲渡が、①営利を目的として継続的に行われている場合と②譲渡したNFTやFTが譲渡所得の基因となる資産に該当しない場合は、譲渡所得ではなく、雑所得又は規模等によっては事業所得に区分されることを説明しています。

国税庁は令和５年１月13日にNFT情報を公表し、その別添としてNFTのFAQを公表しました。NFTのFAQは、アートNFTを「デジタルアートの閲覧に関する権利」と定義した上で、購入したアートNFTを第三者に転売した場合のその転売（二次流通）に係る所得は、総合課税の譲渡所得に区分されることを明らかにしました（NFTのFAQ 4（7頁））。その一方で、ステップン（STEPN）等のブロックチェーンゲーム上の暗号資産（仮想通貨）やアートNFTを指すと考えられるゲーム内通貨（トークン）に係る取引から生じた所得については、雑所得に区分されることが明らかにされました（NFTのFAQ 8（12頁））。

COLUMN

コラム 5

暗号資産（仮想通貨）に係る譲渡損益は譲渡所得に該当するのか

国税当局は既に暗号資産（仮想通貨）に係る譲渡損益が雑所得に該当するという見解を出しています。暗号資産（仮想通貨）が、資金決済法上、代価の弁済のために不特定の者に対して使用することができる財産的価値と規定されていることが雑所得になる主な理由です。

譲渡所得の基因とならない資産について、「雑所得の範囲の取扱いに関する所得税基本通達の解説」では「具体的には、「金銭債権」、「外国通貨」、「暗号資産」などの「資産の値上がり益が生じないと認められる資産」が該当することとなります。」と説明しています。なぜ３つの資産が並列的に「資産の値上がり益が生じないと認められる資産」に該当するのか、「譲渡所得の基因とならない資産」に該当する共通のメルクマール等その理由は説明されていません。

そもそも論として、所得税法では、利子所得、配当所得、不動産所得、事業所得、給与所得、退職所得、山林所得、譲渡所得又は一時所得に区分されない所得は、バスケット・カテゴリーと呼ばれる雑所得に区分されることになっています。その構造から、暗号資産（仮想通貨）に係る譲渡損益が雑所得に該当する理由の否定に重点を置くのではなく、譲渡所得に該当する理由を明確化しなければなりません。

ところで、SNS を中心に暗号資産（仮想通貨）に係る譲渡損益は譲渡所得に該当するという議論が多々ありますが、その内容はどのようなものでしょうか。

国税当局の説明に不備があるのは確かですが、国税当局のいう「原則として雑所得（その他雑所得）に区分され」をいくら否定しても、暗号資産（仮想通貨）が譲渡所得に該当することを説明することにはならないことは明らかです。

問題は、暗号資産（仮想通貨）に係る譲渡損益は譲渡所得に該当するという主張の根拠を、資金決済法の定義や金子宏「租税法〔第 24 版〕」に求めても、国税当局の考えを否定するには至らないことです。米国税制が暗号資産を譲渡所得扱いにしていることを挙げても、国税当局はもちろんのこと、暗号資産（仮想通貨）の譲渡所得該当性に関連する議論を徹底的に調べている専門家の納得は得られないでしょう。暗号資産（仮想通貨）に係る譲渡損益は譲渡所得に該当すると結論を先に決めて議論、主張をすることはやめるべきです。納税者有利の暗号資産（仮想通貨）の譲渡所得該当性を根拠なく主張することは、恥ずかしいだけでなく罪深いことであることを指摘しておきます。

筆者としては、譲渡する資産ごとに、譲渡可能性、測定可能性及び分離可能性について、個別に丁寧な検討をして譲渡所得該当性を判断をする必要があると考えています。

第2章

暗号資産の所得税関係

この章では、暗号資産（仮想通貨）のFAQの順番に沿って、暗号資産（仮想通貨）の所得税の課税関係について説明します。

第1節

暗号資産取引による所得の総収入金額の収入すべき時期
(暗号資産（仮想通貨）のFAQ 2-1（12頁）)

[質疑応答全文]

問　暗号資産取引を行ったことにより生じた利益について、いつの年分の収入とすべきですか。

答　原則として売却等をした暗号資産の引渡しがあった日の属する年分となります。

ただし、選択により、その暗号資産の売却等に関する契約をした日の属する年分とすることもできます。

暗号資産取引により生じた損益については、原則として雑所得（その他雑所得）に区分され（「2-2　暗号資産取引の所得区分」参照）、雑所得（その他雑所得）の収入すべき時期は、その収入の態様に類似する、他の所得の収入すべき時期に準じて判定した日とされています。

したがって、暗号資産取引により生じた所得の総収入金額の収入すべき時期は、その収入の態様を踏まえ、資産の譲渡による所得の収入すべき時期に準じて判定します。

[筆者解説]

暗号資産（仮想通貨）のFAQ 2-1（12頁）によれば、個人の暗号資産（仮想通貨）取引による所得の総収入金額の収入すべき時期については、「その収入の態様を踏まえ、資産の譲渡による所得の収入すべき時期に準じて判定します。」とあります。したがって、所得税基本通達36-12(山林所得又は譲渡所得の総収入金額の収入すべき時期)と36-14(雑所得の収入金額又は総収入金額の収入すべき時期）により、暗号資産（仮想通貨）の売却等をした暗号資産（仮想通貨）の引渡日の属する年分とされており、選択により暗号資産(仮想通貨)の売却等に関する契約をした日の属する年分とすることもできるとしています。

しかしながら、株式取引のように約定日と引渡日とが異なり、約定日が年末で引渡日が翌年になるような場合には、取引ごとに約定日と引渡日を選択して利益調整をすることに重要な意味があるものの、暗号資産（仮想通貨）の売却等の場合は、実務的に契約日と引渡日が一致している場合がほとんどであるため、暗号資産（仮想通貨）のFAQ 2-1（12頁）の説明には、実益がないように思われます。

第2節
暗号資産取引の所得区分
（暗号資産（仮想通貨）のFAQ 2-2（13頁））

暗号資産（仮想通貨）の取引により生じた利益の所得税法上の所得区分について、次の暗号資産（仮想通貨）のFAQ 2-2（13頁）の説明に基づいて説明します。この所得区分は、暗号資産（仮想通貨）の定義とも関連しています。

[質疑応答全文]

問　暗号資産取引により生じた利益は、所得税法上の何所得に区分されますか。

答　暗号資産取引により生じた利益は、所得税の課税対象になり、原則として雑所得（その他雑所得）に区分されます。

暗号資産取引により生じた損益は、邦貨又は外貨との相対的な関係により認識される損益と認められますので、原則として、雑所得（その他雑所得）に区分されます。

ただし、その年の暗号資産取引に係る収入金額が300万円を超える場合には、次の所得に区分されます。

・暗号資産取引に係る帳簿書類の保存がある場合……原則として、事業所得
・暗号資産取引に係る帳簿書類の保存がない場合……原則として、雑所得（業務に係る雑所得）

なお、「暗号資産取引が事業所得等の基因となる行為に付随したものである場合」、例えば、事業所得者が、事業用資産として暗号資産を保有し、棚卸資産等の購入の際の決済手段として暗号資産を使用した場合は、事業所得に区分されます。

[筆者解説]

第1項……暗号資産の取引から生じた損益の所得区分

国税当局は、暗号資産（仮想通貨）の取引から生じた損益は、「邦貨又は外貨との相対的な関係により認識される損益と認められます」として、為替差損益の一種として、原則として、雑所得（その他雑所得）に区分される理由を説明します。そして、その年の暗号資産取引に係る収入金額が300万円を超える場合には、①暗号資産取引に係る帳簿書類の保存がある場合は、原則として、事業所得、②暗号資産取引に係る帳簿書類の保存がない場合は、原則として、雑所得（業務に係る雑所得）として、帳簿書類の記録と保存の有無を重視して、事業所得と雑所得の区分を説明しています。

令和4年12月22日の暗号資産（仮想通貨）のFAQ 2-2の改訂により、暗号資産取引により生じた損益（邦貨又は外貨との相対的な関係により認識される損益）は、①その暗

号資産取引自体が事業と認められる場合、②その暗号資産取引が事業所得等の基因となる行為に付随したものである場合を除き、雑所得に区分されると説明されています。

暗号資産（仮想通貨）の取引自体が事業と認められる場合とは、例えば、暗号資産（仮想通貨）の取引の収入によって生計を立てていることが客観的に明らかである場合などが該当し、この場合は事業所得に区分されます。「暗号資産取引が事業所得等の基因となる行為に付随したものである場合」とは、「例えば、事業所得者が、事業用資産として暗号資産を保有し、棚卸資産等の購入の際の決済手段として暗号資産を使用した場合」が該当しますと説明されていて、付随する取引ではなく、大元の取引に従って所得区分は判断されます。

事業所得と雑所得の区分については、令和4年10月7日の所得税基本通達改正により大幅に改正されていますので、次に説明します。

第2項……事業所得と雑所得の区分に係る所得税基本通達改正

令和4年10月7日に所得税基本通達35-1と35-2の改正があり、事業所得と雑所得の区分が追加的に記述されました[58]。まず、所得税基本通達35-1（雑所得の例示）の改正部分を記述します。

〈所得税基本通達35-1（雑所得の例示）の改正部分〉

次に掲げるようなものに係る所得は、その他雑所得（公的年金等に係る雑所得及び業務に係る雑所得以外の雑所得をいう。）に該当する。

・・・・・・・・・・・・・・・・・・・・・・・・・・・・・・

⑿　譲渡所得の基因とならない資産の譲渡から生ずる所得（営利を目的として継続的に行う当該資産の譲渡から生ずる所得及び山林の譲渡による所得を除く。）

雑所得の例示として、譲渡所得の基因となる資産（所得税法第33条、所得税基本通達33-1）以外の資産の譲渡から生ずる所得が、所得税基本通達35-1⑿に記述されています。そして、譲渡所得の基因とならない資産については、「具体的には、「金銭債権」、「外国通貨」、「暗号資産」などの「資産の値上がり益が生じないと認められる資産」が該当することとなります。」[59]と説明されていますが、なぜ、3つの資産が並列的に説明されていて、「資産の値上がり益が生じないと認められる資産」に該当するのか、「譲渡所得の基因とならない資産」に該当するのかについてはその理由が説明されていません。さらに、「(営利を目的として継続的に行う当該資産の譲渡から生ずる所得及び山林の譲渡による所得を除く。)」という括弧書きがありますが、「営利を目的として継続的に行う当該資産の譲渡」

58　国税庁HP「所得税基本通達の制定について」の一部改正について（法令解釈通達）「雑所得の範囲の取扱いに関する所得税基本通達の解説」（令和4年10月7日改定）

59　脚注58国税庁HP参照。

が何を指すのかは、**その所得を得るための活動の規模が事業規模に至らない程度、かつ、業務に至る程度の営利性と継続性のある資産の譲渡**という以外は、今のところ内容が不明です。

次に、所得税基本通達35-2（業務に係る雑所得の例示）の改正部分を記述し、内容を検討していきます。

〈所得税基本通達 35-2（業務に係る雑所得の例示）の改正部分〉

次に掲げるような所得は、事業所得又は山林所得と認められるものを除き、業務に係る雑所得に該当する。

・・・・・・・・・・・・・・・・・・・・・・・・・・・・・・・・

⑺営利を目的として継続的に行う資産の譲渡から生ずる所得

・・・・・・・・・・・・・・・・・・・・・・・・・・・・・・・・

（注）**事業所得と認められるかどうかは、その所得を得るための活動が、社会通念上事業と称するに至る程度で行っているかどうかで判定する。**

なお、その所得に係る取引を記録した帳簿書類の保存がない場合（その所得に係る収入金額が300万円を超え、かつ、事業所得と認められる事実がある場合を除く。）には、業務に係る雑所得（資産（山林を除く。）の譲渡から生ずる所得については、譲渡所得又はその他雑所得）に該当することに留意する。（下線と強調は筆者）

事業所得と雑所得の区分について所得税基本通達35-2（注）が改正されています。国税当局は帳簿記録の記録と保存を重視し、事業所得と雑所得の区分を４段階に分けて説明しています。

なお、「資産（山林を除く。）の譲渡から生ずる所得については、譲渡所得又はその他雑所得」に区分されることについては、別途、業務に係る雑所得とその他雑所得の区分と譲渡所得の基因となる資産（譲渡所得の基因とならない資産）として考察します。

⑴　社会通念上事業と称する程度か否か

まず、事業所得と認められるかどうかは、「その所得を得るための活動が、社会通念上事業と称するに至る程度で行っているかどうかで判定する」とされています。この社会通念による判定について、国税庁HPの「雑所得の範囲の取扱いに関する所得税基本通達の解説」で次のように説明されています。「事業所得と業務に係る雑所得については、その所得を得るための活動の規模によって判定され、当該活動が事業的規模である場合には事業所得に、事業的規模でない場合には業務に係る雑所得に区分されるという関係にあります。」と説明されていて、事業的規模か業務的規模かの区分を何らかのメルクマールにより総合的に判断する必要があり、ここの部分は従来から変わっていません。

そして、最高裁判所昭和56年4月24日第二小法廷判決（昭和52（行ツ）12）では、「事業所得とは、自己の計算と危険において独立して営まれ、営利性、有償性を有し、かつ反復継続して遂行する意思と社会的地位とが客観的に認められる業務から生ずる所得」と判示しています。また、東京地方裁判所昭和48年7月18日判決では、いわゆる事業に当たるかどうかは、結局、一般社会通念によって決めるほかないが、これを決めるに当たっては**①営利性・有償性の有無、②継続性・反復性の有無、③自己の危険と計算における企画遂行性の有無、④その取引に費やした精神的あるいは肉体的労力の程度、⑤人的・物的設備の有無、⑥その取引の目的、⑦その者の職歴・社会的地位・生活状況などの諸点が検討されるべきである**と説明されています。したがって、その所得を得るための活動が事業に該当するかどうかについて、社会通念によって判定する場合には、上記の7要素を総合勘案して判定することとなりますが、ここに列挙されている7要素は、要件ではなく、最終的に総合判断するための要素にすぎないことに留意してください。

⑵　帳簿書類の保存と記録がある場合の原則的な取扱い

⑴で説明したように、事業所得と業務に係る雑所得の区分について、最判昭和56年4月24日の判例に基づき、社会通念で判定することが原則です。

そして、「その所得に係る取引を記録した帳簿書類の保存がない場合（その所得に係る収入金額が300万円を超え、かつ、事業所得と認められる事実がある場合を除く。）には、業務に係る雑所得に該当する」と記述されていますが、最初に括弧書きの意味内容を確認する必要があります。

まず、括弧書きにより「その所得に係る収入金額が300万円を超え、かつ、事業所得と認められる事実がある場合」には、原則として事業所得と判定されます。「事業所得と認められる事実」は今のところその内容が不明ですが、括弧書きの意味内容は、**所得に係る収入金額が300万円を超え、かつ、帳簿書類の記録と保存がある場合は、原則として、事業所得と判定される趣旨**と考えられます。国税庁HP「雑所得の範囲の取扱いに関する所得税基本通達の解説」(2頁) では、「事業所得と業務に係る雑所得の区分については……(中略)……社会通念で判定することが原則ですが、その所得に係る取引を帳簿書類に記録し、かつ、記録した帳簿書類を保存している場合には、その所得を得る活動について、一般的に、営利性、継続性、企画遂行性を有し、社会通念での判定において、事業所得に区分される場合が多いと考えられます。」と帳簿書類の記録と保存を重視する理由が説明されていることがその理由です。

しかしながら、「事業所得と認められる事実」という不確定概念が議論を混乱させ、拡散されていることから、速やかな所得税基本通達35-2（注）とその解説の改訂が必要と考えます。

⑶　帳簿書類の保存と記録がない場合の原則的な取扱い

第3に、**その所得に係る収入金額が300万円以下又は事業所得と認められる事実がない場合には、原則として業務に係る雑所得に区分**されます。つまり、**その所得に係る収入金

額が300万円以下又は事業と認められる事実がない場合には、原則として、業務に係る雑所得に区分されるということは、**その所得に係る収入金額が300万円超、かつ、帳簿の記録と保存がある場合には、原則として、事業所得に該当する**という趣旨と考えられます。

⑷　帳簿書類の保存と記録がある場合の例外的な取扱い

最後に、その所得に係る取引を記録した帳簿書類を保存している場合であっても、資産の譲渡から生ずる所得は譲渡所得又はその他雑所得に該当しますが、「資産の譲渡」については、別途、詳細に検討します。

そして、次のような場合には、事業と認められるかどうかを個別に判断することとなります。

・その所得の収入金額が僅少と認められる場合

例えば、その所得の収入金額が、例年、300万円以下で主たる収入に対する割合が10%未満の場合は、「僅少と認められる場合」に該当すると考えられ、「例年」とは、概ね３年程度の期間をいいます。

・その所得を得る活動に営利性が認められない場合

その所得が例年赤字で、かつ、赤字を解消するための取組を実施していない場合は、「営利性が認められない場合」に該当すると考えられ、「赤字を解消するための取組を実施していない」とは、収入を増加させる、あるいは所得を黒字にするための営業活動等を実施していない場合をいいます。

⑸　事業所得と業務に係る雑所得の区分のまとめ

つまり、社会通念により事業所得と業務に係る雑所得を区分するところは従来どおりですが、個々の事業者のその所得を得る活動を的確に把握して判断することは困難であることから、新たに帳簿の記録と保存というメルクマールが加えられました。

そして、帳簿の記録の保存がない場合には、原則として、業務に係る雑所得に区分されますが、その所得に係る収入金額が300万円超で、かつ、事業所得と認められる事実がある場合は、事業所得に区分されます。本書では、「事業として認められる事実がある場合」を「帳簿書類の記録と保存がある場合」として説明します。

さらに、帳簿の記録と保存がある場合には、原則として事業所得に区分されますが、①その所得の収入金額が僅少と認められる場合と②その所得を得る活動に営利性が認められない場合には例外があります。

その所得に係る収入金額を300万円超と300万円以下で分けたのは、令和２年度の税制改正では、業務に係る雑所得について、前々年の収入金額が300万円を超える場合には、取引に関する書類の保存を義務付ける改正が行われ、本通達の収入金額300万円については、収入金額300万円以下の小規模な業務を行う方について、取引に関する書類の保存を求めないこととされたことを踏まえたものであると説明しています。

以上の所得税基本通達35-2（注）の内容は、国税庁HP「雑所得の範囲の取扱いに関する所得税基本通達の解説」（2頁）に次のようにまとめられています。

図表 2-1……事業所得と業務に係る雑所得等の区分（所得税基本通達 35-2（注））

収入金額	記帳・帳簿書類の保存あり	記帳・帳簿書類の保存なし
300万円超	概ね事業所得（注）	概ね業務に係る雑所得
300万円以下		業務に係る雑所得 ※資産の譲渡は譲渡所得・その他雑所得

（注）次のような場合には、事業と認められるかどうかを個別に判断することになります。
①その所得の収入金額が僅少と認められる場合
②その所得を得る活動に営利性が認められない場合

事業所得該当性を判断する4つの段階は独立していて、それぞれの判断要素をそれぞれの段階で考慮することが重要であり、事業所得と業務に係る雑所得に区分し、判断ができない場合には次の段階において判断することが重要です。

以上の所得税基本通達 35-2（注）をフローチャートにまとめると次の図表のようになります。

図表 2-2……所得税基本通達 35-2（注）のフローチャート

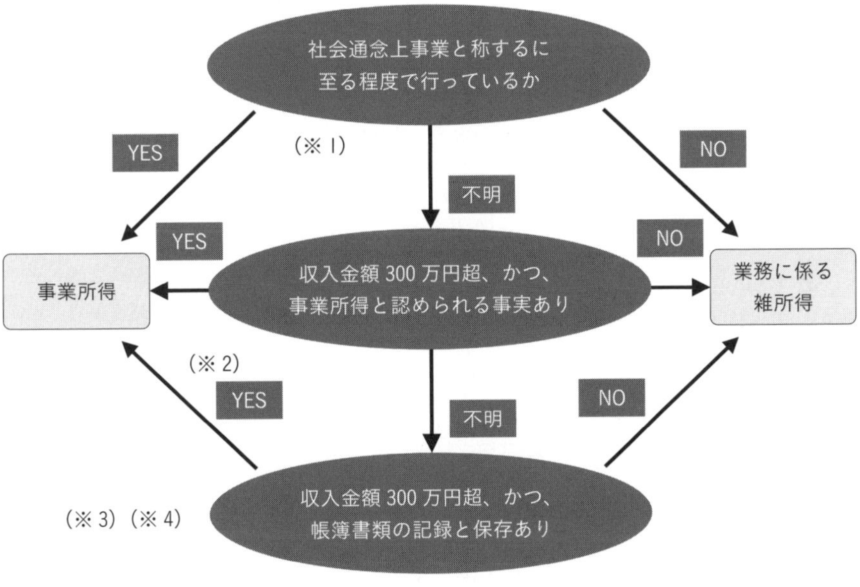

社会通念上事業と称するに至る程度で行っているか
（※1）
YES
不明
NO
事業所得
収入金額 300万円超、かつ、事業所得と認められる事実あり
業務に係る雑所得
（※2）
YES
不明
NO
（※3）（※4）
収入金額 300万円超、かつ、帳簿書類の記録と保存あり

（※1）①営利性・有償性の有無、②継続性・反復性の有無、③自己の危険と計算における企画遂行性の有無、④その取引に費やした精神的あるいは肉体的労力の程度、⑤人的・物的設備の有無、⑥その取引の目的、⑦その者の職歴･社会的地位･生活状況などの諸点を検討、総合考慮説により判断（社会通念基準）
（※2）「事業所得と認められる事実がある場合」は今のところその内容が不明、本書では**帳簿書類の記録と保存がある場合**として説明
（※3）資産の譲渡から生ずる所得は譲渡所得又はその他雑所得に該当
（※4）帳簿書類の記録と保存があっても業務に係る雑所得に該当する場合あり
①その所得の収入金額が僅少と認められる場合
②その所得の収入金額に営利性が認められない場合

第3項……業務に係る雑所得とその他雑所得の区分について

令和2年分以降の確定申告書から、雑所得が①公的年金等の雑所得、②業務に係る雑所得及び③その他雑所得（筆者注：国税庁「令和4年分所得税及び復興特別所得税の確定申告の手引き」（以下「令和4年分確定申告の手引き」といいます。）の「その他の雑所得」は「その他雑所得」の誤りと思われます[60]）の3つに区分されることになりました。

②業務に係る雑所得には「原稿料、講演料、シルバー人材センターやシェアリング・エコノミーなどの副収入による所得」（「令和4年分確定申告の手引き」12頁）が入ると説明されていて、②業務に係る雑所得には、明確な定義は示されていませんでした。したがって、国税当局の当初の目的は、②業務に係る雑所得という新たなカテゴリーを確定申告書に加えることにより、副収入の適正な把握を促進することにあったと考えられます。

また、その他雑所得は「生命保険の年金（個人年金保険）、互助年金、暗号資産取引などの①及び②以外のものによる所得」として暗号資産（仮想通貨）取引を含めて説明していますが、業務に係る雑所得とその他雑所得は、「営利を目的として継続的に行う資産の譲渡から生ずる所得」に該当する場合には、「業務に係る雑所得」に区分され、そうでない場合には「その他雑所得」に区分されると考えられます。

令和4年分の確定申告の手引きによる雑所得の区分を整理すると次の図表のようになります。

図表2-3……令和4年分確定申告の手引きによる雑所得の区分

①公的年金等の雑所得	国民年金、厚生年金、恩給、確定給付企業年金、確定拠出年金、一定の外国年金などの所得
②業務に係る雑所得	原稿料、講演料、シルバー人材センターやシェアリング・エコノミーなどの副収入による所得
③その他雑所得	生命保険の年金（個人年金保険）、互助年金、**暗号資産取引**などの①及び②以外のものによる所得

業務に係る雑所得の例示として、令和4年10月7日の改正により、所得税基本通達35-2(7)に「営利を目的として継続的に行う資産の譲渡から生ずる所得」が新たに記述されました。「営利を目的として継続的に行う資産の譲渡から生ずる所得」は、同一の概念が事業所得と業務に係る雑所得との区分の一部にも使われていて、業務に係る雑所得とその他雑所得とを区分するための「営利を目的として継続的に行う資産の譲渡から生ずる所得」の内容が何を指すかが重要になります。そして、所得税基本通達35-2（注）にも「業務に係る雑所得（資産（山林を除く。）の譲渡から生ずる所得については、譲渡所得又はその他雑所得）に該当することに留意する。」と記述されていて、業務に係る雑所得に該当しない、「資産の譲渡から生ずる所得」の「譲渡所得」以外の「その他雑所得」の範囲

60　国税庁「令和4年分の確定申告の手引き」12頁には「その他の雑所得」の説明として、「生命保険の年金（個人年金保険）、互助年金、暗号資産取引などの①及び②以外のものによる所得」と説明されていて、暗号資産（仮想通貨）取引は基本的に「その他雑所得」に区分されることが説明されています。

が問題になります。

その他雑所得の例示の1つとして所得税基本通達35-1⑿に記述される「譲渡所得の基因とならない資産の譲渡から生ずる所得（営利を目的として継続的に行う当該資産の譲渡から生ずる所得及び山林の譲渡による所得を除く。）」とは、①まず、括弧書きにより、営利を目的として継続的に行う当該資産の譲渡から生ずる所得は業務に係る雑所得に区分され、それ以外は譲渡所得又はその他雑所得に区分される、②次に、譲渡所得の基因とならない資産の譲渡から生ずる所得はその他雑所得に区分され、業務に係る雑所得には区分されないという趣旨であると考えられます。

しかしながら、「営利を目的として継続的に行う当該資産の譲渡から生ずる所得」が何を指すのかは、**その所得を得るための活動の規模が事業規模に至らない程度、かつ、業務に至る程度の営利性と継続性のある資産の譲渡**という以外は今のところ不明確です。「譲渡所得の基因となる（ならない）資産の譲渡」の範囲とメルクマールについては、「第1章　第8節　暗号資産の取引によって生じた所得の譲渡所得該当性の検討」で詳細に検討しました。

なお、営利を目的として継続的に行われる売買の程度の高低と所得区分の関係については次の図表のようになります。

図表2-4……営利を目的として継続的に行われる売買の程度の高低と所得区分

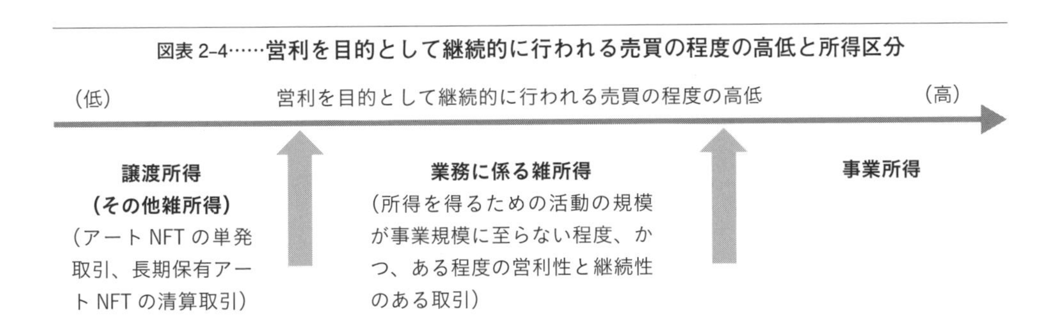

第4項……国税当局が暗号資産を雑所得に区分する根拠

暗号資産（仮想通貨）の取引により生じた所得が譲渡所得に該当しない理由としては、暗号資産（仮想通貨）が譲渡所得の基因となる資産（所法33②、所基通33-1）に該当しないためであると考えられますが、令和4年12月22日に改訂された暗号資産（仮想通貨）のFAQ 2-2（13頁）においては、その根拠が明確に説明されていません。

国税当局は、「暗号資産取引により生じた損益は、邦貨又は外貨との相対的な関係により認識される損益と認められます」として、原則として、雑所得（その他雑所得）に区分されることを説明するのみです。暗号資産（仮想通貨）の取引から生じる損益は、必ずしも、「邦貨又は外貨との相対的な関係により認識される損益」、つまり、為替差損益のようなものには限定されないので、この説明は不十分であり、暗号資産（仮想通貨）の購入者

（保有者）の意思とは無関係に生じたウインドフォール（棚ぼた）的な利益とも考え方が異なります。

平成31年3月20日に、当時の並木稔国税庁次長は、国会で、暗号資産（仮想通貨）の取引によって生じた所得が所得税法上の雑所得に分類される根拠を次のように説明しています[61]。

〈国税当局が説明する暗号資産（仮想通貨）が雑所得に区分される根拠〉

所得税法上、譲渡所得は資産の譲渡による所得と定義されておりまして、当該所得に対する課税は、**資産の値上がりによりその資産の所有者に帰属する増加益を所得として、その資産が所有者の支配を離れて他に移転するのを機会にこれを清算して課税**する趣旨と解されております。

この点、ビットコインなどのいわゆる暗号資産は、資金決済法上、**代価の弁済のために不特定の者に対して使用することができる財産的価値**と規定されており、**消費税法上も支払手段に類するものとして位置付けられている**ことから、暗号資産の譲渡益は**資産の値上がりによる増加益とは性質を異にする**ものと考えられるところでございます。

このため、国税当局としては、暗号資産は、資産ではあるものの、譲渡所得の起因（筆者注：所得税法33条には「基因」と規定）となる資産には該当せず、その譲渡所得による所得は一般的に譲渡所得には該当しないものとして取り扱っているところでございます。（下線と強調は筆者）

暗号資産（仮想通貨）の定義は、資金決済法に依拠していることから、「資金決済法上、代価の弁済のために不特定の者に対して使用することができる財産的価値と規定されて」[62]いることを重視して、**暗号資産（仮想通貨）の取引によって生じた譲渡益は、資産の値上がりによる譲渡所得とは性質を異にする、つまり、暗号資産（仮想通貨）の譲渡益は資産の増加益（キャピタル・ゲイン）には該当しない**と説明されています。

なお、最高裁判所昭和43年10月31日第一小法廷判決（昭和41（行ツ）8）が示した譲渡所得として課税される根拠を図表で表すと次のようになります。

61　第198国会　参議院財政金融委員会　第5号　平成31年3月20日（令和5年8月31日閲覧）
62　平成30年3月22日の参議院財政金融委員会での藤巻健史議員の質問に対する藤井健志・国税庁次長（当時）の答弁、本著56頁参照。

図表 2-5……譲渡所得として課税される根拠

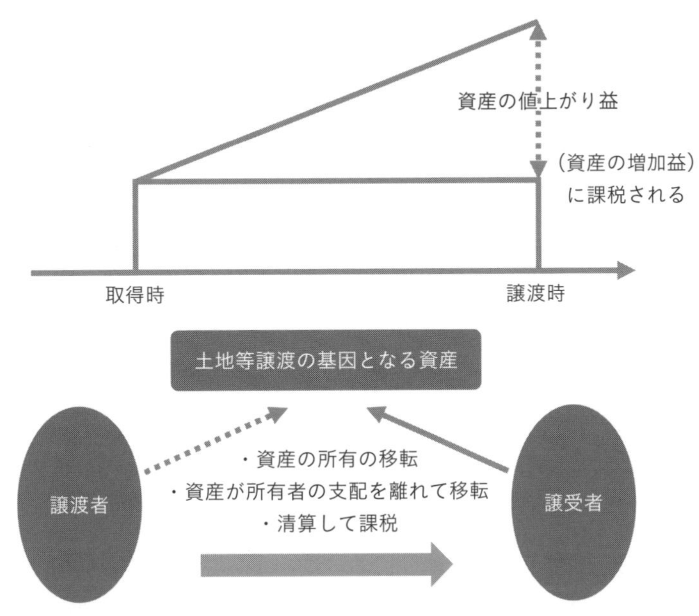

cf. 暗号資産（仮想通貨）は、資金決済法上、**代価の弁済のために不特定の者に対して使用することができる財産的価値**と規定されている

COLUMN

コラム6

業務に係る雑所得と その他雑所得の区分と譲渡所得の関係

令和２年分以降の確定申告書から、雑所得が⑴公的年金等の雑所得、⑵業務に係る雑所得及び⑶その他雑所得の３つに区分されることになりました。説明や根拠はどこを探しても見当たらず、その当時の国税当局の真意は不明です。国税当局の当初の目的は、⑵業務に係る雑所得という新たなカテゴリーを確定申告書に加えることにより副収入の適正な把握を促進することにあり、⑵業務に係る雑所得と⑶その他雑所得にそれぞれ区分された暗号資産（仮想通貨）の必要経費の範囲の相違を含めて、深い考慮はなかったと思われます。

令和４年分の確定申告の手引きでは、⑵業務に係る雑所得には「原稿料、講演料、シルバー人材センターやシェアリング・エコノミーなどの副収入による所得」が入る、⑶その他雑所得には「生命保険の年金（個人年金保険）、互助年金、暗号資産取引などの⑴及び⑵以外のものによる所得」が入ると12頁に説明されていて、⑵業務に係る雑所得と⑶その他雑所得の例は示されていますが、それぞれの明確な定義は示されませんでした。

しかしながら、帳簿の作成と保存のメルクマール導入で大きな話題を呼んだ令和４年10月７日の所得税基本通達の改正により、所得税基本通達に「営利を目的として継続的に行う資産の譲渡から生ずる所得」が新たに記述されたのです。

「営利を目的として継続的に行う資産の譲渡から生ずる所得」は、同一の概念が「事業所得」と「業務に係る雑所得」との区分を検討するための７つの考慮要素にも含まれるのですが、「業務に係る雑所得」と「その他雑所得」とを区分するために「営利を目的として継続的に行う資産の譲渡から生ずる所得」の内容が何を指すかが重要になります。

結局のところ、暗号資産（仮想通貨）取引とアートNFT取引は、「営利を目的として継続的に行う」程度の高低により、「事業所得」、「業務に係る雑所得」及び「その他雑所得」のいずれか３つに区分されることになります。

そして、ある程度の営利性と継続性を満たせば「その他雑所得」ではなく「業務に係る雑所得」であるという考え方が一般的ですが、暗号資産（仮想通貨）の取引は雑所得に区分されるのが基本なので、暗号資産（仮想通貨）の取引が「業務に係る雑所得」か「その他雑所得」かという議論は余り実益がないのではないかと思います。

その一方で、アートNFT取引は原則として「業務に係る雑所得」に該当しますが、それは、「業務に係る雑所得」ではなく「その他雑所得」に区分されると譲渡所得該当性を満たすということを意味します。つまり、譲渡所得に該当するアートNFTの単発取引、長期保有されていたアートNFTを清算する取引以外は、「業務に係る雑所得」に該当すると考えます。結果的に、アートNFTが譲渡所得として認められる範囲は非常に狭くなるのです。

コラム 7

暗号資産（仮想通貨）の財産的価値とは何か

COLUMN

暗号資産（仮想通貨）の専門家を自称する方の HP を読んでいましたら、租税法上の暗号資産（仮想通貨）は資金決済法上の定義に依拠している、そして、資金決済法上の暗号資産（仮想通貨）の定義には財産的価値が入っているので、その譲渡損益は所得税法上の譲渡所得に該当すると断定していました。

確かに、資金決済法には代価の弁済以外に財産的価値という文言も含まれていますが、暗号資産（仮想通貨）の譲渡損益は財産的価値があるので譲渡所得に全て該当するという結論ありきの議論も、ここまで徹底していると思わず笑ってしまいます。

それと同時に、暗号資産（仮想通貨）の定義に財産的価値が含まれているのでその譲渡損益は譲渡所得に該当では、余りにも幼稚で無責任な議論ではないかと静かな怒りも湧いてきます。弁護士や税理士の仕事は、記名にせよ匿名にせよ、納税者有利の意見を垂れ流して納税者を惑わすことでは絶対にないからです。

仮に、暗号資産（仮想通貨）の譲渡損益が譲渡所得に該当すれば、50 万円までは特別控除により課税されません。50 万円を超えた部分については、その保有期間が 5 年以下であれば総合課税の短期の譲渡所得に区分され、5 年超であれば総合課税の長期の譲渡所得に区分され 2 分の 1 が課税対象になることから、納税者に有利です。

金子宏「租税法〔第 24 版〕」も、資産とは譲渡性のある財産権を全て含む概念で、動産、不動産はもとより、借地権、無体財産権、許認可によって得た権利や地位、ビットコイン等の暗号資産（仮想通貨）などが広くそれに含まれると議論します。しかしながら、譲渡可能な財産権は全て譲渡所得という議論は、余りにも単純過ぎて、時代遅れではないかと思います。

所得税基本通達と法人税基本通達が例示している営業権（のれん）は①法令の規定による権利と②行政官庁の許認可等によって得た権利や地位だけです。そして、取引される全ての営業権(のれん）には財産的価値があります。譲渡性のある財産が全て譲渡所得の対象であれば全ての営業権（のれん）が譲渡所得の対象にならないのはなぜなのでしょうか。①法令の規定による権利と②行政官庁の許可、認可、割当て等により発生した事実上の権利は、営業権（のれん）の一部であり、所得税基本通達と法人税基本通達に記述されていて、営業機会取得説と呼ばれます。営業権（のれん）そのものは本来的には超過収益力説、差額概念説及び営業機会取得説による幅広い無形固定資産であり、所得税基本通達と法人税基本通達では営業権（のれん）のうち資産性が明確な営業機会取得説のみを例示しています。つまり、譲渡所得の基因となる資産を限定的に考えていることが重要です。

暗号資産（仮想通貨）やアート NFT が本当に譲渡所得の基因となる資産に該当するのか、個別の丁寧かつ慎重な検討が必要です。暗号資産（仮想通貨）の譲渡損益は原則として雑所得又は事業所得に区分されることは、国税当局によって明らかにされていることは言うまでもありません。

第３節

暗号資産の必要経費

（暗号資産（仮想通貨）のFAQ 2-3（14頁））（下線と強調は筆者）

［質疑応答全文］

問　暗号資産の売却による所得を申告する場合、どのような支出が必要経費となりますか。

答　暗号資産の売却による所得の計算上、必要経費となるものには、例えば次の費用があります。

・その暗号資産の譲渡原価
・売却の際に支払った手数料

このほか、インターネットやスマートフォン等の回線利用料、パソコン等の購入費用などについても、暗号資産の売却のために**直接必要な支出であると認められる部分の金額に限り、**必要経費に算入することができます。

暗号資産の売却による所得は、原則として雑所得（その他雑所得）に区分されますので、その所得金額は、総収入金額から必要経費を控除することにより算出します（「2-2（13頁）暗号資産取引の所得区分」参照）。

この**必要経費に算入できる金額は、暗号資産の譲渡原価その他暗号資産の売却等に際し直接要した費用の額です**。

必要経費については、次の事項に注意してください。

①　インターネットやスマートフォン等の回線利用料については、一般的に、暗号資産取引に係る利用料とそれ以外の利用料を一括で支払うこととなりますが、このような支出については、**暗号資産取引に係る利用料を明確に区分できる場合に限り、その明確に区分された金額を必要経費に算入することができます**。

②　パソコンなど、使用可能期間が１年以上で、かつ、一定金額を超える資産については、その年に一括して必要経費に計上するのではなく、使用可能期間の全期間にわたり分割して必要経費（こうした費用を「減価償却費」といいます。）とする必要があります。

なお、暗号資産取引に係る所得が、事業所得又は雑所得（業務に係る雑所得）に区分される場合には、その年における販売費、一般管理費その他その所得を生ずべき業務について生じた費用の額も必要経費に算入することができます。

［筆者解説］

暗号資産（仮想通貨）の必要経費については、令和４年12月22日の暗号資産（仮想通貨）のFAQの改訂により暗号資産（仮想通貨）が「業務に係る雑所得」ではなく「その他雑所得」に区分されることを前提に説明されています。暗号資産（仮想通貨）のFAQ 2-3（14頁）は、令和４年12月22日に改訂されています。ここで一番問題になるのは、「その他雑所得」に区分される暗号資産（仮想通貨）の必要経費の範囲であり、「業務に係る雑所得の必要経費」との相違です。

暗号資産（仮想通貨）が、原則として、「その他雑所得」に区分されることが明らかにされ、従前は「事業所得又は雑所得（業務に係る雑所得）」に区分される場合に差し引けた所得税法37条1項後段の「その年における販売費、一般管理費その他これらの所得を生ずべき業務について生じた費用の額」が差し引けないのではないかという議論が条文の文理解釈から生じます。そうすると、「インターネットやスマートフォン等の回線利用料、パソコン等の購入費用」は家事関連費に該当することから、家事費と業務費との按分計算の対象なので、その他雑所得に区分される暗号資産（仮想通貨）の必要経費にならないのではないかという疑問が当然に出てきます。従来必要経費として差し引けた、税理士報酬、書籍代、セミナー代、水道光熱費及び支払家賃等も同様です。

まず、所得税法37条（必要経費）の規定について確認します。

〈所得税法37条1項の規定〉

その年分の不動産所得の金額、事業所得の金額又は雑所得の金額（事業所得の金額及び雑所得の金額のうち山林の伐採又は譲渡に係るもの並びに雑所得の金額のうち第35条第3項（公的年金等の定義）に規定する公的年金等に係るものを除く。）の計算上必要経費に算入すべき金額は、別段の定めがあるものを除き、**これらの所得の総収入金額に係る売上原価その他当該総収入金額を得るため直接に要した費用の額及びその年における販売費、一般管理費その他これらの所得を生ずべき業務について生じた費用（償却費以外の費用でその年において債務の確定しないものを除く。）の額**とする。

（下線と強調は筆者）

〈暗号資産（仮想通貨）の経費の構造〉

暗号資産（仮想通貨）が「その他雑所得」に区分された場合、後段の「その年における販売費、一般管理費その他これらの所得を生ずべき業務について生じた費用（償却費以外の費用でその年において債務の確定しないものを除く。）の額」がその必要経費としては差し引けないことから、前段の「所得の総収入金額に係る売上原価その他当該総収入金額を得るため直接に要した費用」にどのようなものが入るかが鍵になります。

〈暗号資産（仮想通貨）の経費1　所得税法37条1項前段の個別的対応費用〉

実際、暗号資産（仮想通貨）のFAQ 2-3（14頁）も「なお、**暗号資産取引に係る所得が、事業所得又は雑所得（業務に係る雑所得）に区分される場合には**、その年における販売費、一般管理費その他その所得を生ずべき業務について生じた費用の額も必要経費に算入することができます。」（下線と強調は筆者）と説明していて、暗号資産（仮想通貨）がその他雑所得に区分される場合には、後段の「その年における販売費、一般管理費その他その所得を生ずべき業務について生じた費用の額」を必要経費として認めないことを前提に説明をしています。

前段の個別的対応費用である「所得の総収入金額に係る売上原価その他当該総収入金額を得るため直接に要した費用の額」は次のように整理できます。

・所得の総収入金額に係る売上原価
・その他当該総収入金額を得るため直接に要した費用の額

「その他の」ではなく「その他」ですから、「所得の総収入金額に係る売上原価」は「その他当該総収入金額を得るため直接に要した費用の額」の例示、包括的例示ではなく並列的例示を表していて、所得の総収入金額の発生とその増減に連動する売上原価や支払手数料の性質が重要になります。

〈暗号資産（仮想通貨）の経費２　所得税法37条１項後段の期間的対応費用〉

一方、後段の期間的対応費用である「その年における販売費、一般管理費その他これらの所得を生ずべき業務について生じた費用（償却費以外の費用でその年において債務の確定しないものを除く。）の額」は次のように整理できます。

・その年における販売費、一般管理費
・その他これらの所得を生ずべき業務について生じた費用の額
・償却費以外の費用でその年において債務の確定しないものを除く。

「その他の」ではなく「その他」ですから、「その年における販売費、一般管理費」は「これらの所得を生ずべき業務について生じた費用の額」の例示、包括的例示ではなく並列的例示になります。括弧書きの「償却費以外の費用でその年において債務の確定しないものを除く。」は「その他これらの所得を生ずべき業務について生じた費用の額」のうち、「その他これらの所得を生ずべき業務について生じた費用」を修飾しています。

そして、暗号資産（仮想通貨）の譲渡原価や支払手数料のような、所得の総収入金額の発生とその増減に連動する、暗号資産（仮想通貨）の売却に必要不可欠、密接不可分なものだけが前段の個別的対応費用である「所得の総収入金額に係る売上原価その他当該総収入金額を得るため直接に要した費用」に入ると考えられます。

さらに、家事関連費のように、家事費と業務費による按分計算の対象は、後段の期間対応費用である「その年における販売費、一般管理費その他これらの所得を生ずべき業務について生じた費用（償却費以外の費用でその年において債務の確定しないものを除く。）の額」に入るというのがこれまでの一般的理解であったと考えられます。

〈暗号資産（仮想通貨）の経費３　所得税法37条１項前段の個別的対応費用の修正〉

暗号資産（仮想通貨）のFAQ 2-3（14頁）は「インターネットやスマートフォン等の回線利用料、パソコン等の購入費用などについても、**暗号資産の売却のために直接必要な支出であると認められる部分の金額に限り**、必要経費に算入することができます。」と、「必要な」に代えて、「直接」を付け加えた上で、必要経費になる旨を明確に記述していますから、家事費と業務費による按分計算の対象になる家事関連費であるとしても、**「暗号資産の売却のために直接必要な支出であると認められる部分の金額に限り、」**、そして、**「暗号資産取引に係る利用料を明確に区分できる場合に限り、」**その他雑所得の必要経費として認められることになります。したがって、従前は、暗号資産（仮想通貨）の譲渡原価や支払手数料のような、所得の総収入金額の発生とその増減に連動するもののみが含まれていた所得税法37条1項前段の「これらの所得の総収入金額に係る売上原価その他当該総収入金額を得るため直接に要した費用」の適用範囲が広がったと考えられます。

つまり、従前は期間的対応費用である所得税法37条1項後段の「その年における販売費、一般管理費その他これらの所得を生ずべき業務について生じた費用（償却費以外の費用でその年において債務の確定しないものを除く。）の額」として認められてきた必要経費が、暗号資産（仮想通貨）がその他雑所得に区分され、業務に係る雑所得の費用としては認められなくなった代わりに、「インターネットやスマートフォン等の回線利用料、パソコン等の購入費用などについても、暗号資産の売却のために直接必要な支出であると認められる部分の金額に限り、必要経費に算入することができます。」と整理することも可能です。それは、税理士報酬、書籍代、セミナー代、水道光熱費及び支払家賃等についても同様であり、家事費と業務費による按分計算の対象になる家事関連費であるとしても、**「暗号資産の売却のために直接必要な支出であると認められる部分の金額に限り」**、そして、**「暗号資産取引に係る利用料を明確に区分できる場合に限り」**その他雑所得に区分される暗号資産（仮想通貨）の必要経費に算入することができると考えます。

さらに、「直接必要な支出であると認められる部分の金額」の「直接」は、所得税法37条1項前段に規定されている「所得の総収入金額に係る売上原価その他当該総収入金額を得るため直接に要した費用の額」の「直接に要した費用」の「直接」と同一概念であると整理することも可能であると考えます。

結論として、税理士報酬、書籍代、セミナー代、水道光熱費及び支払家賃等は、従前どおり、「インターネットやスマートフォン等の回線利用料、パソコン等の購入費用など」と同様に「直接必要な支出であると認められる部分の金額」、そして、「暗号資産取引に係る利用料を明確に区分できる場合に限り」、その他雑所得の必要経費として認められると理論構成することにより、その他雑所得に区分される暗号資産（仮想通貨）の必要経費になると考えます。

以上の議論を図表にすると次のようになります。

図表2-6……暗号資産（仮想通貨）の必要経費の構造
―「その他雑所得」に区分された場合の論点―

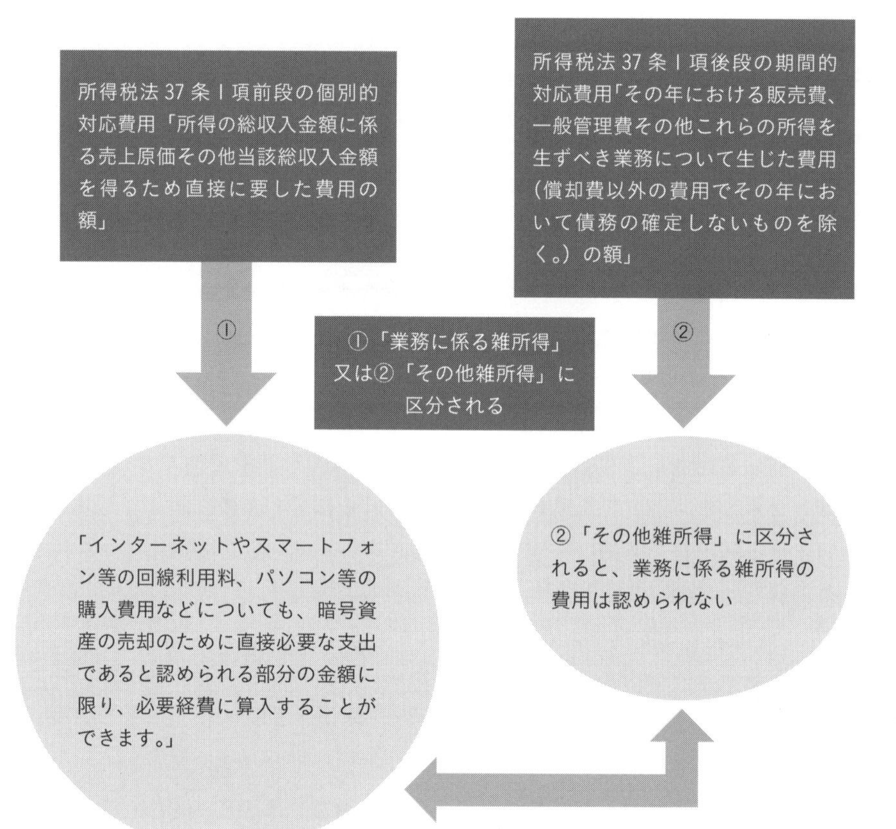

税理士報酬、書籍代、セミナー代、水道光熱費及び支払家賃等は、従前どおり、「インターネットやスマートフォン等の回線利用料、パソコン等の購入費用など」と同様に「直接必要な支出であると認められる部分の金額」そして、「暗号資産取引に係る利用料を明確に区分できる場合に限り」その他雑所得の必要経費として認められます。

第４節

暗号資産の譲渡原価
（暗号資産（仮想通貨）のFAQ 2-4（15頁））

暗号資産（仮想通貨）のFAQ 2-4（15頁）によれば、暗号資産（仮想通貨）の譲渡原価を算出するためには、個人の場合は法定評価方法である総平均法（法人の場合は移動平均法）を使うのが基本であり、個人が移動平均法を使う場合には、法定申告期限（翌年の3月15日）までに「所得税の暗号資産の評価方法の届出書」を所轄の税務署に提出する必要があります。

暗号資産（仮想通貨）の譲渡原価は、暗号資産（仮想通貨）を取得した時の価格（平均単価）に手放した暗号資産（仮想通貨）の数量を掛けることによって算出されます。

［質疑応答全文］

問　次のとおり、継続して同じ種類の暗号資産を売買しました。この場合の暗号資産の売却に関する譲渡原価について教えてください。

（例）3月1日に初めてビットコインを購入して以降、内訳のとおり、数度にわたり購入と売却を行い、1年間の売却額（数量）の総額は、5,295,000円（5 BTC）、購入額（数量）の総額は、4,037,800円（6.5 BTC）でした。

（内訳）
・3月1日　4 BTCを1,845,000円で購入（保有数量4 BTC）
・6月20日　2 BTCを1,650,000円で購入（保有数量6 BTC）
・7月10日　2 BTCを2,400,000円で売却（保有数量4 BTC）
・9月15日　0.5 BTCを542,800円で購入（保有数量4.5 BTC）
・11月30日　3 BTCを2,895,000円で売却（保有数量1.5 BTC）

（注）上記取引において暗号資産の売買手数料については勘案していない。

答　上記（例）の場合、総平均法においては3,106,000円、移動平均法においては3,080,200円が、譲渡原価となります。

複数の暗号資産を継続的に売買する方がその売却等に係る所得金額を計算する際には、譲渡原価の計算を行う必要があります。

譲渡原価は、暗号資産の種類（名称：ビットコインなど）ごとに、「①：前年から繰り越した年初（1月1日）時点で保有する暗号資産の評価額」と「②：その年中に取得した暗号資産の取得価額の総額」との合計額から、「③：年末（12月31日）時点で保有する暗号資産の評価額」を差し引いて計算します。

この「年末時点で保有する暗号資産の評価額」は、その保有する暗号資産の「年末時点での1単位当たりの取得価額」に「年末時点で保有する数量」を乗じて求めますが、「年末時点での1単位当たりの取得価額」は、「総平均法」又は「移動平均法」のいずれかの評価方法により算出することとされています。

上記（例）の場合の譲渡原価は、その評価方法の別に次のとおりとなります。

総平均法：同じ種類の暗号資産について、年初時点で保有する暗号資産の評価額とその年中に取得した暗号資産の取得価額との総額との合計額をこれらの暗号資産の総量で除して計算した価額を「年末時点での1単位当たりの取得価額」とする方法をいいます。

移動平均法：同じ種類の暗号資産について、暗号資産を取得する都度、その取得時点において保有している暗号資産の簿価の総額をその時点で保有している暗号資産の数量で除して計算した価額を「取得時点の平均単価」とし、その年12月31日から最も近い日において算出された「取得時点の平均単価」を「年末時点での1単位当たりの取得価額」とする方法をいいます。

総平均法を用いた場合

以下の計算式のとおり、「年末時点での1単位当たりの取得価額」は621,200円となり、「年末時点で保有する暗号資産の評価額」は931,800円になります。

したがって、譲渡原価は、3,106,000円になります（4,037,800円－931,800円）。

〈計算式〉

$$\frac{\text{①1年間に取得した同一種類（名称）の暗号資産の取得価額の総額}}{\text{②1年間に取得した同一種類（名称）の暗号資産の数量}}$$

＝③年末時点での1単位当たりの取得価額

（注）前年から繰り越した暗号資産がある場合には、①と②にそれぞれにその価額、数量を加算します。

①1年間に取得したビットコインの取得価額の総額	4,037,800円
②1年間に取得したビットコインの数量	6.5 BTC
③年末時点での1単位当たりの取得価額（①÷②）	621,200円
④年末時点で保有するビットコインの評価額（③×1.5 BTC）	931,800円

移動平均法を用いた場合

以下の計算式のとおり、「年末時点での1単位当たりの取得価額」は638,400円となり、「年末時点で保有する暗号資産の評価額」は957,600円になります。

したがって、譲渡原価は、3,080,200円になります（4,037,800円－957,600円）。

〈計算式〉

種類（名称）の異なる暗号資産を取得する都度、次の計算式により平均単価の見直しを行います。

$$\frac{\text{①取得時点で保有する同一種類（名称）の暗号資産の簿価の総額}}{\text{②取得時点で保有する同一種類（名称）の暗号資産の数量}}$$

＝③取得時点の平均単価

（注）1　前年から繰り越した暗号資産がある場合には、①と②にそれぞれにその価額、数量を加算します。

2　その年12月31日から最も近い日において算出された「取得時点の平均単価」が「年末時点での1単位当たりの取得価額」となります。

⑴　取得時点の平均単価（3月1日）

①取得時点で保有するビットコインの簿価の総額	1,845,000円
②取得時点で保有するビットコインの数量	4 BTC
③取得時点の平均単価（①÷②）	461,250円

⑵　取得時点の平均単価（6月20日）

①取得時点で保有するビットコインの簿価の総額	3,495,000円

(461,250 円×4 BTC)　＋　1,650,000円　＝　3,495,000 円
(取得の時に保有している暗号資産の簿価)　(6 月 20 日購入額)

②取得時点で保有するビットコインの数量　6 BTC
③取得時点の平均単価 (①÷②)　582,500 円

(3)　取得時点の平均単価 (9 月 15 日)
①取得時点で保有するビットコインの簿価の総額　2,872,800 円
(582,500 円×4 BTC)　＋　542,800円　＝　2,872,800 円
(取得の時に保有している暗号資産の簿価)　(9 月 15 日購入額)

②取得時点で保有するビットコインの数量　4.5 BTC
③取得時点の平均単価 (①÷②)　638,400 円

(4)　年末時点での 1 単位当たりの取得価額　638,400 円
=9 月 15 日取得時点の平均単価　638,400 円

(5)　年末時点で保有するビットコインの評価額
638,400 円　×　1.5 BTC　＝　957,600 円
(年末時点での 1 単位当たりの取得価額)　(年末時点で保有する数量)

※暗号資産の譲渡原価を含め、その売却等に係る所得金額の計算については、暗号資産交換業者から送付される「年間取引報告書」を基に「暗号資産の計算書 (総平均法用・移動平均法用)」を作成することで、簡便に行うことができます (「2-8　年間取引報告書を活用した暗号資産の所得金額の計算」参照)。
「暗号資産の計算書 (総平均法用・移動平均法用)」は、国税庁ホームページに掲載されています。
https://www.nta.go.jp/publication/pamph/shotoku/kakuteishinkokukankei/kasoutuka/index.htm

[筆者解説]

(1)　総平均法による譲渡原価の計算

総平均法による譲渡原価は、次の算式により計算されます。

〈総平均法による 1 単位当たりの取得価額 (平均単価)〉

$$\frac{\text{①1 年間に取得した同一種類の暗号資産の取得価額の総額}}{\text{②1 年間に取得した同一種類の暗号資産の数量}}$$
=③総平均法による 1 単位当たりの取得価額

(注) 前年から繰り越した暗号資産がある場合には、①と②にそれぞれその価額と数量を加算します。

1 年間を通して全ての暗号資産取引所で取得した暗号資産 (仮想通貨) の単価を暗号資産 (仮想通貨) の種類ごとに計算する必要があります。したがって、全ての暗号資産 (仮

想通貨）の売却を終了していても、その年の全ての暗号資産（仮想通貨）の購入を終了するまではその年の総平均法による単価は計算できないことになります。つまり、暗号資産（仮想通貨）を売却した後、年末に大量の暗号資産（仮想通貨）を購入した場合には、本人がイメージしている総平均法による単価（平均単価）と実際の総平均法による単価（平均単価）は大きく食い違う場面が出てくるので十分な注意が必要です。

以下、仕訳を示して具体的に総平均法による単価（平均単価）の説明をします。

〈3月1日の仕訳〉

（借方）暗号資産　1,845,000円（4 BTC）　（貸方）現金預金　1,845,000円

〈6月20日の仕訳〉

（借方）暗号資産　1,650,000円（2 BTC）　（貸方）現金預金　1,650,000円

〈7月10日の仕訳〉

（借方）現金預金　2,400,000円　（貸方）暗号資産（2 BTC）　※1,242,400円
暗号資産譲渡益　1,157,600円

〈9月15日の仕訳〉

（借方）暗号資産　542,800円（0.5 BTC）　（貸方）現金預金　542,800円

〈11月30日の仕訳〉

（借方）現金預金　2,895,000円　（貸方）暗号資産（3 BTC）　1,863,600円
暗号資産譲渡益　1,031,400円

〈7月10日の仕訳の説明〉

2 BTCを2,400,000円で売却しているので、現金預金が2,400,000円増加し、暗号資産（仮想通貨）の譲渡原価は全ての暗号資産（仮想通貨）の購入取引が終了した11月30日時点の3 BTCは1,863,600円、つまり、1 BTCは621,200円となり、事後的に621,200円×2 BTC＝1,242,400円と算出されます。

※①（1,845,000円＋1,650,000円＋542,800円）／②（4 BTC＋2 BTC＋0.5 BTC）
＝①4,037,800円／②6.5 BTC＝621,200円、621,200円×2 BTC＝1,242,400円

3月1日に4 BTC、6月20日に2 BTC、9月15日に0.5 BTCをそれぞれ1,845,000円、1,650,000円、542,800円で購入していますが、総平均法による価格単価は上記のように全ての暗号資産（仮想通貨）の購入取引が終わるまで計算することができないことに留意してください。

したがって、手放したときの暗号資産（仮想通貨）の価格1,200,000円から暗号資産（仮想通貨）を取得したときの価格621,200円を差し引いた金額に、手放した数量の2 BTCを掛けた金額が暗号資産譲渡損益として算定されます。（1,200,000円－621,200円）×2 BTC＝1,157,600円

〈11月30日の仕訳の説明〉

暗号資産（仮想通貨）3 BTCを2,895,000円（2,895,000円＝965,000円×3 BTC）で売却しているので、現金預金が2,895,000円増加し、暗号資産（仮想通貨）の譲渡原価は事

後的に621,200円×3 BTC＝1,863,600円と算出されます。したがって、手放したときの価格965,000円（965,000円＝2,895,000円／3 BTC）から暗号資産（仮想通貨）を取得したときの価格621,200円を差し引いて、暗号資産（仮想通貨）を手放した数量の3 BTCを掛けた金額が暗号資産（仮想通貨）の譲渡損益として算定されます。（965,000円－621,200円）×3 BTC＝343,800円×3 BTC＝1,031,400円

以上の総平均法による取得価額（平均単価）の計算を図表にまとめると次のようになります。

図表2-7……総平均法による取得価格（平均単価）の明細　　（単位：円）

日付	増減				※残高		
	取引	数量	取引金額	取引価格	数量	総額	平均単価
3/1	購入	4 BTC	1,845,000	461,250	4 BTC	1,845,000	※621,200
6/20	購入	2 BTC	1,650,000	825,000	6 BTC	3,495,000	※621,200
7/10	売却	△2 BTC	2,400,000	1,200,000	4 BTC	2,484,800	－
9/15	購入	0.5 BTC	542,800	1,085,600	4.5 BTC	2,795,400	※621,200
11/30	売却	△3 BTC	2,895,000	965,000	1.5 BTC	931,800	－

※総平均法による取得価格（平均単価）は3月1日に4 BTC、6月20日に2 BTC、9月15日に0.5 BTCをそれぞれ1,845,000円、1,650,000円、542,800円で購入しているので、下記のように計算されます。
①（1,845,000円＋1,650,000円＋542,800円）／②（4 BTC＋2 BTC＋0.5 BTC）＝4,037,800円／6.5 BTC＝621,200円、621,200円×2 BTC＝1,242,400円

(2)　移動平均法による譲渡原価の計算

移動平均法による譲渡原価は、次の算式により計算されます。

〈移動平均法による1単位当たりの取得価額（平均単価）〉

①取得時点で保有する同一種類（名称）の暗号資産の簿価の総数
―――――――――――――――――――――――――
②取得時点で保有する同一種類（名称）の暗号資産の数量
＝③総平均法による1単位当たりの取得価額

（注）前年から繰り越した暗号資産がある場合には、①と②にそれぞれその価額と数量を加算します。

移動平均法による譲渡原価は次の算式により計算されます。暗号資産（仮想通貨）を購入する都度、計算する必要があるところが総平均法との相違になります。

以下、仕訳を示して具体的に移動平均法による単価（平均単価）の説明をします。

〈3月1日の仕訳〉

（借方）暗号資産　1,845,000円（4 BTC）　　（貸方）現金預金　1,845,000円

〈6月20日の仕訳〉

（借方）暗号資産　1,650,000円（2 BTC）　　（貸方）現金預金　1,650,000円

〈7月10日の仕訳〉

（借方）現金預金　2,400,000円（2 BTC）　（貸方）暗号資産（2 BTC）1,165,000円※
暗号資産譲渡益　1,235,000円※※

〈9月15日の仕訳〉

（借方）暗号資産　542,800円（0.5 BTC）　（貸方）現金預金　542,800円

〈11月30日の仕訳〉

（借方）現金預金　2,895,000円（3 BTC）　（貸方）暗号資産（3 BTC）1,915,200円
暗号資産譲渡益　979,800円※※※

〈7月10日の仕訳の説明〉

暗号資産（仮想通貨）の譲渡原価は暗号資産（仮想通貨）を取得した時の価格（平均単価）582,500円に手放した暗号資産（仮想通貨）の数量の2 BTCを掛けることにより算定されます。

※（1,845,000円＋1,650,000円）／(4 BTC＋2 BTC)
＝582,500円、582,500円×2 BTC=1,165,000円（7月10日）

2 BTCを2,400,000円で売却しているので、現金預金が2,400,000円増加し、暗号資産（仮想通貨）の譲渡原価は、取得したときの金額に手放した暗号資産（仮想通貨）の数量の2 BTCを掛けることにより算定されます(582,500円×2 BTC＝1,165,000円)。したがって、暗号資産（仮想通貨）を手放したときの価格1,200,000円から暗号資産（仮想通貨）を取得した時の価格（平均単価）582,500円を差し引いて、手放した暗号資産（仮想通貨）の数量の2 BTCを掛けた金額が暗号資産（仮想通貨）の譲渡益として算定されます。

※※（手放したときの暗号資産（仮想通貨）の価格－取得した暗号資産（仮想通貨）の価格）×手放した暗号資産（仮想通貨）の数量＝暗号資産譲渡損益

(1,200,000円－582,500円）×2 BTC＝1,235,000円

〈11月30日の仕訳の説明〉

3 BTCを2,895,000円（2,895,000円＝965,000円×3 BTC）で売却しているので、現金預金が2,895,000円増加し、暗号資産（仮想通貨）の譲渡原価は638,400円×3 BTC＝1,915,200円と算出されます。したがって、手放した時の価格965,000円（965,000円＝2,895,000円／3 BTC）から暗号資産（仮想通貨）を取得した時の価格（平均単価）である638,400円を差し引いて、暗号資産（仮想通貨）を手放した数量の3 BTCを掛けた金額が暗号資産譲渡益として算定されます。

※※※（手放した時の暗号資産（仮想通貨）の価格－取得した暗号資産（仮想通貨）の価格)×手放した暗号資産（仮想通貨）の数量＝暗号資産譲渡損益

(2,330,000円＋542,800円）／（4 BTC＋0.5 BTC）＝638,400円（9月15日）

(965,000円－638,400円）×3 BTC＝326,600円×3 BTC＝979,800円

以上の移動平均法による取得価額（平均単価）の計算を図表にまとめると次のようにな

ります。

図表 2-8……移動平均法による取得価格（平均単価）の明細　(単位：円)

日付	増減				残高		
	取引	数量	取引金額	取引価格	数量	総額	平均単価
3/1	購入	4 BTC	1,845,000	461,250	4 BTC	1,845,000	461,250
6/20	購入	2 BTC	1,650,000	825,000	6 BTC	3,495,000	※ 582,500
7/10	売却	△2 BTC	2,400,000	1,200,000	4 BTC	2,330,000	※※ 582,500
9/15	購入	0.5 BTC	542,800	1,085,600	4.5 BTC	2,872,800	※※※ 638,400
11/30	売却	△3 BTC	2,895,000	965,000	1.5 BTC	957,600	638,400

第5節
暗号資産の評価方法の届出
(暗号資産（仮想通貨）のFAQ 2-5（18頁））（下線と強調は筆者）

[質疑応答全文]

問　初めて暗号資産を取得しましたが、その暗号資産の評価方法を選定する必要があると聞きました。選定の具体的な手続を教えてください。

答　初めて暗号資産を取得した年分の確定申告期限（原則：翌年3月15日）までに、納税地の所轄税務署長に対し、「所得税の暗号資産の評価方法の届出書」の提出が必要です。

「2-4 暗号資産の譲渡原価」のとおり、暗号資産の売却等に係る譲渡原価の計算の基礎となる年末（12月31日）時点で保有する暗号資産の評価額については、「総平均法」又は「移動平均法」のいずれかの評価方法により算出することとされています。

これらの評価方法は、**暗号資産の種類（名称）ごとに選定すること**とされており、

①　**初めて暗号資産を取得した場合**

②　**異なる種類の暗号資産を取得した場合**

には、その取得した年分の確定申告期限（原則：翌年3月15日）までに、納税地の所轄税務署長に対し、その選定した評価方法など所定の事項を記載した届出書（所得税の暗号資産の評価方法の届出書）を提出する必要があります。

(注)1　この取扱いは、令和元年の所得税法等の改正により措置されたものです

2　**評価方法の届出書の提出がない場合には、評価方法は「総平均法」**になります。

3　「所得税の暗号資産の評価方法の届出書」の記載例は、次ページに掲載しています。

（参考様式）所得税の暗号資産の評価方法の届出書の記載例

税務署受付印

1	1	7	0

所得税の~~有価証券~~暗号資産の評価方法の届出書

麹町　税務署長

令和 4 年 6 月 1 日提出

納税地	住所地・居所地・事業所等（該当するものを○で囲んでください。）（〒 XXX － XXXX ） 東京都千代田区霞が関○○-○○ （TEL XX － XXXX － XXXX ）		
上記以外の住所地・事業所等	納税地以外に住所地・事業所等がある場合は記載します。（〒 － ） （TEL － － ）		
フリガナ	ゼイム　イチロウ	生年月日	大正・昭和・平成・令和　62年　1月　8日生
氏名	税務　一郎		
職業	会社員	フリガナ	
		屋号	

~~有価証券~~暗号資産の評価方法については、次によることとしたので届けます。

1　評価方法

区分	種類	評価方法	新たに取得した年月日
有価証券・暗号資産	ビットコイン	総平均法	令和４年４月１日
有価証券・暗号資産			
有価証券・暗号資産			
有価証券・暗号資産			
有価証券・暗号資産			
有価証券・暗号資産			

2　その他参考事項

関与税理士

（TEL － － ）

税務署整理欄	整理番号	関係部門連絡	A	B	C		
	0						
	通信日付印の年月日		確認印				
	年　月　日						

本様式は国税庁ホームページからダウンロードできます。

https://www.nta.go.jp/taxes/tetsuzuki/shinsei/annai/shinkoku/annai/21kasou.htm

保有する暗号資産の種類が多く、届出書の「1　評価方法」に記載することができない場合は、適宜の用紙に「1　評価方法」に該当する項目を記載の上、届出書と併せて提出してください。

［筆者解説］

所得税の暗号資産の評価方法の届出書の書き方

暗号資産（仮想通貨）の評価方法は、暗号資産（仮想通貨）の種類（名称）ごとに選定することとされており、①初めて暗号資産（仮想通貨）を取得した場合と②異なる種類の暗号資産（仮想通貨）を取得した場合に、暗号資産（仮想通貨）の取得日と評価方法を選定して提出する必要があります。

初めて暗号資産（仮想通貨）を取得した年分の確定申告期限（原則翌年3月15日）までに、納税地の所轄税務署長に対し、「所得税の暗号資産の評価方法の届出書」の提出が必要とされていますが、通常、「所得税の暗号資産の評価方法の届出書」は提出せず、法定評価方法である「総平均法」が適用され、「移動平均法」を選択したい場合に、暗号資産（仮想通貨）の種類（名称）ごとに選択して「所得税の暗号資産の評価方法の届出書」を提出します。「所得税の暗号資産の評価方法の届出書」を提出せず、一旦、法定評価方法である「総平均法」が適用されている場合には、「所得税の暗号資産の評価方法の届出書」ではなく、第6節で説明する「所得税の暗号資産の評価方法の変更承認申請書」を提出しなければいけないことに留意します。

以上の説明を図表にすると次のようになります。

図表2-9……「所得税の暗号資産の評価方法」の届出書について

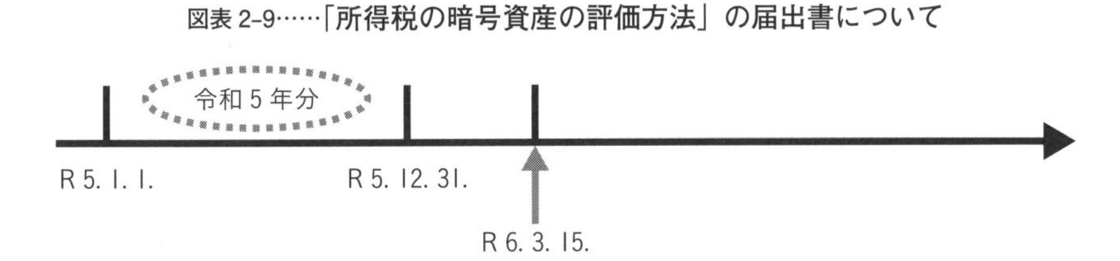

- 令和5年（令和5年1月1日から令和5年12月31日まで）に取得した暗号資産（仮想通貨）の「所得税の暗号資産の評価方法の届出書」の提出期限は確定申告期限の令和6年3月15日
- 「所得税の暗号資産の評価方法の届出書」を提出しない場合は法定の評価方法である総平均法が適用される
- 「所得税の暗号資産の評価方法の届出書」を提出せず、一旦、法定評価方法である「総平均法」が適用されている場合には、「所得税の暗号資産の評価方法の変更承認申請書」を提出しなければならないことに留意

第6節

暗号資産の評価方法の変更手続

（暗号資産（仮想通貨）のFAQ 2-6（20頁））（下線と強調は筆者）

［質疑応答全文］

問　暗号資産の評価方法として総平均法を選定し、「所得税の暗号資産の評価方法の届出書」を提出しましたが、その評価方法を移動平均法に変更したいと考えています。変更の具体的な手続について教えてください。

答　評価方法を変更しようとする年において、**その年の3月15日までに、納税地の所轄税務署長に対し、移動平均法を用いる旨を記載した「所得税の暗号資産の評価方法の変更承認申請書」を提出して、その承認を受ける必要**があります。

「2-5　暗号資産の評価方法の届出」のとおり、暗号資産の売却等に係る譲渡原価の計算の基礎となる年末（12月31日）時点で保有する暗号資産の評価額については、「総平均法」又は「移動平均法」のいずれかの評価方法を選定するための「所得税の暗号資産の評価方法の届出書」の提出が必要です。

この選定した評価方法（評価の方法を届け出なかった方が「総平均法」を評価方法としていた場合を含みます。）を変更しようとする場合には、その変更しようとする年の3月15日までに、納税地の所轄税務署長に対し、その変更しようとする評価方法など所定の事項を記載した申請書（所得税の暗号資産の評価方法の変更承認申請書）を提出して、その承認を受ける必要があります。

（注）1　「所得税の暗号資産の評価方法の変更承認申請書」を提出した年の12月31日までに承認又は却下の通知がない場合は、その日において承認があったものとみなされます。

2　変更前の評価方法を採用してから相当期間（特別の理由がない場合には3年）を経過していないときや変更しようとする評価方法によっては所得金額の計算が適正に行われ難いと認められるときは、その申請が却下される場合があります。

3　「所得税の暗号資産の評価方法の変更承認申請書」の記載例は、次ページに掲載しています。

（参考様式）所得税の暗号資産の評価方法の変更承認申請書の記載例

税務署受付印　　　　　　　　　　　　　　　　　　1 1 9 0

所得税の ~~有価証券~~ 暗号資産 の評価方法の変更承認申請書

麹町　税務署長

令和 5年 3月 15日提出

納税地	(住所地)・居所地・事業所等（該当するものを○で囲んでください。） （〒 XXX － XXXX ） 東京都千代田区霞が関○○―○○ （TEL XX － XXXX － XXXX ）
上記以外の住所地・事業所等	納税地以外に住所地・事業所等がある場合は記載します。 （〒 － ） （TEL － － ）
フリガナ	ゼイム イチロウ
氏名	税務 一郎
生年月日	大正・(昭和)・平成・令和 62年 1月 8日生
職業	会社員
フリガナ	
屋号	

令和 5 年分から、~~有価証券~~ 暗号資産 の評価方法を次のとおり変更したいので申請します。

1　評価方法

区分	種類	現在の評価方法		採用しようとする新たな評価方法
		現在の方法	採用した年	
有価証券・(暗号資産)	ビットコイン	総平均法	令和3年	移動平均法
有価証券・暗号資産				
有価証券・暗号資産				
有価証券・暗号資産				
有価証券・暗号資産				
有価証券・暗号資産				

2　変更しようとする理由（できるだけ具体的に記載します。）

ビットコインの売却等の所得計算について、現行の総平均法よりも正確な計算をすることができるため。

3　その他参考事項

関与税理士

（TEL － － ）

税務署整理欄	整理番号	関係部門連絡	A	B	C		
	0						
	通信日付印の年月日	確認印					
	年 月 日						

本様式は国税庁ホームページからダウンロードできます。
https://www.nta.go.jp/taxes/tetsuzuki/shinsei/annai/shinkoku/annai/25kasou.htm
変更しようとする暗号資産の種類が多く、申請書の「1　評価方法」に記載することができない場合は、適宜の用紙に「1　評価方法」に該当する項目を記載の上、申請書と併せて提出してください。

［筆者解説］

第1項……暗号資産の評価方法の変更承認申請書の書き方

暗号資産（仮想通貨）の評価方法を変更したい場合には、評価方法を変更しようとする年において、変更をしようとする年の3月15日（申告期限の翌年の3月15日ではありません）までに、納税地の所轄税務署長に対し、総平均法又は移動平均法を用いる旨を記載した「所得税の暗号資産の評価方法の変更承認申請書」を提出して、その承認を受ける必要があります。変更をしようとする年の前年には、法定評価方法である総平均法又は第1節で説明した「所得税の暗号資産の評価方法の届出書」の提出による移動平均法が適用されていることになります。

図表2-10……「所得税の暗号資産の評価方法の変更承認申請書」について

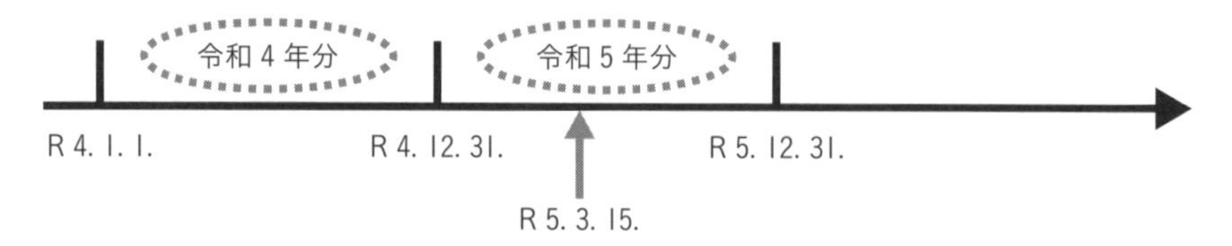

- 令和5年（令和5年1月1日から令和5年12月31日まで）に取得した暗号資産（仮想通貨）の「所得税の暗号資産の評価方法の変更承認申請書」の提出期限は確定申告期限の令和6年3月15日ではなく、令和5年3月15日であることに留意
- 令和5年分の「所得税の暗号資産の評価方法の変更承認申請書」を提出するためには、令和4年に取得した暗号資産（仮想通貨）の評価方法が既に選択されている必要があることに留意、法定の評価方法は総平均法

第2項……暗号資産の評価方法の変更承認申請書の適用される年に係る争い

〈移動平均法の論点〉

2年以上にわたり暗号資産（仮想通貨）を取得している場合で暗号資産（仮想通貨）の評価方法を変更する場合には、「所得税の暗号資産の評価方法の変更承認申請書」の提出が必要であり、移動平均法が適用される年の前年以前に取得した暗号資産（仮想通貨）を移動平均法が適用される年にどのように取り扱うかについて、確定申告の指導とその後の税務調査で、国税当局と納税者との間に争いが生じたケースがあります。

そのケースにおいてA税務署に所属する国税調査官Bは、移動平均法が適用されるのは、「所得税の暗号資産の評価方法の変更承認申請書」の適用がある年に新たに取得した暗号資産（仮想通貨）のみであると主張しました。その根拠は、「所得税の暗号資産の評価方法の届出書　書き方2」に「**暗号資産を新たに取得した日**（※）又は従来取得している暗号資産と種類が異なる暗号資産を取得した日**の属する年分の確定申告期限までに提出**してください。」（下線と強調は筆者）と記述されていることにあるということでした。

つまり、国税調査官Bは、この記述を文言どおりに解釈すれば、新たに適用される移動平均法が適用されるのは「暗号資産を新たに取得した日」又は「従来取得している暗号資産と種類が異なる暗号資産を取得した日」を基準として判断するということになり､「暗号資産を新たに取得した日」を基準として判定するということになり、「従来取得している暗号資産と種類が異なる暗号資産を取得した日」の属する年分以外の年分には、移動平均法は適用されず、従来どおりの総平均法が適用されるという結論になると主張したわけです。

〈移動平均法の定義に係る根拠条文の確認〉

このような国税調査官Ｂの主張が正しいのかを判断するために、まず、移動平均法を定義している所得税法施行令119条の２（暗号資産の評価の方法）１項２号を確認してみると次のとおりになっています。

〈所得税法施行令 119 条の２（暗号資産の評価の方法）１項２号の確認〉

二　移動平均法（暗号資産をその種類の異なるごとに区別し、その種類の同じものについて、当初の一単位当たりの取得価額が、再び種類を同じくする暗号資産の取得をした場合にはその取得の時において有する当該暗号資産とその取得をした暗号資産との数量及び取得価額を基礎として算出した平均単価によつて改定されたものとみなし、以後種類を同じくする暗号資産の取得をする都度同様の方法により一単位当たりの取得価額が改定されたものとみなし、その年12月31日から最も近い日において改定されたものとみなされた一単位当たりの取得価額をその一単位当たりの取得価額とする方法をいう。）

「その取得の時において有する当該暗号資産とその取得をした暗号資産との数量及び取得価額を基礎として算出した平均単価によつて改定されたものとみなし､」と規定されていることから、移動平均法は、移動平均法が適用される事業年度に取得した暗号資産（仮想通貨）のみならず、移動平均法が適用される事業年度前の事業年度に取得した暗号資産（仮想通貨）にも適用されます。

〈正しい移動平均法の計算方法〉

暗号資産（仮想通貨）のFAQ 2-4（16頁）によれば､移動平均法の具体的な計算方法は､次のように説明されています。

> 種類（名称）の異なる暗号資産を取得する都度、次の計算式により平均単価の見直しを行います。
>
> $$\frac{\text{①取得時点で保有する同一種類（名称）の暗号資産の簿価の総額}}{\text{②取得時点で保有する同一種類（名称）の暗号資産の数量}}$$
>
> ＝③取得時点の平均単価
>
> (注)1　前年から繰り越した暗号資産がある場合には､①と②にそれぞれにその価額､数量を加算します。
>
> 2　その年12月31日から最も近い日において算出された「取得時点の平均単価」が「年末時点での１単位当たりの取得価額」となります。

上記のとおり、暗号資産（仮想通貨）のFAQ 2-4（16頁）においては、「前年から繰り越した暗号資産がある場合には、①と②にそれぞれにその価額、数量を加算します。」と説明されています。

この説明からすると、移動平均法が適用されるのは、移動平均法が適用される事業年度に取得した暗号資産（仮想通貨）のみならず、移動平均法が適用される事業年度前の事業年度に取得した暗号資産（仮想通貨）にも適用されることになります。例えば、令和４年分の確定申告について移動平均法を選択し、令和４年３月15日までに移動平均法を選択する「暗号資産の評価方法の変更承認申請書」を所轄の税務署に提出した場合には、総平均法と移動平均法の適用関係は次のようになります。

図表 2-11……移動平均法を選択した場合の移動平均法の適用関係

適用される年	選択される方法	留意事項
令和２年分	総平均法	
令和３年分	総平均法	※
令和４年分	移動平均法	※

※　暗号資産（仮想通貨）のFAQ 2-4（16頁）においては上記にあるとおり、「前年から繰り越した暗号資産がある場合には、①と②にそれぞれにその価額、数量を加算します」と説明されています。

つまり、国税調査官Ｂが主張する、移動平均法が適用されるのは令和４年中に取得した暗号資産（仮想通貨）のみであって、令和２年分と令和３年分に取得した暗号資産（仮想通貨）はそれぞれ別々に総平均法で計算するという主張は誤りであることになります。

前年から繰り越した暗号資産（仮想通貨）がある場合に前年まで保有していた暗号資産（仮想通貨）の価額と数量が考慮されるのは、総平均法も同様であると考えられます。

つまり、令和３年分と令和４年分の暗号資産（仮想通貨）の取得価額は前年から繰り越した暗号資産（仮想通貨）がある場合には、その価額と数量を考慮して計算されることとなり、購入した日を基準にしてそれぞれの年で独立して計算されるわけではありません。

第３項……法人が暗号資産の評価方法の変更をするには（届出書の提出期限に注意）

所得税法で暗号資産（仮想通貨）の個人の法定の評価方法は総平均法ですが、法人の法定の評価方法は移動平均法であることに留意してください。個人と同様に税務署へ届出を行えば、移動平均法に代えて総平均法を適用することもできます。法人税法上、暗号資産（仮想通貨）は届出を行わない場合には法定評価方法である移動平均法が適用されることになります。

暗号資産（仮想通貨）は、法人税法上、有価証券ではなく短期売買商品等に区分され、その評価方法の変更手続きは棚卸資産の評価方法の変更手続きについて準用するとされています（法法61①、法令118の6）。

税務署に提出する書類は「棚卸資産の評価方法・短期売買商品等の一単位当たりの帳簿

価額の算出方法・有価証券の一単位当たりの帳簿価額の算出方法の変更承認申請書」を用います。

なお、「棚卸資産の評価方法・短期売買商品等の一単位当たりの帳簿価額の算出方法・有価証券の一単位当たりの帳簿価額の算出方法の変更承認申請書」の提出期限は適用を受ける事業年度の終了の日でも、適用を受ける事業年度の申告期限でもありません。変更しようとする事業年度開始日の前日までに提出が必要であり、提出期限を巡るトラブルが多発していることに留意してください。

そして、法人の暗号資産（仮想通貨）の評価方法は、その保有している暗号資産（仮想通貨）に活発な市場が存在するか否かによって評価方法が定められていて、活発な市場が存在する場合には、帳簿価額と期末の時価の差額を暗号資産（仮想通貨）の評価損益として益金又は損金に算入する必要があります（活発な市場が存在しない場合は原価法）。

以上の説明を図表に表すと次のようになります。

図表 2-12……「棚卸資産の評価方法・短期売買商品等の一単位当たりの帳簿価額の算出方法・有価証券の一単位当たりの帳簿価額の算出方法の変更承認申請書」の提出期限

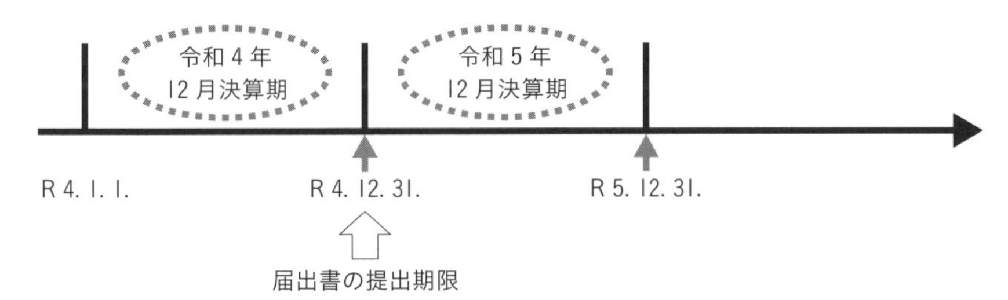

- 例に挙げている法人の事業年度は、1月1日から12月31日まで（12月決算）であり、法人の決算期は、個人とは異なり法人が自由に決定することが可能
- 令和5年（令和5年1月1日から令和5年12月31日まで）に取得した暗号資産（仮想通貨）の「棚卸資産の評価方法･短期売買商品等の一単位当たりの帳簿価額の算出方法･有価証券の一単位当たりの帳簿価額の算出方法の変更承認申請書」の**提出期限は法人税確定申告書提出期限の令和6年2月29日（うるう年以外で月末が28日の場合は28日）ではなく、変更しようとする事業年度開始日の前日である令和4年12月31日であることに留意**
- 令和5年分の「棚卸資産の評価方法・短期売買商品等の一単位当たりの帳簿価額の算出方法・有価証券の一単位当たりの帳簿価額の算出方法の変更承認申請書」を提出するためには、令和4年に取得した暗号資産（仮想通貨）の評価方法が既に選択されている必要あり、法人の法定の評価方法は移動平均法であることに留意

第７節

暗号資産の取得価額や売却価額が分からない場合
（暗号資産（仮想通貨）のFAQ 2-7（22頁））

［質疑応答全文］

問　本年中に暗号資産取引を行いましたが、取引履歴を残していないため、暗号資産の取得価額や売却価額が分かりません。これらの価額を確認する方法はありますか。

答　次の区分に応じて暗号資産取引の取得価額や売却価額を確認することができます。

①　国内の暗号資産交換業者を通じた暗号資産取引
　平成30年1月1日以後の暗号資産取引については、国税庁から暗号資産交換業者に対して、次の事項などを記載した「年間取引報告書」の交付をお願いしています（「2-9 年間取引報告書の記載内容」参照）。
・年中購入数量：その年の暗号資産の購入数量
・年中購入金額：その年の暗号資産の購入金額（取得価額）
・年中売却数量：その年の暗号資産の売却数量
・年中売却金額：その年の暗号資産の売却金額
　お手元に年間取引報告書がない場合は、暗号資産交換業者に年間取引報告書の（再）交付を依頼してください。
（注）平成29年以前は、年間取引報告書が交付されない場合があります。その場合は下記②により、ご自身で暗号資産の取得価額や売却価額を確認してください。

②　上記①以外の暗号資産取引（国外の暗号資産交換業者・個人間取引）
　個々の暗号資産の取得価額や売却価額について、例えば次の方法で確認してください。

・暗号資産を購入した際に利用した銀行口座の出金状況や、暗号資産を売却した際に利用した銀行口座の入金状況から、暗号資産の取得価額や売却価額を確認する。

・暗号資産取引の履歴及び暗号資産交換業者が公表する取引相場（注）を利用して、暗号資産の取得価額や売却価額を確認する。
（注）個人間取引の場合は、あなたが主として利用する暗号資産交換業者の取引相場を利用してください。確定申告書を提出した後に、正しい金額が判明した場合には、確定申告の内容の訂正（修正申告又は更正の請求）を行ってください。

　なお、売却した暗号資産の取得価額については、売却価額の5％相当額とすることが認められます。
　例えば、ある暗号資産を500万円で売却した場合において、その暗号資産の取得価額を売却価額の5％相当額である25万円とすることが認められます。

［筆者解説］

　暗号資産（仮想通貨）のFAQ 2-7（22頁）によれば、暗号資産（仮想通貨）の取引履歴や暗号資産（仮想通貨）を売却する際に利用した銀行口座の入金状況から暗号資産（仮想通貨）の取得価額や売却金額を確認する方法を認めています。具体的には、取得した「年間取引報告書」に加えて、暗号資産（仮想通貨）の取引履歴や暗号資産（仮想通貨）を売却する際に利用した銀行口座の出入金状況を利用して暗号資産（仮想通貨）の取得価額と売却価額を算出することになります。

暗号資産（仮想通貨）のFAQ 2-7（22頁）には、「例えば、ある暗号資産を500万円で売却した場合において、その暗号資産の取得価額を売却価額の5%相当額である25万円とすることが認められます。」とあります。このような取得価額の算出方法は、有価証券の取得価額（所基通48-8）と同様であって、所得税基本通達48の2-4（暗号資産の取得価額）に定められています。しかしながら、課税当局の正式な見解として、暗号資産（仮想通貨）は譲渡所得扱いされていないので、取得価額を売却価額の5%で算定する基準を入れるべきかについて見直しが必要と考えます。

第８節
暗号資産を低額（無償）譲渡等した場合の取扱い
（暗号資産（仮想通貨）のFAQ 2-10（27頁））

[質疑応答全文]

問　次のとおり、暗号資産を取得価額と同一価額で売却しましたので、売却による利益はありませんが、この売却額は、その時の暗号資産の相場（時価）と比べて低額なものとなっていました。この売却による所得以外の所得はありませんが、確定申告は必要ですか。

（例）・4月9日に450,000円で1 BTCを購入した。
・5月20日に450,000円で1 BTCを売却した。
なお、売却時における交換レートは1 BTC＝1,000,000円であった。
（注）上記取引において暗号資産の売買手数料については勘案していない。

答　上記（例）の場合、総収入金額は700,000円（時価の70%相当額）として計算しますので、所得金額を250,000円として申告が必要になります。

個人が、時価よりも著しく低い価額の対価による譲渡（注1）により暗号資産を他の個人又は法人に移転させた場合には、その対価の額とその譲渡の時におけるその暗号資産の価額との差額のうち実質的に贈与したと認められる金額（注2）を総収入金額に算入する必要があります（注3）。

（注）1　「時価よりも著しく低い価額の対価による譲渡」とは、時価の70%相当額未満で売却する場合をいいます。
2　「実質的に贈与したと認められる金額」は、時価の70%相当額からその対価の額を差し引いた金額として差し支えありません。
3　上記により暗号資産の取得をした個人が、その暗号資産を譲渡した場合における雑所得等の計算の基礎となる暗号資産の取得価額は、その対価の額とその取得の時におけるその暗号資産の価額との差額のうち実質的に贈与したと認められる金額との合計額となります。
4　令和元年分以後の所得税について適用されます。

上記（例）の場合には、次のとおり、低額譲渡に該当するため、総収入金額に算入される金額は、700,000円となります。

[計算式等]

○　低額譲渡に該当するかどうかの判定
①　売却価額：450,000円
②　時価の70%相当額：1,000,000円×70%＝700,000円
③　①＜②であることから、売却価額は、時価の70%相当額未満であり、低額譲渡に該当します。

○　総収入金額算入額
低額譲渡に該当する場合の総収入金額は、実際の売却価額に加えて、時価の70%相当額との差額を総収入金額に算入することとなります。

450,000円　＋（700,000円－450,000円）＝　700,000円
［実際の売却価額］［時価の70％相当額との差額］［総収入金額算入額］

○　所得金額の計算
700,000円 － 450,000円 ＝250,000円
［総収入金額］［譲渡原価］［所得金額］

なお、贈与（相続人に対する死因贈与を除く。）又は遺贈（包括遺贈及び相続人に対する特定遺贈を除く。）により暗号資産を他の個人又は法人に移転させた場合には、その贈与又は遺贈の時における暗号資産の価額（時価）を雑所得等の総収入金額に算入する必要があります。
(注)1　上記により暗号資産の取得をした個人が、その暗号資産を譲渡した場合における当該暗号資産の取得価額は、その贈与又は遺贈の時における暗号資産の価額となります。
2　令和元年分以後の所得税について適用されます。
3　個人が暗号資産を相続若しくは遺贈又は贈与により取得した場合には、相続税又は贈与税の課税対象となります。詳しくは、「4-1　暗号資産を相続や贈与により取得した場合」をご覧ください。

[筆者解説]

〈個人が暗号資産（仮想通貨）を低額譲渡又は無償譲渡した場合は、譲渡者に所得税法40条の適用が、譲受者に贈与税の適用があること〉

個人が暗号資産（仮想通貨）を低額譲渡又は無償譲渡した場合の取扱いに関しては、暗号資産（仮想通貨）を低額譲渡又は無償譲渡した個人における所得税法40条（たな卸資産の贈与等の場合の総収入金額算入）の適用関係が問題となります。

上記のとおり、暗号資産（仮想通貨）のFAQ 2-10（27頁）は、低額譲渡又は無償譲渡の両方に所得税法40条の適用があると説明しています。所得税法40条は、本来は個人の事業所得のたな卸資産の低額譲渡を制限する規定ですが、暗号資産（仮想通貨）の取引のうち、無償譲渡と低額譲渡の両方に適用され、譲渡者には所得税法40条の適用により所得税が適用され、譲受者には贈与税が適用されます[63]。

〈暗号資産（仮想通貨）は所得税法40条の規定するたな卸資産に含まれること〉

所得税法2条16号括弧書きは、棚卸資産の範囲から、一旦、暗号資産（仮想通貨）を除いています。

〈所得税法2条1項16号の規定〉
十六　棚卸資産　事業所得を生ずべき事業に係る商品、製品、半製品、仕掛品、原材

63　無償譲渡の場合の譲受者（受贈者）の課税関係には争いはありませんが、暗号資産（仮想通貨）の低額譲渡の場合の譲受者（受贈者）の取得価額は、個人が暗号資産（仮想通貨）を時価のおおむね70％相当額未満で譲渡した場合、時価の70％相当額が譲受者（受贈者）の取得価額になります（所法40②二、所基通40-2、40-3）。しかしながら、暗号資産（仮想通貨）の低額譲渡の場合の譲受者（受贈者）の贈与税の課税価格については規定がありませんので、贈与の時の価額（時価）が課税価格になるのか、時価の70％相当額が課税価格になるのかは今のところ明確ではありません。

料その他の資産（有価証券、第48条の2第1項（暗号資産の譲渡原価等の計算及びその評価の方法）に規定する暗号資産及び山林を除く。）で棚卸しをすべきものとして政令で定めるものをいう。

そして、所得税法施行令87条は、「法第40条第1項（棚卸資産の贈与等の場合の総収入金額算入）に規定する政令で定めるものは、前条（筆者注：所得税法施行令86条（自家消費の場合のたな卸資産に準ずる資産の範囲））に規定する資産、有価証券で事業所得の基因となるもの及び法第48条の2第1項（暗号資産の譲渡原価等の計算及びその評価の方法）に規定する暗号資産とする。」と規定しています。つまり、暗号資産（仮想通貨）は、所得税法2条16号括弧書きにより、棚卸資産の範囲から、一旦、除かれた後、所得税法施行令87条により、所得税法40条1項の対象に含まれると改めて規定されています。一旦、棚卸資産等の範囲から除かれ、所得税法施行令87条1項により加えられたのは、所得税法48条の2第1項により、暗号資産（仮想通貨）の譲渡原価等の計算及びその評価の方法が総平均法と移動平均法に限られることを規定するためであると考えられます。

〈個人が暗号資産（仮想通貨）を無償譲渡した場合の取扱い〉

個人が暗号資産（仮想通貨）を無償譲渡した場合には、その無償譲渡の時の暗号資産（仮想通貨）の価額（時価）が譲渡者の所得金額に加算され（所法40①一）、譲受者には無償譲受けの時の暗号資産（仮想通貨）の価額（時価）が贈与税の対象になります（所法40①二）。

〈個人が暗号資産（仮想通貨）を低額譲渡した場合の取扱い〉

個人が暗号資産（仮想通貨）を時価のおおむね70%相当額未満で低額譲渡した場合、時価の70%相当額から対価の額を控除した金額が譲渡者の所得金額に加算されます（所法40①二、所令119の6②二、所基通40-2、40-3）。

低額譲受けの場合には、その低額譲受けの時の暗号資産（仮想通貨）の時価の70%相当額が、譲受者の暗号資産（仮想通貨）の取得価額となり（所法40②二、所基通40-2、40-3）、譲受者にはみなし贈与規定が適用されます（相法9）。低額譲受け（暗号資産（仮想通貨）を時価のおおむね70%相当額未満）の場合に、譲受者の贈与税の課税価格が贈与された時の価額（時価）なのか、時価の70%相当額なのかについては贈与税には規定がありません。ただし、所得税基本通達40-3（実質的に贈与をしたと認められる金額）は「法第40条第1項第2号に規定する「実質的に贈与をしたと認められる金額」とは、同項に規定する棚卸資産の39-1に定める価額とその譲渡の対価の額との差額に相当する金額をいうのであるが、当該棚卸資産の39-1に定める価額のおおむね70%に相当する金額からその対価の額を控除した金額として差し支えない。」と定めています。

個人が暗号資産（仮想通貨）を低額又は無償で譲り渡し又は譲り受けた場合の取扱いをまとめると、次の図表のとおりとなります。なお、個人から個人に譲り渡した場合との比較のために、個人から法人に譲り渡した場合も無償譲渡と低額譲渡をそれぞれ記述します。

図表 2-12……個人が暗号資産（仮想通貨）を無償譲渡又は低額譲渡した場合の取扱い（所得税法 40 条の適用あり）

譲渡者	譲受者	譲渡者の取扱い	譲受者の取扱い
個人	個人	（無償譲渡の場合） 所得税の申告必要 個人が暗号資産（仮想通貨）を無償譲渡した場合、贈与又は遺贈の時の暗号資産（仮想通貨）の価額（時価）を雑所得の総収入金額に算入（所法 40 ①一）	（無償譲受けの場合） 贈与税の申告必要 個人が暗号資産（仮想通貨）を贈与により取得した場合、暗号資産（仮想通貨）の贈与税の計算上、贈与又は遺贈の時の暗号資産（仮想通貨）の価額（時価）が贈与税の課税価格（相法 1 の 4、21 の 2、所法 40 ②一、所令 119 の 6 ②一）。
個人	個人	（低額譲渡の場合） 所得税の申告必要 個人が暗号資産（仮想通貨）を時価のおおむね 70% 相当額未満で譲渡した場合、時価の 70% 相当額から対価の額を控除した金額を所得金額に加算（所法 40 ①二、所基通 40-2、40-3）	（低額譲受けの場合） 贈与税の申告必要 個人が暗号資産（仮想通貨）を時価のおおむね 70% 相当額未満で譲渡した場合、譲受者は時価の 70% 相当額を取得価額として引き継ぐ、みなし贈与課税（相法 1 の 4、21 の 2、所法 40 ②二、所令 119 の 6 ②二）。
個人	法人	（無償譲渡の場合） 所得税の申告必要 贈与又は遺贈の時の暗号資産（仮想通貨）の価額（時価）を雑所得の総収入金額に算入（所法 40 ①一）	（無償譲受けの場合） 法人税の申告必要 暗号資産（仮想通貨）の価額（時価）により益金に算入（法法 22 ②）
個人	法人	（低額譲渡の場合） 所得税の申告必要 個人が暗号資産（仮想通貨）を時価のおおむね 70% 相当額未満で譲渡した場合、時価の 70% 相当額から対価の額を控除した金額を所得金額に加算（所法 40 ①二、所基通 40-2）	（低額譲受けの場合） 法人税の申告必要 暗号資産（仮想通貨）の価額（時価）から対価の額を控除した金額を益金に算入（法法 22 ②）

〈個人が暗号資産（仮想通貨）を贈与又は遺贈（無償譲渡）した場合の相続・贈与関係の説明〉

次に、個人が暗号資産（仮想通貨）を贈与又は遺贈（無償譲渡）した場合の相続・贈与関係を説明します。贈与及び遺贈にそれぞれ括弧書きによる除外があり、かなり複雑な込み入った議論ですが、暗号資産（仮想通貨）に係る相続税・贈与税の取扱いを知る上で基礎になる部分であり、除外規定を用いることにより、所得税法40条による暗号資産（仮想通貨）の譲渡者への所得税課税を慎重に回避することも可能と考えられます。

平成 31 年 4 月 1 日以降、個人が贈与（相続人に対する死因贈与[64] を除く。）又は遺贈[65]（包

64　小池正明『税理士のための相続法と相続税法　法務と税務の視点』（日本税理士連合会、2019 年）165 頁参照。死因贈与とは、贈与者の死亡によって効力を生ずる贈与のことをいい、生前に被相続人が財産を渡す相手を契約によって決めている場合です。

括遺贈[66]及び相続人に対する特定遺贈を除く。）により暗号資産（仮想通貨）を他の個人又は法人に移転させた場合には、その贈与又は遺贈の時の暗号資産（仮想通貨）の価額（時価）を贈与者の総収入金額にそれぞれ雑所得として算入する必要があります。

ここで留意するべきは、個人が暗号資産（仮想通貨）を贈与又は遺贈（無償譲渡）した場合と譲渡価額が時価よりも低い低額譲渡の場合を明確に分けて考える必要があることです。暗号資産（仮想通貨）を時価のおおむね70％相当額未満で譲渡した場合、時価の70％相当額から対価の額を控除した金額を所得金額に加算する規定（所法40①二、所基通40-2、40-3）は低額譲渡にしか適用されません。そして、無償譲渡と低額譲渡の譲受者には贈与税が課税されます（相法1の4、2の2、40②一、二）。

次に、所得税法40条1項1号の「贈与」から相続人に対する死因贈与が除かれ、「遺贈」から包括遺贈及び相続人に対する特定遺贈が除かれている理由とそれぞれの課税関係について説明します。

〈所得税法40条1項1号の「贈与」から相続人に対する死因贈与が除かれる意義〉

「贈与者の死亡によって効力を生ずる贈与については、その性質に反しない限り、遺贈に関する規定を準用する。」（民法554）とされています。したがって、相続税法にも、「相続又は遺贈（贈与をした者の死亡により効力を生ずる贈与を含む。以下同じ。）」（相法1の3①）、「贈与（贈与をした者の死亡により効力を生ずる贈与を除く。以下同じ。）」（相法1の3⑤）とそれぞれ規定されています。そして、「遺言者は、包括又は特定の名義で、その財産の全部又は一部を処分することができる。」（民法964）と規定され、遺言による財産の処分を遺贈といいます[67]。

「贈与は、当事者の一方がある財産を無償で相手方に与える意思を表示し、相手方が受諾をすることによって、その効力を生ずる。」（民法549）。個人による暗号資産（仮想通貨）の贈与の場合、所得税法40条1項1号により所得税の対象になり、贈与者に所得税が贈与の時における価額（時価）で課税され、受贈者には40条2項1号により贈与税が課税されます[68]。そして、所得税法40条1項1号括弧書きでその例外である相続人に対する死因贈与を除いていることになります。

贈与は当事者の意思表示と受諾により成立するのに対して、相続人に対する死因贈与は契約による贈与です。遺言による財産の処分である遺贈と相続人に対する死因贈与の2つ

65　脚注64　小池正明155・156頁参照。遺贈とは生前に被相続人が財産を渡す相手を遺言によって決めている場合で、包括遺贈と特定遺贈に分けられます。遺贈の相手方（受遺者）は自然人のほか法人や人格のない社団等も含まれます。

66　脚注64　小池正明156頁参照。包括遺贈とは特定の財産ではなく、相続財産の全部又は一定の割合分を特定の人に遺言者が遺贈することをいい、特定遺贈とは遺言者が特定の財産を特定し、指定した人に遺贈することをいいます。

67　脚注64　小池正明155頁参照。

68　A税務署が所轄する暗号資産（仮想通貨）の譲渡者（贈与者）Bへの所得税法40条適用事案において、譲渡者（贈与者）Bの妻である譲受者（受贈者）Cには贈与税が課税されなかった事案があります。したがって、具体的な所得税と贈与税の課税関係はそれぞれの所轄税務署に確認する必要があり、統一的な取扱いは不明確なままです。

は実質が相続と一緒ですので、税務上、相続又は遺贈（贈与をした者の死亡により効力を生ずる贈与を含む。以下同じ。）と規定されています（相法1の3①）。相続人に対する死因贈与とは被相続人が死んだら相続人に財産を渡すという停止条件付きの生前契約であり、実質が相続と同じなので、税務上、所得税法40条1項1号括弧書きで贈与から除いているわけです。つまり、税務上、相続人に対する死因贈与は相続と同列に扱われ、贈与税の対象にはなりません。したがって、暗号資産（仮想通貨）の相続人に対する死因贈与は所得税法40条による所得税の対象にはならないことに留意してください。

〈遺贈から包括遺贈及び相続人に対する特定遺贈が除かれる意義〉

遺贈とは遺言書による財産権の処分をいいますが､暗号資産（仮想通貨）の遺贈の場合、所得税法40条の対象になり、遺贈者（遺贈により財産を上げる人）に所得税が課税されるのが原則です（所法40①一）。そして、遺贈から包括遺贈及び相続人に対する特定遺贈を除いています（所法40①一括弧書き）。遺贈から包括遺贈及び相続人に対する特定遺贈を除いている理由について、遺贈から包括遺贈を除いている理由と、遺贈から相続人に対する特定遺贈を除いている理由を順番に説明します。

〈遺贈から包括遺贈を除く意義〉

遺贈から包括遺贈を除くとは、包括遺贈により財産をもらう包括受遺者は、相続財産及び相続債務に対して遺言で示された割合をもって取得する権利と義務があり、相続分という割合で権利義務がある相続人とほぼ同様の地位[69]なので、税務上は所得税ではなく相続税を課税するという意味です。

〈相続人と包括受遺者は民法上同列〉

相続人と包括受遺者は相続税の対象になるので、あえて相続人と包括受遺者には所得税を課税する必要はありません。相続人は、遺産分割協議に参加できるのと債務承継義務があるのが特徴です。遺贈から包括遺贈を除くとは、包括遺贈により財産をもらう包括受遺者は、相続分という割合をもって取得する権利と義務がある相続人とほぼ同様の立場を有する[70]ので、税務上は相続税を課税する、所得税は課税しないという意味です。

〈遺贈から相続人に対する特定遺贈を除くとは〉

遺贈から相続人に対する特定遺贈を除くとは、相続人に対する特定遺贈は、税務上、相続とほぼ同じ内容なので遺贈から除いています。特定遺贈により財産を取得する特定受遺者が相続人の場合には、税務上は所得税ではなく相続税を課税するという意味です。

〈特定受遺者とは〉

特定受遺者とは、遺言者（遺贈者）が財産を特定し、指定した人に遺贈する特定遺贈により財産をもらう人のことです。特定受遺者の特徴は、遺産分割協議に参加できないのと債務承継する必要がないことです。相続人は特定物の遺贈を受けたとしても特定受遺者に

69　脚注64　小池正明156頁参照。
70　脚注64　小池正明156頁参照。

はなりません。

以上の所得税40条の課税関係をまとめると次の図表のようになります。

図表2-13……個人が暗号資産（仮想通貨）を贈与又は遺贈（無償譲渡）した場合の取扱い（原則）

譲渡者	譲受者	譲渡者の取扱い	譲受者の取扱い
個人	個人	（贈与者） 贈与又は遺贈の時の暗号資産（仮想通貨）の価額（時価）を雑所得の総収入金額に算入（所法40①一）	（受贈者） 贈与又は遺贈の時の暗号資産（仮想通貨）の価額（時価）で贈与税申告（所法40②一、所令119の6②一）
個人	法人	（遺贈者） 贈与又は遺贈の時の暗号資産（仮想通貨）の価額（時価）を雑所得の総収入金額に算入（所法40①一）	（受遺者） 贈与又は遺贈の時の暗号資産（仮想通貨）の価額（時価）を益金に算入（法法22②）

図表2-14……個人が暗号資産（仮想通貨）を贈与又は遺贈（無償譲渡）した場合の取扱い
（括弧書きを含めて説明・太字下線部分には所得税法40条の適用なし）

	贈与者等	受贈者等
①贈与（無償譲渡）又は遺贈	（贈与者（遺贈者）） 所得税の確定申告必要 贈与又は遺贈の時の暗号資産（仮想通貨）の価額（時価）を雑所得の総収入金額に算入（所法40①一）	（受贈者） 贈与税の申告必要（相法1の4、21の2） 贈与又は遺贈の時の暗号資産（仮想通貨）の価額（時価）で贈与税申告（所法40②一、所令119の6①二）
②低額譲渡	（譲渡者） 所得税の確定申告必要 個人が暗号資産（仮想通貨）を時価のおおむね70%相当額未満で譲渡した場合、時価の70%相当額から対価の額を控除した金額を所得金額に加算（所法40①二、所基通40-2、40-3）	（譲渡者） 贈与税の申告必要、みなし贈与課税（相法1の4、9、21の2） 個人が暗号資産（仮想通貨）を著しく低い金額により譲り受けた場合（時価のおおむね70%相当額未満）、 時価の70%相当額が取得価額（所法40②二、所令119の6②二）。
③相続人に対する死因贈与※	**（死因贈与者）** **所得税40条適用なし（所法40①一括弧書き）**	**（死因受贈者）** **被相続人の相続発生時の時価で相続税申告が必要（相法1の3、11の2、財基通1⑵）** **相続人等の取得価額を被相続人等が引き継ぐ（所令119の6①二）**
④相続	**（被相続人）** **所得税法40条に規定なく所得税法40条適用なし**	**（相続人）** **被相続人の相続発生時の時価で相続税申告が必要（相法1の3、11の2、財基通1⑵）** **相続人の取得価額を被相続人が引き継ぐ（所令119の6①二）**

⑤遺贈のうち 包括遺贈及び 相続人に対する 特定遺贈※※	（遺贈者・被相続人） 所得税法40条の適用なし（所法40条①一括弧書き）	（包括受贈者・相続人） 被相続人の相続発生時の時価で相続税申告が必要（相法1の3、11の2、財基通1⑵） 相続人等の取得価額を被相続人等が引き継ぐ（所令119の6①二）

※　所得税法40条では､｢贈与｣から｢相続人に対する死因贈与｣が除かれます（所法40①一括弧書き）。
※※　所得税法40条では、「遺贈」から「包括遺贈及び相続人に対する特定遺贈」が除かれます（所法40①一括弧書き）。

次に法人が暗号資産（仮想通貨）を法人又は個人に低額又は無償で譲渡した場合について説明します。法人が暗号資産（仮想通貨）を低額譲渡又は無償譲渡した場合、所得税法40条の適用は無関係ですが、所得税法40条が適用された場合と同様に、暗号資産（仮想通貨）の低額取引又は無償取引には時価との差額が課税されます（法法22条②）。

⑴　法人が法人に暗号資産（仮想通貨）を低額譲渡又は無償譲渡した場合の取扱い

まず、法人Aが暗号資産（仮想通貨）1 BTCを4月9日に450,000円で購入し、時価1,000,000円に値上がりした1 BTCを5月20日に法人Bに譲渡原価の450,000円で売却した場合を考えます。

〈4月9日の暗号資産（仮想通貨）の譲渡側である法人Aの仕訳〉

（借方）暗号資産（1 BTC）　450,000円　　（貸方）現金預金　450,000円

暗号資産（仮想通貨）1 BTCを450,000円で購入しました。

〈5月20日の暗号資産譲渡側である法人Aの仕訳〉

（借方）			（貸方）	
	現金預金	450,000円	暗号資産（1 BTC）	450,000円
	寄附金	550,000円	暗号資産譲渡益	550,000円

法人Aが時価1,000,000円の暗号資産（仮想通貨）1 BTCを450,000円で法人Bに売却しているので､差額の550,000円が暗号資産譲渡益として益金の額に算入され（法法22②）､同額が寄附金課税されます（法法37）。

〈5月20日の暗号資産（仮想通貨）の譲受側である法人Bの仕訳〉

（借方）			（貸方）	
	暗号資産（1 BTC）	450,000円	現金預金	450,000円
	暗号資産（1 BTC）	550,000円	受贈益	550,000円

法人Bが時価1,000,000円の暗号資産（仮想通貨）1 BTCを450,000円で譲り受けているので、差額の550,000円が受贈益として益金に算入されます（法法22条②）。

⑵　法人が個人に暗号資産（仮想通貨）を低額譲渡又無償譲渡した場合の取扱い

次に、法人Cが暗号資産（仮想通貨）1 BTCを4月9日に450,000円で購入し、時価1,000,000円に値上がりした1 BTCを5月20日に譲渡原価の450,000円で個人Dに売却した場合を考えます。

〈4月9日の暗号資産（仮想通貨）の譲渡側である法人Cの仕訳〉
（借方）暗号資産（1 BTC）450,000円　（貸方）現金預金　450,000円
暗号資産（仮想通貨）1 BTCを450,000円で購入しました。
〈5月20日の暗号資産（仮想通貨）の譲渡側である法人Cの仕訳〉
（借方）現金預金　450,000円　（貸方）暗号資産（1 BTC）　450,000円
寄附金　550,000円　暗号資産譲渡益　550,000円

法人Cが時価1,000,000円の暗号資産（仮想通貨）1 BTCを450,000円で個人Dに売却しているので、差額の550,000円が暗号資産（仮想通貨）の譲渡益として益金に算入され、同額が寄附金課税されます（法法22②、37）。個人Dが法人Cの役員、従業員であれば、寄附金に代えて役員報酬（又は役員賞与）と給与が勘定科目になることに留意してください。

〈5月20日の暗号資産（仮想通貨）の譲受側である個人Dの仕訳〉
（借方）暗号資産（1 BTC）　450,000円　（貸方）現金預金　450,000円

個人Dが法人から時価1,000,000円の暗号資産（仮想通貨）1 BTCを450,000円で譲り受けているので、差額の550,000円が一時所得として課税されます（所法34、所基通34-1(5)）。課税されるのは500,000円の特別控除額を差し引いた後の金額を2分の1した金額になります（所法22②二、34②③）。

以上の説明を図表にまとめると次のようになります。

図表2-15……法人が個人又は法人に暗号資産（仮想通貨）を低額譲渡又は無償譲渡した場合の取扱い

譲渡者	譲受者	譲渡者の取扱い	譲受者の取扱い
法人	法人	時価と取引金額の差額が益金に算入され、同額が寄附金課税される（法法22②、37）	時価と取引金額に差額がある場合、差額が益金算入される（法法22②）
法人	個人	時価と取引金額の差額が益金に算入され、同額が寄附金課税される（法法22条②、37）	時価と取引金額の差額から50万円を差し引いて2分の1した金額を一時所得として課税（所法34、所基通34-1(5)）

第3章

暗号資産の法人税関係

この章では、暗号資産（仮想通貨）のFAQの順番に沿って、暗号資産（仮想通貨）の法人税関係について説明します。

第1節

暗号資産の譲渡損益の計上時期
（暗号資産（仮想通貨）のFAQ 3-1（32頁））

[質疑応答全文]

問　暗号資産の売却、暗号資産での商品の購入又は暗号資産同士の交換といった暗号資産取引を行ったことにより生じた譲渡損益は、いつの事業年度の益金の額又は損金の額に算入すればよいですか。

答　暗号資産の売却等に係る契約をした日（約定日）の属する事業年度の益金の額又は損金の額に算入することになります。

暗号資産の売却（「1-1　暗号資産を売却した場合」のケース）、暗号資産での商品の購入（「1-2　暗号資産で商品を購入した場合」のケース）又は暗号資産同士の交換（「1-3　暗号資産同士の交換を行った場合」のケース）を行う取引は、いずれも暗号資産の譲渡に該当しますので、これらの取引に係る譲渡損益は、その譲渡に係る約定をした日の属する事業年度において益金の額又は損金の額に算入すること（いわゆる約定日基準）になります。

[筆者解説]

〈法人の暗号資産（仮想通貨）の計上時期の検討〉

暗号資産（仮想通貨）のFAQ 3-1（32頁）によれば、暗号資産（仮想通貨）の譲渡損益については、法人税法61条（短期売買商品等の譲渡損益及び時価評価損益）を挙げて、暗号資産（仮想通貨）の売却等に係る契約をした日（約定日）の属する事業年度に益金の額又は損金の額に算入するとしています。

所得税が個人の暗号資産（仮想通貨）の取引の収入すべき時期について引渡日基準を基本としているのに対して、法人税は、法人の暗号資産（仮想通貨）の取引の収益を益金に算入する時期について約定日基準を採っており、引渡日基準は認めていないことに留意する必要があります。

第２節

暗号資産の譲渡原価
（暗号資産（仮想通貨）のFAQ 3-2（33頁））

[質疑応答全文]

問　暗号資産の譲渡原価について教えてください。

答　暗号資産の譲渡原価は、次のとおり計算します。
譲渡原価＝暗号資産の１単位当たりの帳簿価額×その譲渡をした暗号資産の数量

暗号資産の譲渡利益（損失）額は、その暗号資産の譲渡の時における有償によるその暗号資産の譲渡により通常得べき対価の額とその暗号資産の譲渡原価との差額とされています。

この譲渡原価は、暗号資産の１単位当たりの帳簿価額（注）にその譲渡をした暗号資産の数量を乗じた金額となります。

（注）１単位当たりの帳簿価額の計算は、移動平均法又は総平均法により算出することとされています（法定評価方法は、移動平均法です。総平均法を採用する場合には、所轄税務署長に届出等をしてください。）。なお、**この算出方法は暗号資産の種類等ごとに選定することとされています。**

[筆者解説]

法人の暗号資産（仮想通貨）の譲渡原価は、暗号資産の１単位当たりの帳簿価額にその譲渡をした暗号資産の数量を乗ずることにより計算されます。

暗号資産（仮想通貨）の譲渡原価は、法人の場合、法定の評価方法は移動平均法であり、法定の評価方法である移動平均法以外の評価方法である総平均法を選択する場合は評価方法を選択する事業年度の前日までに届出書を提出する必要があります。令和６年３月決算分（令和５年４月１日から令和６年３月31日まで）に総平均法を選択する場合は、評価方法を選択する事業年度の前日である令和５年３月31日までに届出書を提出する必要があります。

第3節

暗号資産交換業者から暗号資産に代えて金銭の補償を受けた場合
(国税庁タックスアンサー No. 1525)

[質疑応答全文]

暗号資産交換業者から金銭の補償を受けた場合の課税関係は次のとおりです。

問

暗号資産交換業者が不正送信被害に遭い、預かった暗号資産を返還することができなくなったとして、日本円による補償金の支払を受けました。

この補償金の額は、預けていた暗号資産の保有数量に対して、返還できなくなった時点での価額等を基に算出した1単位当たりの暗号資産の価額を乗じた金額となっています。

この補償金は、損害賠償金として非課税所得に該当しますか。

答

一般的に、損害賠償金として支払われる金銭であっても、本来所得となるべきものまたは得べかりし利益を喪失した場合にこれが賠償されるときは、非課税にならないものとされています。

ご質問の課税関係については、顧客と暗号資産交換業者の契約内容やその補償金の性質などを総合勘案して判断することになりますが、一般的に、顧客から預かった暗号資産を返還できない場合に支払われる補償金は、返還できなくなった暗号資産に代えて支払われる金銭であり、その補償金と同額で暗号資産を売却したことにより金銭を得たのと同一の結果となることから、本来所得となるべきものまたは得られたであろう利益を喪失した部分が含まれているものと考えられます。

したがって、ご質問の補償金は、非課税となる損害賠償金には該当せず、雑所得として課税の対象となります。

なお、補償金の計算の基礎となった1単位当たりの暗号資産の価額がもともとの取得単価よりも低額である場合には、雑所得の金額の計算上、損失が生じることになりますので、その場合には、その損失を他の雑所得の金額と通算することができます。

[筆者解説]

所得税法施行令94条（事業所得の収入金額とされる保険金等）の1項は、次のように規定しています。

〈所得税法施行令94条1項の規定〉

不動産所得、事業所得、山林所得又は雑所得を生ずべき業務を行なう居住者が受ける次に掲げるもので、その業務の遂行により生ずべきこれらの所得に係る収入金額に代わる性質を有するものは、これらの所得に係る収入金額とする。

一　当該業務に係るたな卸資産（第81条各号（譲渡所得の基因とされないたな卸資

産に準ずる資産）に掲げる資産を含む。）、山林、工業所有権その他の技術に関する権利、特別の技術による生産方式若しくはこれらに準ずるもの又は著作権（出版権及び著作隣接権その他これに準ずるものを含む。）につき損失を受けたことにより取得する保険金、損害賠償金、見舞金その他これらに類するもの（山林につき法第51条第3項（山林損失の必要経費算入）の規定に該当する損失を受けたことにより取得するものについては、その損失の金額をこえる場合におけるそのこえる金額に相当する部分に限る。）

二　当該業務の全部又は一部の休止、転換又は廃止その他の事由により当該業務の収益の補償として取得する補償金その他これに類するもの

所得税法施行令94条1項は、「雑所得を生ずべき業務を行う居住者が受ける次に掲げるもの」と規定しているので、暗号資産（仮想通貨）が業務に係る雑所得ではなくその他雑所得に区分される場合には、所得税法施行令94条1項の規定に該当せず、所得税法上の非課税所得に該当するのではという疑問が生じます。

国税庁タックス・アンサーNo. 1525は、「顧客から預かった暗号資産を返還できない場合に支払われる補償金は、返還できなくなった暗号資産に代えて支払われる金銭であり、その補償金と同額で暗号資産を売却したことにより金銭を得たのと同一の結果となることから、本来所得となるべきものまたは得られたであろう利益を喪失した部分が含まれているもの」と、課税対象になる補償金の性質のみを説明していて、補償金の雑所得上の区分は説明していません。

業務に係る雑所得とその他雑所得との区分については、令和4年10月2日の改正により、所得税基本通達35-1（その他雑所得の例示）⑿に「譲渡所得の基因とならない資産の譲渡から生ずる所得（営利を目的として継続的に行う当該資産の譲渡から生ずる所得及び山林の譲渡による所得を除く。）」と例示されているのみです。業務に係る雑所得とその他雑所得の区分である「営利を目的として継続的に行う当該資産の譲渡から生ずる所得」とはどのような意味なのでしょうか。

「第1章　第8節　暗号資産の取引によって生じた所得の譲渡所得該当性の検討」で詳細に検討する「譲渡所得の基因とならない資産の譲渡から生ずる所得」のみならず、「営利を目的として継続的に行う当該資産の譲渡から生ずる所得」は、**事業的規模を満たさず、かつ、業務的規模を満たす営利性と継続性のある資産の譲渡から生じる場合は業務に係る雑所得に該当すること以外は内容的に不明確**です。

業務に係る雑所得とその他雑所得との区分は困難であることから、暗号資産（仮想通貨）がその他雑所得に該当することを理由に、暗号資産（仮想通貨）に係る補償金は所得税法施行令94条に該当せず、所得税法上の非課税所得と処理することは難しいと考えます。

第4節

暗号資産の期末時価評価の概要

（暗号資産（仮想通貨）のFAQ 3-3（34頁））

[質疑応答全文]

問　当社は、事業年度終了の時に暗号資産を保有していますが、期末に何らかの処理をする必要はありますか。

答　法人が事業年度終了の時において有する暗号資産（活発な市場が存在する暗号資産(注)（本問において「市場暗号資産」といいます。）に限ります。）については、時価法により評価した金額（本問において「時価評価金額」といいます。）をもってその時における評価額とする必要があります。

なお、その市場暗号資産を自己の計算において有する場合には、その評価額と帳簿価額との差額（本問において「評価損益」といいます。）は、その事業年度の益金の額又は損金の額に算入する必要があります。

また、この評価損益は翌事業年度で洗替処理をすることになります。

なお、時価評価金額は、暗号資産の種類ごとに次のいずれかにその暗号資産の数量を乗じて計算した金額とされています。

①　価格等公表者によって公表されたその事業年度終了の日における市場暗号資産の最終の売買の価格(※1)

（※1）公表された同日における最終の売買の価格がない場合には、同日前の最終の売買の価格が公表された日でその事業年度終了の日の最も近い日におけるその最終の売買の価格となります。

②　価格等公表者によって公表されたその事業年度終了の日における市場暗号資産の最終の交換比率×その交換比率により交換される他の市場暗号資産に係る上記①の価格(※2)

（※2）公表された同日における最終の交換比率がない場合には、同日前の最終の交換比率が公表された日でその事業年度終了の日に最も近い日におけるその最終の交換比率に、その交換比率により交換される他の市場暗号資産に係る上記①の価格を乗じて計算した価格となります。

(注) 活発な市場が存在する暗号資産とは、法人が保有する暗号資産のうち次の要件の全てに該当するものをいいます。

イ　継続的に売買価格等(※3)が公表され、かつ、その公表される売買価格等がその暗号資産の売買の価格又は交換の比率の決定に重要な影響を与えているものであること。

（※3）売買価格等とは、売買の価格又は他の暗号資産との交換の比率をいいます。

ロ　継続的に上記イの売買価格等の公表がされるために十分な数量及び頻度で取引が行われていること。

ハ　次の要件のいずれかに該当すること。

（イ）上記イの売買価格等の公表がその法人以外の者によりされていること。

（ロ）上記ロの取引が主としてその法人により自己の計算において行われた取引でないこと。

[筆者解説]

第１項……個人が暗号資産を保有している場合の検討

個人が暗号資産（仮想通貨）を取得し、その暗号資産（仮想通貨）が値上がりし又は値下がりして含み益又は含み損が生じているとしても、その暗号資産（仮想通貨）を年末までに売却しない限り、その含み益又は含み損は計上されません。

巷間、大きな勘違いをしているケースがあると見受けられるのがアルトコインを取得した場合における手放した暗号資産（仮想通貨）の譲渡益と取得したアルトコインの含み損の関係です。アルトコインに含み損が生じたとしても、そのアルトコインを取得するに当たって手放した暗号資産（仮想通貨）に譲渡益があったという事実が消えるわけではありません。アルトコインに生じた含み損は、そのアルトコインを売却しない限り、計上されることはないため、そのアルトコインを取得するに当たって手放した暗号資産（仮想通貨）の譲渡益を相殺するものとはなりません。このため、暗号資産（仮想通貨）の取引を通算してみれば実際には損をしている場合であっても、暗号資産（仮想通貨）の譲渡益に対する課税が行われるケースが出てくることになりますので、注意する必要があります。

資産を売却しない限り含み損が計上されないのは、ステップン（STEPN）等で稼いだ暗号資産（GST）によりアート NFT を取得した場合なども同様です。

第２項……法人が暗号資産を保有している場合の検討

暗号資産（仮想通貨）の FAQ 3-3（34 頁）によれば、法人が暗号資産（仮想通貨）を取得し、その暗号資産（仮想通貨）が値上がりし又は値下がりして暗号資産（仮想通貨）に含み益又は含み損が生じている場合において、その暗号資産（仮想通貨）に活発な市場が存在すれば、決算期末に時価評価をする必要があります（法法 61 ②）。

暗号資産（仮想通貨）に活発な市場が存在する場合とは、継続的に売買価格等が公表されていて十分な数量と頻度で取引が行われている場合です（法令 118 の 7）。

決算期末の暗号資産（仮想通貨）の評価益又は評価損は、洗替方式で翌期首に益金又は損金に算入されることとなります。

ところで、第１項の個人が暗号資産（仮想通貨）を保有している場合の検討において触れたアート NFT については、法人が取得した場合であっても、暗号資産（仮想通貨）とは異なり、決算期末の時価評価の対象になりません。ステップン（STEPN）は、令和４年５月末に、大暴落しているため、決算期末までに含み損を抱えた NFT 靴（スニーカー）は、令和４年度末までに売却しないと、令和４年５月末までに得た利益について多額の納税が必要になってくるケースが生ずるので、注意する必要があります[71･72]。

71　日本経済新聞「仮想通貨で一斉税務調査　14 億円申告漏れ、グレー節税も」（令和３年 10 月３日）（令和５年８月 31 日閲覧）

72　KaikeiZine　鈴木まゆ子「税務調査で 14 億円の申告もれ…仮想通貨（暗号資産）の税金がシンドイ３つの理由」（令和３年 10 月７日）（令和５年８月 31 日閲覧）

第5節

法人保有暗号資産の期末時価評価の取扱いの説明

「法人が保有する暗号資産に係る期末時価評価の取扱いについて（情報）」[73]が令和5年1月20日に国税庁から公表され、その別添として「法人保有暗号資産（仮想通貨）の期末時価評価の取扱い」が公表されています。これにより、法人が保有する暗号資産（仮想通貨）の期末時価評価の取扱いが一部明らかにされました。つまり、定義が不明確なアートNFTと異なり、暗号資産（仮想通貨）の定義を、資金決済に関する法律2条5項に規定する暗号資産に依拠することを明らかにしています。

そして、令和5年度税制改正前の文書であることに注意してください。

以下、全文を掲載し、重要部分には下線を加えて解説することにします。

この情報は、令和5年1月1日現在の法令に基づいて作成しています。

この質疑応答事例において「暗号資産」とは、資金決済に関する法律第2条第5項に規定する暗号資産をいいます。

《目　次》

73　国税庁HP　法令等／その他法令解釈に関する情報／法人税「法人が保有する暗号資産に係る期末時価評価の取扱いについて（情報）」（令和5年1月20日）（令和5年8月31日閲覧）

第１項……暗号資産の期末時価評価

（法人保有暗号資産（仮想通貨）の期末時価の取扱い　問１（１頁））

（下線と強調は筆者）

[質疑応答全文]

問　当社は、事業年度終了の時に暗号資産を保有していますが、期末に何らかの処理をする必要はありますか。

答　法人が事業年度終了の時において有する暗号資産（**活発な市場が存在する暗号資産**(注)（本問において「**市場暗号資産**」といいます。）に限ります。）については、時価法により評価した金額（本問において「時価評価金額」といいます。）をもってその時における評価額とする必要があります。

なお、**その市場暗号資産を自己の計算において有する場合には、その評価額と帳簿価額との差額（本問において「評価損益」といいます。）は、その事業年度の益金の額又は損金の額に算入する必要があります。**

また、この評価損益は翌事業年度で洗替処理をすることになります。

なお、時価評価金額は、暗号資産の種類ごとに次のいずれかにその暗号資産の数量を乗じて計算した金額とされています。

①　価格等公表者によって公表されたその事業年度終了の日における市場暗号資産の最終の売買の価格（※1）

（※1）公表された同日における最終の売買の価格がない場合には、同日前の最終の売買の価格が公表された日でその事業年度終了の日の最も近い日におけるその最終の売買の価格となります。

②　価格等公表者によって公表されたその事業年度終了の日における市場暗号資産の最終の交換比率×その交換比率により交換される他の市場暗号資産に係る上記①の価格（※2）

（※2）公表された同日における最終の交換比率がない場合には、同日前の最終の交換比率が公表された日でその事業年度終了の日に最も近い日におけるその最終の交換比率に、その交換比率により交換される他の市場暗号資産に係る上記①の価格を乗じて計算した価格となります。

（注）活発な市場が存在する暗号資産とは、法人が保有する暗号資産のうち次の要件の全てに該当するものをいいます。

イ　継続的に売買価格等（※3）が公表され、かつ、その公表される売買価格等がその暗号資産の売買の価格又は交換の比率の決定に重要な影響を与えているものであること。

（※3）売買価格等とは、売買の価格又は他の暗号資産との交換の比率をいいます。

ロ　継続的に上記イの売買価格等の公表がされるために十分な数量及び頻度で取引が行われていること。

ハ　次の要件のいずれかに該当すること。

（イ）上記イの売買価格等の公表がその法人以外の者によりされていること。

（ロ）上記ロの取引が主としてその法人により自己の計算において行われた取引でないこと。

[筆者解説]

まず、法人が保有する活発な市場のある暗号資産（仮想通貨）を市場暗号資産（仮想通貨）と定義し、市場暗号資産（仮想通貨）の要件を明らかにしています。

法人が決算期末に有する市場暗号資産（仮想通貨）を時価評価し、帳簿価額との差額を評価損益として益金又は損金に入れることを明らかにしています。そして、翌年期首に洗替法により暗号資産（仮想通貨）の評価損益を戻入れすることも明らかにされました。

上記の内容を仕訳で表すと次のようになります。

〈令和４年12月31日〉

（借方）暗号資産××××　　　　（貸方）暗号資産評価益××××

〈令和５年１月１日〉

（借方）暗号資産戻入益××××　（貸方）暗号資産××××

なお、市場暗号資産（仮想通貨）の評価損益を計上するのは、「**その市場暗号資産を自己の計算において有する場合**」とされていて、法人が暗号資産（仮想通貨）を自己の計算において有する場合とは、具体的にどのような場合なのか、期末時価評価の対象にならない暗号資産（仮想通貨）にはどのようなものがあるのかが、「法人が保有する暗号資産に係る期末時価評価の取扱いについて（情報）」の議論の焦点になります。

〈参考〉

令和５年度税制改正の大綱（令和４年12月23日閣議決定）では、暗号資産の評価方法等について、次の見直しを行うこととされております。詳細につきましては、今後、法令等により明らかにされます。

① 法人が事業年度末において有する暗号資産のうち時価評価により評価損益を計上するものの範囲から、次の要件に該当する暗号資産を除外する。

イ　**自己が発行した暗号資産でその発行の時から継続して保有しているもの**であること。

ロ　その暗号資産の発行の時から継続して次のいずれかにより譲渡制限が行われているものであること。

（イ）**他の者に移転することができないようにする技術的措置**がとられていること。

（ロ）**一定の要件を満たす信託の信託財産**としていること。

② 自己が発行した暗号資産について、その取得価額を発行に要した費用の額とする。

令和５年度税制改正によって明らかにされた暗号資産（仮想通貨）の評価方法の見直しが〈参考〉として説明されています。

自己が発行した暗号資産（仮想通貨）でその発行の時から継続して保有している場合、一定の要件を満たせば時価評価により評価損益を計上するものの範囲から一部の暗号資産（仮想通貨）を除外する、つまり、一定の要件を満たせば、「自己が発行した暗号資産でその発行の時から継続して保有しているもの」を除外することが明らかにされています（令和５年度税制改正では、**特定自己発行暗号資産**（法法61②）として法人の期末時価評価の対象から除外されることが明らかにされました。）。

第2項……期末時価評価の対象となる活発な市場が存在する暗号資産
（法人保有暗号資産（仮想通貨）の期末時価の取扱い　問2（3頁））
（下線と強調は筆者）

［質疑応答全文］

問　期末時価評価の対象となる**活発な市場が存在する暗号資産**とはどのようなものですか。

答　**活発な市場が存在する暗号資産**とは、法人が保有する暗号資産のうち次の要件の全てに該当するものをいいます。

①　継続的に売買価格等（注）が公表され、かつ、その公表される売買価格等がその暗号資産の売買の価格又は交換の比率の決定に重要な影響を与えているものであること。

（注）売買価格等とは、売買の価格又は他の暗号資産との交換の比率をいいます。

②　継続的に上記①の売買価格等の公表がされるために十分な数量及び頻度で取引が行われていること。

③　次の要件のいずれかに該当すること。

イ　上記①の売買価格等の公表がその法人以外の者によりされていること。

ロ　上記②の**取引が主としてその法人により自己の計算において行われた取引でないこと。**

活発な市場が存在する暗号資産に該当するかどうかは、保有する暗号資産の種類、その保有する暗号資産の過去の取引実績及びその保有する暗号資産が取引の対象とされている暗号資産取引所又は暗号資産販売所の状況等を勘案し、個々の暗号資産の実態に応じて判断することになりますが、この判断に際して、例えば、合理的な範囲内で入手できる売買価格等が暗号資産取引所又は暗号資産販売所ごとに著しく異なっていると認められる場合や、売手と買手の希望する価格差が著しく大きい場合には、上記①及び②の観点から、通常、市場は活発ではないと判断されることになります。

また、上記③の要件は、上記①の売買価格等を公表する者が自己のみであり、かつ、その売買価格等が主として自己の計算において行われた取引によって形成された価格である場合には、時価を自ら創出・操縦することによる利益調整が可能となることから、このような価格は法人税の観点から公正な価格とは言えないため、時価法の対象から除外するために設けられた要件となります。したがって、暗号資産交換業者の場合には、ある暗号資産について、自己の運営する暗号資産取引所又は暗号資産販売所の売買価格等以外の売買価格等が存在すれば、その暗号資産は上記③の要件に該当することになります。また、ある暗号資産について、自己の運営する暗号資産取引所又は暗号資産販売所の売買価格等のみが公表されている場合でも、その売買価格等が主として他の者の計算において行われた取引（取次ぎ又は代理）によるものである場合には、その暗号資産は上記③の要件に該当することになります。

［筆者解説］

まず、法人の期末時価評価の対象となる**活発な市場が存在する暗号資産**（令和5年度税制改正では**市場暗号資産**（法法61②、法令118条の7）として規定されています。）の要件が明らかにされています。

次に、暗号資産（仮想通貨）の取扱いは、暗号資産（仮想通貨）の取引所又は暗号資産（仮想通貨）の販売所ごとに取引を分析することが明らかにされています。したがって、暗号資産（仮想通貨）の取引については、国内の暗号資産（仮想通貨）の取引所又は暗号資産（仮想通貨）の販売所で取引されれば国内源泉所得、国外の暗号資産（仮想通貨）の取引所又は暗号資産（仮想通貨）の販売所で取引されれば国外源泉所得に該当するのが基本的な考え方だと考えられます。そして、国外の暗号資産（仮想通貨）の取引所又は暗号資産（仮想通貨）の販売所で取引される場合であっても、その運営者が日本に恒久的施設（PE）を有していれば、国内源泉所得該当性を考える必要があります。

したがって、NFTに係る取引との整合性を保つためには、NFTに係る取引の市場についても同様の考え方で取引されるマーケットを国内と国外に区分する必要があると考えられます。

そして、「法人保有暗号資産（仮想通貨）の期末時価評価の取扱い　問2（3頁）」では、期末時価評価の対象となる**活発な市場が存在する暗号資産**の定義が明らかにされていて、「取引が主としてその法人により自己の計算において行われた取引でないこと。」も要件の1つとされていることに留意します。

コラム 8

COLUMN

期末時価評価の対象にならない暗号資産（仮想通貨）とは何か

令和５年度税制改正において、法人が保有する暗号資産（仮想通貨）のうち一定の要件を満たすものは期末時価評価の対象から除外されることになりました。暗号資産（仮想通貨）業界からの要望の１つがようやく実現したことになります。

まず、活発な市場の存在する暗号資産（仮想通貨）は市場暗号資産と定義されます。法人が保有する市場暗号資産は時価評価の対象とされ、帳簿価額と期末時価との差額をその事業年度の益金又は損金の額に算入する必要があります。

次に、法人が発行し、かつ、法人が「発行の時から継続して有する」暗号資産（仮想通貨）のうち、一定の技術的措置を満たすか、一定の要件を満たす信託財産にしているものを特定自己発行暗号資産として期末時価評価の対象から除きました。ここで問題になるのは発行の定義ですが、自ら生成（ミント）する以外に他者に依頼して行われる暗号資産（仮想通貨）の発行も幅広く含まれ、暗号資産（仮想通貨）は第三者に販売された時点で暗号資産（仮想通貨）としての決済手段性を満たすことになりそうです。資金決済法に規定はありませんが、日本暗号資産取引業協会（JVCEA）が定めた新規暗号資産の販売に関する規則が、「発行とは暗号資産を新たに生成した上で、利用者に対して当該暗号資産を交付し、利用できる状態に置く行為をいう」と規定しているのがその理由です。

さらに、「自己の計算において有する」暗号資産（仮想通貨）のみが時価評価の対象とされました。国税当局は、暗号資産（仮想通貨）を「自己の計算において有する」場合の判定基準を「法人が保有する暗号資産に係る期末時価評価の取扱いについて（情報）」において明らかにしました。暗号資産（仮想通貨）に係る収益を得ることができるか、暗号資産（仮想通貨）の将来的な価格変動リスク等を負っているかの２点を判定基準に置いていて、ウォレットの所有者がロックアップをする等、暗号資産（仮想通貨）を排他的に支配する秘密鍵の所在には重点を置いていません。

「発行の時から継続して有する」と「自己の計算において有する」場合の説明は、本来、詳細が明らかにされるべき財務省の「改正税法のすべて　令和５年度版」ではほとんど言及がありません。

今後、どのような形で法人が「発行の時から継続して保有する」と「自己の計算において有する」場合の暗号資産（仮想通貨）の取扱いが明らかにされるのか分かりませんが、その動向に注目する必要があります。

第3項……DEXにおいて取引される暗号資産

（法人保有暗号資産（仮想通貨）の期末時価の取扱い　問3（4頁））

（下線と強調は筆者）

[質疑応答全文]

問　当社が保有する暗号資産Aは、DEX（分散型取引所）に上場されています。本件DEXでは、自動マーケットメイカーによって現時点における当該暗号資産Aと市場暗号資産Bとの交換比率が明らかにされ、その明らかにされた交換比率に基づき、随時、当該暗号資産Aと市場暗号資産Bとの交換の取引が行われています。この場合に、当該暗号資産Aは法人税法上の期末時価評価の対象となりますか。

答　**暗号資産Aが活発な市場が存在する暗号資産に該当する場合には、期末時価評価の対象となります**。

法人税法上、期末時価評価の対象となる活発な市場が存在する暗号資産とは、法人が保有する暗号資産のうち次の要件の全てに該当するものをいいます。

①　継続的に売買価格等(注)が公表され、かつ、その公表される売買価格等がその暗号資産の売買の価格又は交換の比率の決定に重要な影響を与えているものであること。

（注）売買価格等とは、売買の価格又は他の暗号資産との交換の比率をいいます。

②　継続的に上記①の売買価格等の公表がされるために十分な数量及び頻度で取引が行われていること。

③　次の要件のいずれかに該当すること。

イ　上記①の売買価格等の公表がその法人以外の者によりされていること。

ロ　上記②の取引が主としてその法人により自己の計算において行われた取引でないこと。

ところで、**DEXとは、一般に中央に管理者のいない分散型取引所のことをいいますが、いわゆる市場には、随時、売買・換金等を行うことができる取引システム等が含まれると解されます**。この点、本件DEXでは、自動マーケットメイカーによって現時点における暗号資産の交換比率が明らかにされ、その明らかにされた交換比率に基づき、随時、暗号資産の交換の取引が行われており、本件DEXは市場の範囲に含まれると考えられます。

このため、本件DEXにおいて公表される交換比率が他の暗号資産取引所において公表される交換比率と著しく異なるといった特殊な事情が認められず、本件DEXにおいて継続的に暗号資産の交換の取引が成立しているのであれば、本件DEXにおいて取引の対象となる暗号資産は上記①から③までの要件を満たす限り期末時価評価の対象となり、通常は、本件DEXによって公表された事業年度終了の時における最終の交換比率に、その交換比率により交換される他の活発な市場が存在する暗号資産の事業年度終了の時における最終の売買価格を乗じて計算した金額が期末時価評価金額になるものと考えられます。

[筆者解説]

DEX（Decentralized Exchanges）とは、「一般に中央に管理者のいない分散型取引所のこと」と定義した上で、「いわゆる市場には、随時、売買・換金等を行うことができる取引システム等が含まれると解されます。」と説明した上で、法人の期末時価評価の対象となる活発な市場が存在する暗号資産(仮想通貨)の要件を明らかにしています。そして、ここでも「主としてその法人により自己の計算において行われた取引でないこと。」が要件の１つとされていることに留意します。

DEX トークンは DeFi トークンと並んで流動性供給によるプール・トークンと呼ばれています。区分については暗号資産（仮想通貨）該当性や有価証券該当性について多々議論があります。そもそも、資金決済法により暗号資産（仮想通貨）に該当しないトークンにはどのようなものがあるのか、そして、暗号資産（仮想通貨）に区分されないトークンは有価証券（法法２二十一）に区分されるのか、されない場合は何に分類されるのか等基礎的な議論は尽きません。

図表 3-1……**トークンの種類と法的性質の比較**

トークンの種類（具体例）	内容説明	法的性質
暗号資産 (仮想通貨) (ETH、BTC)	典型的な暗号資産（仮想通貨） いわゆるトークン、ペイメント・トークンと呼ばれる	新資金決済法 2 条 14 項 1 号により定義される 暗号資産に区分される 活発な市場を有する場合、法人の期末時価評価の対象（法法 61 ②）
DEX トークン DeFi トークン (Uniswap、Compound)	〈DEX トークン /Uniswap の場合〉 流動性供給によるプール・トークン 分散型取引所（DEX）に暗号資産のペアを提供、リキディティ・プロバイダー・トークン（Liquidity Provider Tokens）が付与される 交換手数料の分配が受けられる（流動性マイニング） 別途、組織運営の意思決定に参加可能なガバナンストークンが付与される	暗号資産／有価証券／区分なし？
ラップドトークン (Wrapped Tokens) (WBTC、WETH)	特定の暗号資産をブロックチェーン上で使えるようにしたもの 暗号資産建ステーブルコイン、決済手段性あり cf. 法定通貨建ステーブルコイン	原則として新資金決済法 2 条 14 項 1 号により定義される 暗号資産に区分される
前払式支払手段	前払金は一定期間で収益計上	
電子決済手段（法定通貨担保型ステーブルコイン等） （テザー、USD コイン等）	法定通貨建ステーブルコイン （通貨建資産に該当するものを除く） Tether（USDT）、USD Coin（USDC）、BUSD（Binance USD）米ドルが担保資産、裏付け資産	新資金決済法 2 条 14 項 2 号により定義される 暗号資産の区分からは外国通貨、通貨建資産と同様に除外される
有価証券（電子記録移転権利・集団投資スキーム持分）	売買目的有価証券の場合、法人の期末時価評価損益（法法 61 の 3）の対象	金融商品取引法 2 条により定義される 原則として有価証券（法法 2 二十一）に区分される
ユーティリティトークン （アート NFT）	特段の定めなし	NFT の FAQ に定義あり

下尾裕「暗号資産・トークンを巡る課税上の諸問題」（日本租税研究協会、2023 年 7 月 14 日講演）講演資料 8 頁は、「税務では、トークンの名称・トークンの規格に意味はなく、（資金決済法等の）金融規制上の分析が基本になる。」と議論しますが、関係者によるトークンの名称・規格も増加する一方です。暗号資産（仮想通貨）関係者による統一もされていないことから、以下の情報は流動的であることに留意してください。

主なトークンの種類（具体例）の内容説明と法的性質の比較を前ページの図表にまとめます[74]。

〈DEX トークン等の流動性マイニング（Liquidity Mining）〉

そもそも、DEX トークン等が法人の有する暗号資産（仮想通貨）の時価評価益対象になるのか、仮に時価評価対象になるとしても、どのように評価をするのかという問題があります。DEX の流動性マイニング（Liquidity Mining）について図表に示します[75]。

図表 3-2……DEX トークン等の流動性マイニング（Liquidity Mining）

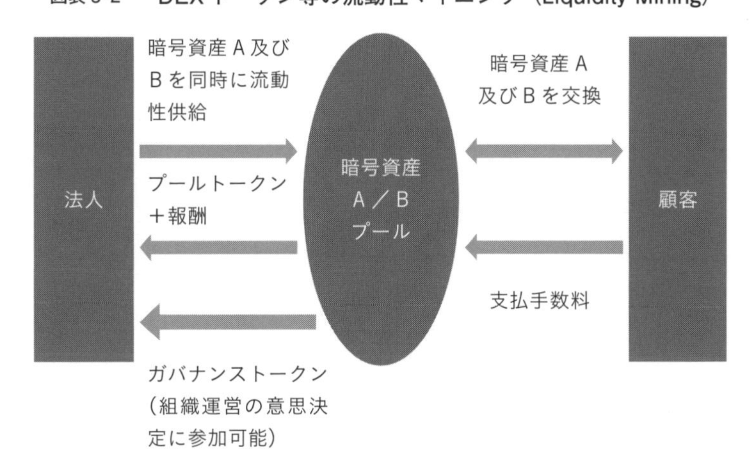

74　脚注 12　下尾裕講演資料 4・8 頁を参考に筆者作成。
75　脚注 12　下尾裕講演資料 9 頁を基に筆者作成。

第４項……ステーキングのためロックアップした暗号資産の期末時価評価（法人保有暗号資産（仮想通貨）の期末時価の取扱い　問４（５頁））
（下線と強調は筆者）

［質疑応答全文］

問　当社は、保有する暗号資産Ａについて、ステーキングによる報酬を得るために、ロックアップ（暗号資産を他に移転できないような仕組みを採用）を行っております。この暗号資産Ａに関しましては、所定の条件を満たしてロックアップが解除されるまでは、当社は譲渡ができない状態になっております。この場合、当社がロックアップしている暗号資産Ａについては、法人税法上の期末時価評価の対象となり、評価損益を益金の額又は損金の額に算入する必要がありますか。

なお、暗号資産Ａは、暗号資産取引所に上場されており、十分な数量及び頻度で取引が行われ、継続的に売買価格等が公表されております。また、当社は、その暗号資産取引所を運営しておらず、その暗号資産取引所で暗号資産Ａの取引も行っておりません。

答　法人税法上の期末時価評価の対象となり、評価額と帳簿価額との差額を益金の額又は損金の額に算入することとなります。

法人が事業年度終了の時において有する暗号資産のうち、活発な市場が存在する暗号資産を**自己の計算において有する**場合には、時価法により評価した金額をもってその時における評価額とし、その評価額と帳簿価額との差額をその事業年度の益金の額又は損金の額に算入する必要があります。

本件では**その保有する**暗号資産はロックアップにより譲渡できない状態となっておりますが、ロックアップ期間中にステーキング報酬を得ることができます。また、**その保有する暗号資産の将来的な価格変動リスク等を貴社が負うため、自己の計算において暗号資産Ａを有するものと考えられます。**

その他、本件においては、暗号資産Ａは継続的に売買価格等が公表されている等の所定の要件を満たしますので、活発な市場が存在する暗号資産となり、貴社は事業年度終了の時において有する暗号資産Ａについて、時価法により評価した金額をもってその時における評価額とし、その評価額と帳簿価額との差額は、その事業年度の益金の額又は損金の額に算入する必要があります。

［筆者解説］

法人が保有する暗号資産（仮想通貨）の期末時価評価の取扱いの問４（５頁）は、自己が暗号資産（仮想通貨）を保有するメルクマールとして、**「その保有する暗号資産の将来的な価格変動リスク等を貴社が負うため、自己の計算において暗号資産Ａを有するものと考えられます。」**と記述しています。「その保有する」暗号資産（仮想通貨）がステーキングによりロックアップされていて譲渡できないとしても、誰かがウォレットの秘密鍵を管理していることは、暗号資産（仮想通貨）を「その保有する」、「自己の計算において有する」こととは無関係であると考えられます。①ロックアップ期間中にステーキング報酬を得ていて、②暗号資産（仮想通貨）の将来的な価格変動リスク等を負っていれば、暗号資産（仮想通貨）を保有している、自己の計算において有していることになると考えられます。

以上の説明を図表にすると次のようになります。

図表 3-3……**暗号資産（仮想通貨）を保有するとは　その１**

保有の状況	譲渡可能性	暗号資産からの収益の有無	将来的な価格変動リスク等	保有しているか
ステーキング（報酬取得）	なし	有り	有り	◎ 期末時価評価の対象

第5項……貸付けをした暗号資産の期末時価評価
（法人保有暗号資産（仮想通貨）の期末時価の取扱い　問5（6頁））
（下線と強調は筆者）

[質疑応答全文]

問　当社は、保有する暗号資産Ａについて、使用料を得るために相対による貸付けを行っております。この暗号資産Ａに関しては、貸付期間が終了するまでは、**当社は譲渡ができない状態**になっております。この場合、当社が貸付けしている暗号資産Ａについては、法人税法上の期末時価評価の対象となり、評価損益を益金の額又は損金の額に算入する必要がありますか。

なお、暗号資産Ａは、暗号資産取引所に上場されており、十分な数量及び頻度で取引が行われ、継続的に売買価格等が公表されております。また、当社は、その暗号資産取引所を運営しておらず、その暗号資産取引所で暗号資産Ａの取引も行っておりません。

答　法人税法上の期末時価評価の対象となり、評価額と帳簿価額との差額を益金の額又は損金の額に算入することとなります。

法人が事業年度終了の時において有する暗号資産のうち、**活発な市場が存在する暗号資産を自己の計算において有する場合**には、時価法により評価した金額をもってその時における評価額とし、その評価額と帳簿価額との差額をその事業年度の益金の額又は損金の額に算入する必要があります。

本件ではその保有する暗号資産を貸し付けておりますが、貸付期間中に使用料を得ることができます。また、その保有する暗号資産の将来的な価格変動リスク等を貴社が負うため、自己の計算において暗号資産Ａを有するものと考えられます。

その他、本件においては、暗号資産Ａは継続的に売買価格等が公表されている等の所定の要件を満たしますので、活発な市場が存在する暗号資産となり、貴社は事業年度終了の時において有する暗号資産Ａについて、時価法により評価した金額をもってその時における評価額とし、その評価額と帳簿価額との差額は、その事業年度の益金の額又は損金の額に算入する必要があります。

[筆者解説]

貸付けをした暗号資産（仮想通貨）は、法人税法上の期末時価評価の対象になり、評価額と帳簿価額との差額を益金の額又は損金の額に算入する必要があります。これは、貸付期間中に使用料を得ることができるため、自己の計算において暗号資産Ａを有すると考えられ、貸付けをした暗号資産（仮想通貨）の将来的な価格変動リスク等も負っているからと考えられます。

つまり、国税当局は、暗号資産（仮想通貨）を「自己の計算において有する場合」（法法61③）の判定基準を、①暗号資産（仮想通貨）の収益を得ることができるか及び②暗号資産（仮想通貨）の将来的な価格変動リスク等を負っているかという点に置いています。したがって、暗号資産（仮想通貨）を貸し付けて使用料を取得することは、貸付期間中に使用料を得ていて、**暗号資産（仮想通貨）の将来的な価格変動リスクを負っていることか**

ら、自己の計算において暗号資産Aを有することになります。

以上の説明を図表にすると次のようになります。

図表3-4……**暗号資産（仮想通貨）を「保有している」とは　その2**

保有の状況	譲渡可能性	暗号資産からの収益の有無	将来的な価格変動リスク等	有しているか
貸付け（使用料取得）	なし	有り	有り	◎ 期末時価評価の対象

〈暗号資産（仮想通貨）の貸付け使用料の国内源泉所得該当性〉

内国法人又は居住者が外国法人又は非居住者に国内取引所又は国内販売所で取引される暗号資産（仮想通貨）の貸付けにより使用料を取得する場合、所得税法161条1項10号に規定される「国内において業務を行う者に対する貸付金（これらに準ずるものを含む。）で当該業務に係るものの利子」に該当する可能性があります。

立法当時の趣旨からすると、「貸付金（これらに準ずるものを含む。）」（所法161①十）に暗号資産（仮想通貨）が含まれないことは明らかです。しかしながら、例えば、日本シンガポール租税条約（以下「日星租税条約」といいます。）11条5項には、「「利子」とは、**すべての種類の信用に係る債権（担保の有無及び債務者の利得の分配を受ける権利の有無は問わない）**」と定められていることから、暗号資産（仮想通貨）の貸付けに係る使用料がこれに該当する可能性は十分にあります。この場合、適用税率は10%（日星租税条約11②）、使用地主義から債務者主義への読み替えが行われ（日星租税条約11①）、提供を受けた暗号資産（仮想通貨）を内国法人又は居住者がどこで業務を行うのに利用するかにかかわらず国内源泉所得該当性を満たすことになります。

暗号資産（仮想通貨）を借り入れる側が内国法人又は居住者のケースが問題になります。そして、貸し付ける側が居住者から非居住者になり、かつ、暗号資産（仮想通貨）を国内取引所又は国内交換所で取引している場合は要注意と考えられます。

第６項……借入れをした暗号資産の期末時価評価
（法人保有暗号資産（仮想通貨）の期末時価の取扱い　問６（７頁））
（下線と強調は筆者）

[質疑応答全文]

問　当社は、暗号資産交換業者以外の者から相対により暗号資産Ａを借り入れ、これを借入期間が終了するまで貸付け等により運用することで収益を得ています。この場合、当社が借入れをしている暗号資産Ａについては、法人税法上の期末時価評価の対象となり、評価損益を益金の額又は損金の額に算入する必要がありますか。

なお、暗号資産Ａは、暗号資産取引所に上場されており、十分な数量及び頻度で取引が行われ、継続的に売買価格等が公表されております。また、当社は、その暗号資産取引所を運営しておらず、その暗号資産取引所で暗号資産Ａの取引も行っておりません。

答　法人税法上の期末時価評価の対象とはなり得ますが、評価額と帳簿価額との差額を益金の額又は損金の額に算入する必要はありません。

法人が事業年度終了の時において有する暗号資産のうち、活発な市場が存在する暗号資産については、時価法により評価した金額をもってその時における評価額とし、また、その暗号資産を自己の計算において有する場合は、その評価額と帳簿価額との差額をその事業年度の益金の額又は損金の額に算入する必要があります。

ここでいう**「有する」とは、所有権の対象とならないようなものを包摂する広い概念であり、暗号資産を借り入れている貴社がその借入暗号資産の処分権を有していること等に鑑みると、貴社は暗号資産を有していると解される場合もある**と考えられます。本件においては、暗号資産Ａは継続的に売買価格等が公表されている等の所定の要件を満たしますので、活発な市場が存在する暗号資産となり、貴社が暗号資産を有していると解される場合には、暗号資産Ａについて、時価法により評価した金額をもってその時における評価額とすることになります。

しかしながら、**返還を要する暗号資産Ａの将来的な価格変動リスク等を貴社が負わないことに鑑みると**、一般的には自己の計算において暗号資産Ａを有するとは言えないため、その評価額と帳簿価額との差額をその事業年度の益金の額又は損金の額に算入する必要はありません。

[筆者解説]

借入れをした暗号資産（仮想通貨）については、借入れをした側は「将来的な価格変動リスク等」を負っていない、すなわち、処分権を有していないことから、法人税法上の期末時価評価の対象になりません。したがって、評価額と帳簿価額との差額を益金の額又は損金の額に算入する必要はありません。これは、借入れをした暗号資産（仮想通貨）の**「将来的な価格変動リスク等」を負っていない**のがその理由と考えられます。

つまり、暗号資産（仮想通貨）を「**「有する」とは、所有権の対象とならないようなものを包摂する広い概念**であり、暗号資産を借り入れている貴社がその借入暗号資産の処分権を有していること等に鑑みると、貴社は暗号資産を有していると解される場合もある」と記述していて、暗号資産（仮想通貨）を「有する」とは、暗号資産（仮想通貨）は無体財産権なので所有権が及ばないことから、「将来的な価格変動リスク等」を負っていれば処分権限を有していて、暗号資産（仮想通貨）を有していることになると考えられます。

そして、暗号資産（仮想通貨）を「有する」には、暗号資産（仮想通貨）を管理・支配している場合を含むと考えられますが、一般のレンディングと信用（資金）供与目的のレンディングの差異等処分権限の有無と「有している」の詳細については、今後の議論の蓄積と国税当局による指針の発表を待つ必要があります[76]。

以上の議論を図表にすると次のようになります。

図表3-5……暗号資産（仮想通貨）を「保有している」とは　その3

保有の状況	譲渡可能性	暗号資産からの収益の有無	将来的な価格変動リスク等	有しているか
借入れ（使用料支払）	なし	有り	なし	× 期末時価評価の対象

問4から問6までの議論をまとめると、ロックアップにより譲渡ができないとしても、暗号資産（仮想通貨）の処分権限を有していて、①暗号資産（仮想通貨）をロックアップしてステーキングにより報酬を得ている場合と②暗号資産（仮想通貨）を貸し付けて使用料を得ている場合には、暗号資産（仮想通貨）に係る収益を得ることができるとしています。そして、③暗号資産（仮想通貨）を借り入れていて、「将来的な価格変動リスク等」を負っていれば、暗号資産（仮想通貨）を有していることになります。

そして、暗号資産（仮想通貨）の「将来的な価格変動リスク等」を負っていれば、暗号資産（仮想通貨）を譲渡することはできないとしても、暗号資産（仮想通貨）を有していることになり、法人税法上の期末時価評価の対象になります。

以上の議論を図表にすると次のようになります。

図表3-6……暗号資産（仮想通貨）を「保有している」とは　まとめ

保有の状況	譲渡可能性	暗号資産からの収益の有無	将来的な価格変動リスク等	保有しているか
ステーキング（報酬取得）	なし	有り	有り	◎ 期末時価評価の対象
貸付け（使用料取得）	なし	有り	有り	◎ 期末時価評価の対象
借入れ（使用料支払）	なし	有り	なし	× 期末時価評価の対象外

76　脚注12　下尾裕講演資料18頁は、「暗号資産の支配を画する秘密鍵の所在地を「有する」の判定においては重視していないことは明らか。」と議論し、ウォレットの所有者がロックアップをする等、秘密鍵を所有しているとしてもそれは重要でないと説明しています。

第７項……暗号資産の令和５年度税制改正の分析

〈はじめに〉

ブロックチェーン技術を活用したICO（Initial Coin Offering）等新たな資金調達方法により、企業自ら暗号資産（仮想通貨）を発行して継続保有する場合、期末時価評価により含み益がある場合には課税対象とされることから、法人税負担が重くて事業として採算が取れないことが繰り返し問題視されてきました[77]。

〈改正の経緯〉

法人税法上、内国法人が期末に有する暗号資産については、市場における購入等により他の者から取得したものであっても、自己が発行したことにより取得したものであっても、活発な市場が存在する暗号資産（仮想通貨）については時価法により評価することとされています。

（注）活発な市場が存在する暗号資産について時価法を適用する理由は次のとおりです。

⑴　売買、換金について事業上の制約がない、すなわち、市場が存在するため売却・換金することが容易な資産であり、保有し続けなければ事業を継続できないような資産でないこと。

⑵　時価法を適用しなければ、課税所得が多額となると見込まれる事業年度に含み損のある暗号資産だけを譲渡するといった租税回避行為が想定されること。

⑶　企業会計において時価法が導入されていること。

令和４年11月７日に企業会計基準委員会（ASBJ）により議事概要が公表され、暗号資産の発行者が発行時に自己に割り当てた暗号資産のうち、発行による対価を受領しておらず自己で完結していると考えられるものは、第三者との取引が生じるまでは、時価では評価されないとの考えが示されました。

これを受けて、法人税法においても、**内国法人が期末に有する暗号資産（仮想通貨）のうち、自己が発行し、かつ、その発行の時から継続して自己が有する暗号資産について、その発行の時から継続して譲渡についての制限が付されている一定の要件に該当するもの**については、上記（注）⑴から⑶までのいずれにも該当しないことから期末時価評価の対象外とする等の改正が行われました[78]。

〈令和５年度税制改正で見送られた事項〉

令和４年11月10日「web3関連税制に関する緊急提言」[79]で提言されていた「スタートアップ企業が自社発行し、かつ第三者が保有するトークンのうち、短期売買目的でないものについても期末時価評価課税の対象から除外」する旨は令和５年度税制改正には盛り込

77　『週刊税務通信データベース』3759号／2023年７月３日「国税庁R5改正に係る法基通等を公表」（令和５年８月31日閲覧）を参考に作成。

78　財務省『令和５年度　税制改正の解説』小竹義範＝山中潤＝針原亮＝下髙原徹＝大沢暁子＝岡本憲治著「法人税法等の解説」255・256頁（令和５年８月31日閲覧）

79　自由民主党デジタル社会推進本部　本部長　平井卓也　web3 PT　座長　平将明（令和５年８月31日閲覧）

まれませんでした。令和5年4月「web3ホワイトペーパー　～誰もがデジタル資産を利活用する時代へ～」[80]において再度提言されています[81]。しかしながら、「暗号資産の法令上の位置付けの見直しや会計上の取扱い変更を行うことなく、税制上、期末時価評価課税の対象から他社が発行する一定のトークンを除外することも考えられる。」(8頁）と記述するのみであり、具体的な除外要件等は提示されず、議論そのものが進展していない状況です。

〈内国法人が発行し、かつ、その発行の時から継続して有する暗号資産の意義〉

法人税法61条2項括弧書きには、「当該内国法人が発行し、かつ、その発行の時から継続して有する暗号資産」と規定されています。

暗号資産（仮想通貨）は有体物ではないので、所有権の客体（対象）とされません[82]。暗号資産（仮想通貨）については、下尾裕はウォレットの秘密鍵の管理を通じて財産的価値に対する「排他的支配」が観念されるとされますが、「法人が保有する暗号資産に係る期末時価評価の取扱いについて（情報）」によれば秘密鍵の所在は重要視されていないと議論していいます[83]。

「法人が保有する暗号資産に係る期末時価評価の取扱いについて（情報）」問6（7頁）によれば、「「有する」とは、所有権の対象とならないようなものを包摂する広い概念」であると説明されています。その上で、国税当局は、自己の計算において有するか否かの判定基準を、①暗号資産（仮想通貨）に係る収益を得ることができるか及び②暗号資産の将来的な価格変動リスク等を負っているかという点に置いています。

法人税法61条3項括弧書きには、「暗号資産にあつては、自己の計算において有する場合に限る。」という規定が置かれていますが、法人税法61条2項括弧書きの「当該内国法人が発行し、かつ、その発行の時から継続して有する暗号資産」という規定との相違等は明確ではなく、『税制改正のすべて　令和5年版』（大蔵財務協会、2023年）にもその解説はありません。

〈日本暗号資産取引業協会（JVCEA）の「新規暗号資産の販売に関する規則」〉

新資金決済法2条15項1号には、「暗号資産交換業」の「暗号資産の交換等」として「暗号資産の売買又は他の暗号資産との交換」が規定されています。

暗号資産（仮想通貨）の売買には発行も含まれると考えられますが、発行については新資金決済法に規定がありません。

80　自由民主党デジタル社会推進本部web3プロジェクトチーム（令和5年4月）（令和5年8月31日閲覧）

81　脚注12　下尾裕講演資料11頁。

82　東京地方裁判所平成27年8月5日判決（平成26年（ワ）第3320号）ビットコイン引渡請求事件。「所有権は、法令の制限内において、自由にその所有物の使用、収益及び処分をする権利であるところ（民法206条）、その客体である所有『物』は、民法85条において『有体物』であると定義されている。**有体物とは、液体、気体及び固体といった空間の一部を占めるものを意味し、債権や著作権などの権利や自然力（電気、熱、光）のような無体物に対する概念であるから、民法は原則として、所有権を含む物権の客体（対象）を有体物に限定している**ものである。」（下線と強調は筆者）

83　脚注12　下尾裕講演資料17頁。

また、日本暗号資産取引業協会（JVCEA）が定めた「新規暗号資産の販売に関する規則」2条(1)には、「発行」とは、「暗号資産を**新たに生成した上で、利用者に対して当該暗号資産を交付し、利用できる状態に置く行為**をいう。」（下線と強調は筆者）と規定されています。また、2条(4)によれば、「新規暗号資産の販売」とは、「新規暗号資産を売却又は新規暗号資産と他の暗号資産を交換する行為のうち、当該行為によってはじめて発行者以外の第三者が当該暗号資産を取得するものをいい、新規暗号資産を受け取る権利を売却し又は他の暗号資産と交換する行為を含む。」と規定していて、新規の暗号資産（仮想通貨）の発行は有償発行を前提にしています。

〈自己が発行することにより取得した暗号資産（仮想通貨）の取得価額〉

令和5年度税制改正では暗号資産（仮想通貨）の取得価額の区分が追加され、自己が発行することにより取得した暗号資産（仮想通貨）の取得価額は「その発行のために要した費用の額」（改正前：その取得の時におけるその取得のために通常要する価額）とされました（法法61①、法令118の5二）。

以上の説明を図表にすると次のようになります。

図表3-7……自己発行により取得した暗号資産（仮想通貨）の取得価額

短期売買商品等の区分	金　額
①購入した短期売買商品等 （法令118の5一）	その購入の代価（引取運賃、荷役費、運送保険料、購入手数料、関税その他その当該短期売買商品等の購入のために要した費用がある場合には、その費用の額を加算した金額）
②［新設］自己が発行することにより取得した短期売買商品等（暗号資産に限る。） （法令118の5二）	**その発行のために要した費用の額** （改正前：その取得の時におけるその取得のために通常要する価額）
③上記①及び②以外の短期売買商品等 （法令118の5三）	その取得の時におけるその短期売買商品等の取得のために通常要する価額

（国税庁HP「令和5年度法人税関係法令の改正の概要　5暗号資産の評価方法等の見直し」（令和5年5月17日）35頁を基に筆者作成）

〈法人の期末時価評価の対象から除かれる暗号資産（仮想通貨）〉

令和5年度税制改正では法人が事業年度末において有する活発な市場が存在する**市場暗号資産**のうち、①自己が発行した暗号資産でその発行の時から継続して保有しているもの、②その暗号資産の発行の時から継続して次のいずれかにより譲渡制限が付されているもの、この①及び②のいずれにも該当するものは、**特定自己発行暗号資産**として法人の期末時価評価の対象となる暗号資産（仮想通貨）から除かれました（法法61②）。

暗号資産（仮想通貨）の保有目的の判断が難しいことから、第三者に売却できないように譲渡制限が付けられていることを要件としています。したがって、①法人が自己発行後に市場等から再取得して継続保有するもの、②事業目的で保有しながらも他の者に移転できないようにする技術的措置が取られていないものは、要件が満たされないので、これまで同様に期末時価評価をする必要があります。

〈時価評価の対象から除かれる暗号資産（仮想通貨）の要件　その1〉

法人の期末時価評価の対象から除かれている**特定自己発行暗号資産**は法人税法61条2項に規定されています。その元になった「令和5年度税制改正大綱」によりその要件を確認します[84]。

〈「令和5年度税制改正大綱」に示された特定自己発行暗号資産の要件〉

イ　自己が発行した暗号資産でその発行の時から継続して保有しているものであること。

ロ　その暗号資産の発行の時から継続して次のいずれかにより譲渡制限が付されているものであること。

(イ)他の者に移転することができないようにする技術的措置がとられていること。

(ロ) 一定の要件を満たす信託の信託財産としていること。

〈時価評価の対象から除かれる暗号資産（仮想通貨）の要件　その2〉

①暗号資産（仮想通貨）を自己の計算において有しているか（法法61③)、②**市場暗号資産**に該当するか（法法61②)、そして、③**特定自己発行暗号資産**に該当するか（法法61②）の関係を図表にすると次のようになります。

図表3-8……市場暗号資産（仮想通貨）と特定自己発行暗号資産（仮想通貨）の関係

（国税庁HP「令和5年度法人税関係法令の改正の概要」5　暗号資産の評価方法等の見直し」（令和5年5月17日）31頁を基に筆者作成）

	活発な市場が存在する暗号資産（仮想通貨）（**市場暗号資産**）	市場暗号資産（仮想通貨）以外の暗号資産（仮想通貨）
※	期末に時価評価損益を計上しない	期末に時価評価損益を計上しない
※※	**期末に時価評価損益を計上する**	
	[新設] **特定自己発行暗号資産** 期末に時価評価損益を計上しない	期末に時価評価損益を計上しない

※　暗号資産（仮想通貨）を自己の計算において有しないもの
※※　暗号資産（仮想通貨）を自己の計算において有するもの（法法61③）

時価評価の対象から除かれる暗号資産（仮想通貨）の要件の具体的な内容は政省令に委任されています。

内国法人が発行時から継続保有する暗号資産で譲渡制限等が付されているものを「**特定自己発行暗号資産**」としてそれ以外の暗号資産と区分し（法法61②、法令118の6②)、

84　特定自己発行暗号資産の要件は、自由民主党＝公明党「令和5年度税制改正大綱」（令和4年12月16日）76頁により示されていて、令和5年税制改正により具体的な法令が規定されています。

その暗号資産に係る譲渡制限等の要件を次のとおり規定しています（法令118の7②、法規26の10）。

〈**特定自己発行暗号資産**に係る譲渡制限等の要件〉

法人税法61条2項に規定する**その発行の時から継続して譲渡についての制限その他の条件が付されているもの**として政令で定めるものは、その発行の時から継続して次に掲げる要件のいずれかに該当する暗号資産（仮想通貨）とされています。

譲渡制限の方法は、①技術的措置（法令118の7②一、法規26の10）と②受益者課税信託（法令118の7②二）に区分されます。

〈法人税法施行令118条の7・2項1号、2号の確認〉

一　当該暗号資産につき、他の者に移転することができないようにする技術的措置として財務省令で定める措置がとられていること。

二　当該暗号資産が信託で次に掲げる要件の全てに該当するものの信託財産とされていること。

イ　当該信託の受託者が信託会社のみであり、かつ、当該信託の受益者等が当該内国法人のみであること。

ロ　当該信託に係る信託契約において、当該信託の受託者がその信託財産に属する資産及び負債を受託者等以外の者に譲渡しない旨が定められていること。

ハ　当該信託に係る信託契約において、当該内国法人によって、当該信託の受益権の譲渡及び当該信託の受益者等の変更をすることができない旨が定められていること。

〈法人税法施行規則26条の10の確認〉

令第118条の7第2項第1号に規定する財務省令で定める措置は、同号の暗号資産を他の者に移転することができないようにする技術的措置であって、次に掲げる要件のいずれにも該当するものとする。

一　その移転することができない期間が定められていること。

二　その技術的措置が、その暗号資産を発行した内国法人（その内国法人との間に完全支配関係がある他の者を含む。以下この号において「発行法人等」という。）の役員及び使用人（以下この号において「役員等」という。）並びに次に掲げる者のみによって解除をすることができないものであること。

イ　発行法人等の役員等の親族

ロ　発行法人等の役員等と婚姻の届出をしていないが事実上婚姻関係と同様の事情にある者

ハ　イ又はロに掲げる者以外の者で発行法人等の役員等から受ける金銭その他の資産によって生計を維持しているもの

ニ　ロ又はハに掲げる者と生計を一にするこれらの者の親族

以上の暗号資産（仮想通貨）の購入者（保有者）の判定をまとめると、次の図表のようになります。

図表3-9……暗号資産（仮想通貨）の購入者（保有者）の判定[85]

状　　況	購入者（保有者）の判定
暗号資産（仮想通貨）の 技術的措置による譲渡制限	ウォレット管理者（制限付与者） （法令118の7②一）
暗号資産（仮想通貨）の信託 （受益者課税）	委託者兼受益者（供給者） （法令118の7②二）

国税庁は令和5年6月20日、令和5年度改正に係る「法人税基本通達等の一部改正について（法令解釈通達）（課法2-8、課審6-6）」を公表し、暗号資産（仮想通貨）の時価評価対象外の取扱いを新たに定めていますので、下記においてその内容を確認します。

〈暗号資産（仮想通貨）に関連する法人税基本通達の新設〉

2　暗号資産（改正）

自己が発行した暗号資産については、その取得価額が発行のために要した費用の額とされるとともに、法人が事業年度末において有する暗号資産のうち、次の(1)及び(2)のいずれにも該当するものは、時価評価の対象となる暗号資産から除かれました。

(1)　自己が発行した暗号資産でその発行の時から継続して保有しているものであること。

(2)　その暗号資産の発行の時から継続して次のいずれかにより譲渡制限が付されているものであること。

イ　他の者に移転することができないようにする技術的措置として一定の措置がとられていること。

ロ　一定の要件を満たす信託の信託財産としていること。

○　発行のために要した費用の額に含まれないものの例示（基通2-3-62の2　新設）

次に掲げるような費用の額は、上記2の「発行のために要した費用の額」に含まれないことを明らかにしています。

イ　資金調達の目的で暗号資産を発行する法人が、当該暗号資産の発行に係る計画の設計（いわゆるホワイトペーパーの作成を含みます。）等のために他の者へ支払うコンサルタント料、相談料又は顧問料

85　脚注12　下尾裕講演資料18頁を参考に筆者作成。

ロ　自己が発行する暗号資産について、上記2⑵イ又はロによる譲渡制限を付すために要する費用

○　技術的措置の意義（基通2-3-67の2　新設）

上記2⑵イの他の者に移転することができないようにする技術的措置として、例えば、次に掲げるような措置が該当することを明らかにしています。

イ　ロックアップコード（あらかじめ定められた特定の条件の成立まで対象となる暗号資産の移転を不能にする条件式をいいます。以下同じです。）のうち一定期間の経過がその特定の条件として定められているもの（当該ロックアップコードを変更できる権能を持ついわゆる特権IDを設定していないものに限ります。）の設定をする措置

ロ　暗号資産の移転を可能にするために必要な条件として複数の秘密鍵を設定し、それらの秘密鍵を関係者以外の者を含む複数の者でそれぞれ管理することにより、当該関係者のみによっては当該暗号資産を移転することができないようにする措置（その移転することができない期間が定められているものに限ります。）

※　上記ロの関係者とは、その暗号資産を発行した内国法人（その内国法人との間に完全支配関係がある他の者を含みます。）の役員及び使用人並びにこれらの者と一定の関係を有する者をいいます。

○　一定期間の経過以外の条件により譲渡制限を付した場合の取扱い（基通2-3-67の3　新設）

法人が、ロックアップコードの設定をする措置により自己が発行し、かつ、保有する暗号資産に対し譲渡制限を付す場合において、当該譲渡制限が解除される条件を一定期間の経過以外の条件のみとしているときであっても、その条件がその成立におおむね1月を超える期間を要すると見込まれるものである場合の当該ロックアップコードは、「一定期間の経過がその特定の条件として定められているもの」に該当するものとして取り扱うことを明らかにしています。

○　継続して譲渡制限が付されているものとして取り扱う期間（基通2-3-67の4　新設）

発行の時から継続して譲渡制限が付されている暗号資産のうち、例えば、次に掲げる場合の当該暗号資産については、その経緯を明らかにする書類の保存がある場合に限り、その解除をしてから再度譲渡制限を付すまでの期間（おおむね1月以内の期間に限ります。）は継続して譲渡制限が付されているものとして取り扱うことを明らかにしています。

イ　資金調達環境の変化その他の事情により譲渡制限期間が経過する前にその暗号

資産の一部を譲渡する必要が生じたことにより、一度全ての暗号資産について譲渡制限を解除し、当該解除の後に譲渡をしない暗号資産について改めて譲渡制限を付す必要がある場合

ロ　譲渡制限期間が経過する前に一部の秘密鍵につき紛失又は盗難等による流出があったこと等譲渡制限の安定的な維持が困難になったことにより、当該譲渡制限の解除をしてから改めて譲渡制限を付す必要がある場合

○　特定自己発行暗号資産に該当しなくなった時（基通 2-3-67 の５　新設）

特定自己発行暗号資産（上記２⑴及び⑵のいずれにも該当する暗号資産をいいます。）に該当しなくなった時について、上記２⑵イ又はロのいずれの方法で譲渡制限を付しているかに応じ、それぞれどのような事実があった時をいうのか、例示により明らかにしています。

第4章

暗号資産の相続税・贈与税関係

この章では、暗号資産（仮想通貨）のFAQに基づき、暗号資産（仮想通貨）の相続税・贈与税の取扱いについて説明します。

個人が暗号資産（仮想通貨）を相続や贈与により取得したという場合はもちろんのこと、個人が暗号資産（仮想通貨）を低額譲渡又は無償譲渡したという場合にも、相続税と贈与税の取扱いについて確認をすることが必要となります。

第1節
暗号資産を相続や贈与により取得した場合
（暗号資産（仮想通貨）のFAQ 4-1（38頁））

[質疑応答全文]

問　暗号資産を相続や贈与により取得した場合の課税関係はどうなりますか。

答　被相続人等から暗号資産を相続若しくは遺贈又は贈与により取得した場合には、相続税又は贈与税が課税されます。

相続税法では、個人が、金銭に見積もることができる経済的価値のある財産を相続若しくは遺贈又は贈与により取得した場合には、相続税又は贈与税の課税対象となることとされています。

暗号資産については、決済法上、「代価の弁済のために不特定の者に対して使用することができる財産的価値」と規定されていることから、被相続人等から暗号資産を相続若しくは遺贈又は贈与により取得した場合には、相続税又は贈与税が課税されることになります。

（注）　暗号資産の贈与等をした個人の課税関係

個人が、贈与（相続人に対する死因贈与を除く。）又は遺贈（包括遺贈及び相続人に対する特定遺贈を除く。）により暗号資産を移転させた場合には、所得税の計算上、その贈与又は遺贈の時における暗号資産の価額（時価）を総収入金額に算入する必要があります。詳しくは、「2-10　暗号資産を低額（無償）譲渡等した場合の取扱い」をご覧ください。

[筆者解説]

上記の答にあるとおり、相続税法では、個人が金銭に見積もることができる経済的価値のある財産を相続若しくは遺贈又は贈与により取得した場合には、相続税又は贈与税の課税対象となることとされています。

そして、相続税の納税義務者は、相続又は遺贈によって財産を取得した個人であり（相法１の３、11の２)、贈与税の納税義務者は、贈与によって財産を取得した個人です（相法１の４、21の２)。

暗号資産（仮想通貨）は、資金決済法上、「代価の弁済のために不特定の者に対して使用することができ、かつ、不特定の者を相手方として購入及び売却を行うことができる財産的価値」（資金決済法２⑤一）とされていることから、被相続人等から暗号資産（仮想通貨）を贈与、相続又は遺贈により取得した場合には、財産的価値があるものとして相続税又は贈与税が課税されます。

所得税法40条（たな卸資産の贈与等の場合の総収入金額算入）の適用がある場合については、「第２章　暗号資産の所得税関係　第８節　暗号資産を低額（無償）譲渡等した場合の取扱い」で説明しました。

個人が暗号資産（仮想通貨）を贈与、相続又は遺贈により取得した場合には、暗号資産（仮想通貨）の相続税と贈与税の計算上、その贈与又は相続等が発生した時の時価が課税価格になります（相法１の３、１の４、11の２、21の２、所令119の６②一)。

贈与税は、贈与をした者（贈与者）ではなく、贈与を受けた者（受贈者）が申告納付する税であり、年間110万円までは課税されません。年間110万円の判断は個人と個人の取引単位ではなく、贈与を受けた者が１月１日から12月31日までに贈与を受けた金額で判断することとされています。したがって、個人Ａが個人Ｂと個人Ｃから110万円ずつ暗号資産（仮想通貨）の贈与を受けたという例では、個人Ａが220万円の贈与を受けたものとして計算することとなり、220万円から基礎控除の110万円を差し引いた110万円に対する贈与税が次のように算定されることになります。

110万円（220万円－110万円）×10%＝11万円

留意すべきは、個人の贈与又は遺贈による譲受け（無償譲受け）と低額譲受けの取扱いの相違です。

個人が暗号資産（仮想通貨）を低額譲渡した場合には、個人が暗号資産（仮想通貨）を時価のおおむね70%相当額未満で譲渡した場合、時価の70%相当額から対価の額を控除した金額を譲渡者の所得金額に加算します（所法40①二、所基通40-2、40-3)。

低額譲受けの場合には、その低額譲受けの時の暗号資産（仮想通貨）の時価の70%相当額が、譲受者の実質的に贈与を受けたと認められる金額になります（所法40②二、所基通40-2、40-3)。したがって、暗号資産（仮想通貨）を個人間で時価のおおむね70%相当額以上で取引すれば、国税当局が租税回避行為と判断しない限り、そのまま認められるということになります。

第２節
相続や贈与により取得した暗号資産の評価方法
(暗号資産（仮想通貨）のFAQ 4-2（39頁））

［質疑応答全文］

問　相続や贈与により取得した暗号資産の評価方法について教えてください。

答　活発な市場が存在する暗号資産は、相続人等の納税義務者が取引を行っている暗号資産交換業者が公表する課税時期における取引価格によって評価します。

暗号資産の評価方法については、評価通達に定めがないことから、評価通達５（(評価方法の定めのない財産の評価)）の定めに基づき、評価通達に定める評価方法に準じて評価することとなります。

この場合、活発な市場が存在する（注１）暗号資産については、活発な取引が行われることによって一定の相場が成立し、客観的な交換価値が明らかとなっていることから、外国通貨に準じて、相続人等の納税義務者が取引を行っている暗号資産交換業が公表する課税時期における取引価格（注２、３、４）によって評価します。

なお、活発な市場が存在しない暗号資産の場合には、客観的な交換価値を示す一定の相場が成立していないため、その暗号資産の内容や性質、取引実態等を勘案し個別に評価します（注５）。

(注)１「活発な市場が存在する」場合とは、暗号資産取引所又は暗号資産販売所において十分な数量及び頻度で取引が行われており、継続的に価格情報が提供されている場合をいいます。
２「暗号資産交換業者が公表する課税時期における取引価格」には、暗号資産交換業者が納税義務者の求めに応じて提供する残高証明書に記載された取引価格を含みます。
３　暗号資産交換業者（暗号資産販売所）において、購入価格と売却価格がそれぞれ公表されている場合には、納税義務者が暗号資産を暗号資産交換業者に売却する価格（売却価格）で評価して差し支えありません。
４　納税義務者が複数の暗号資産交換業者で取引を行っている場合には、納税者の選択した暗号資産交換業者が公表する課税時期における取引価格によって評価して差し支えありません。
５　例えば、売買実例価額、精通者意見価格等を参酌して評価する方法などが考えられます。

［筆者解説］

第１項……相続や贈与により取得した暗号資産と活発な市場の有無

暗号資産（仮想通貨）の取得価額には、法人税法・所得税法の取扱いが含まれていて、「第１章　第４節　暗号資産の取得価額（暗号資産（仮想通貨）のFAQ 1-4（7頁））」で既に説明していますが、ここでは、相続や贈与により取得した暗号資産の評価方法を活発な市場がある場合とない場合に分けて説明します。

相続や贈与により取得した暗号資産（仮想通貨）の評価方法は、「評価通達５（評価方法の定めのない財産の評価）」において「この通達に定める評価方法に準じて評価する。」と説明されていますが、活発な市場がある場合はその市場からもたらされる時価情報に基づいて相続や贈与により取得した時の時価が算定されるのが基本です。

一方、活発な市場がない場合は、個別的に、売買実例価額、精通者意見価格等を参酌して相続や贈与により取得した時の時価が算定されます。

①「第１章　第４節　暗号資産の取得価額（暗号資産（仮想通貨）のFAQ 1-4（7頁））」で説明した暗号資産（仮想通貨）の取得価額と②相続や贈与により取得した暗号資産（仮想通貨）の相続の時等の評価方法を明確に分けて考える必要があります。

第２項……相続や贈与により取得した暗号資産の取得価額と評価方法の問題点

相続で取得した暗号資産（仮想通貨）を時価で課税することには今後大きな問題が生じそうです。相続で取得した暗号資産（仮想通貨）やアートNFTが将来的に大幅に値上がりしていることが考えられます。暗号資産（仮想通貨）は相続時の時価で相続税課税されますが、①相続人に対する死因贈与、②相続、③包括遺贈及び④相続人に対する特定遺贈により取得した場合は、被相続人が暗号資産（仮想通貨）について選択していた方法により評価した額を相続人が引き継ぐことになります。**この評価額は暗号資産（仮想通貨）の相続時の時価ではないことに留意してください**。

その結果、相続人は被相続人から暗号資産（仮想通貨）を相続し、時価による相続税課税により相続税を負担するばかりでなく、相続した暗号資産（仮想通貨）やアートNFTを売却する時に相続人が被相続人の取得価額（被相続人が暗号資産（仮想通貨）について選択していた方法により評価した額）を引き継ぐことにより、思わぬ重い所得税の負担を背負う可能性がありますので注意が必要です。

暗号資産（仮想通貨）が相続税の取得費加算の特例（租法39）の対象に今のところなっていないのは制度上の問題であり、税制改正により解消される可能性はあります。

第**5**章

暗号資産の源泉所得税関係

この章では、暗号資産（仮想通貨）の源泉所得税関係の取扱いを暗号資産（仮想通貨）のFAQ 5-1（40頁）に基づいて説明します。給与支払額は現金と暗号資産（仮想通貨）の支払時の時価の合計金額により計算され、給与支払額の源泉所得税は現金と暗号資産（仮想通貨）の支払時の時価の合計金額が対象になります。

暗号資産による給与等の支払
（暗号資産（仮想通貨）のFAQ 5-1（40頁））

[質疑応答全文]

暗号資産による給与等の支払

問　当社は、従業員からの要望を受け、労働協約で別段の定めを設け、月々の給与等の一部を取引所で売買可能な暗号資産で支払うことにしました。この場合の給与に係る所得税の源泉徴収をどのように行えばよいですか。

（例）10月10日　従業員の9月分給与について、200,000円を現金で支払い、一部を当社が保有する暗号資産（給与支給時の取引価格は50,000円）で支払った。

答　従業員の給与の支給額は、現金200,000円と暗号資産の価額50,000円を合計した250,000円となりますので、250,000円を給与の支給額（月額）として源泉徴収税額を計算することになります。

給与は、金銭で支給されるのが一般的ですが、お尋ねのケースのように、労働協約で別段の定めを設け、給与の一部を暗号資産で支給する場合、その暗号資産による支給分も給与所得の収入金額に該当します。

したがって、源泉徴収義務者である貴社は、給与の支払の際、暗号資産の支給分も合わせて源泉徴収税額の計算を行うことになります。

なお、現金以外の現物給与については、その経済的利益を評価する必要がありますが、暗号資産の場合は、その支給時の価額で評価することになります。

[筆者解説]

暗号資産（仮想通貨）の源泉所得税関係については、金銭で支給される場合と同様に源泉徴収が必要であり、給与支払時の時価で評価する必要があります。

例えば、給与を支払う法人が、現金200,000円と20,000円で取得した暗号資産（仮想通貨）を給与支払時の時価50,000円で支払った場合、その合計の250,000円を給与の支給額（月額）として源泉徴収税額を計算することになります。

給与支払法人の暗号資産（仮想通貨）の取得時の仕訳は次のようになります。

（借方）暗号資産　20,000円　　（貸方）現金預金　20,000円

給与支払法人の現金200,000円と給与支払時の暗号資産（仮想通貨）の時価50,000円を合計した250,000円の給与支払時の仕訳は次のようになります。暗号資産（仮想通貨）の取得価額20,000円と給与支払時の暗号資産（仮想通貨）の時価50,000円との差額は暗号資産（仮想通貨）の譲渡損益30,000円として益金に計上されます。

（借方）		（貸方）	
給与	250,000円	暗号資産	20,000円
		暗号資産譲渡益	30,000円
		現金預金	175,000円
		預り金（源泉徴収税額）	25,000円

源泉所得税の税率を10%とすると、給与支払法人は25,000円（＝250,000円×10%）を預り金として差し引いて、所轄の税務署に源泉所得税を納付する必要があります。源泉徴収の対象は現金で支給される200,000円のみならず、暗号資産（仮想通貨）で支給される50,000円も対象になることが重要です。

第6章

暗号資産の消費税関係

この章では、暗号資産（仮想通貨）の消費税法上の取扱いを暗号資産（仮想通貨）のFAQ 6-1（41頁）とFAQ 6-2（42頁）に基づいて説明します。

暗号資産（仮想通貨）の取引には、基本的には消費税は課されませんが、暗号資産（仮想通貨）の取引に係る手数料等、付随費用である購入費用等は消費税の課税対象となります。

第1節
暗号資産を譲渡した場合の消費税
（暗号資産（仮想通貨）のFAQ 6-1（41頁））

問　当社は、国内の暗号資産交換業者を通じて、保有する暗号資産を譲渡しました。この場合の消費税の課税関係を教えてください。

答　国内の暗号資産交換業者を通じた暗号資産の譲渡には、消費税は課されません。

消費税法上、支払手段及びこれに類するものの譲渡は非課税とされています。国内の暗号資産交換業者を通じた暗号資産の譲渡は、この支払手段等の譲渡に該当し、消費税は非課税となります。

また、消費税の確定申告を一般課税により行う場合には、仕入控除税額を計算する際、当課税期間の課税売上高、免税売上高及び非課税売上高を基に課税売上割合を算出することとなりますが、支払手段等に該当する当該暗号資産の譲渡については、課税売上割合の算出に当たって、非課税売上高に含めて計算する必要はありません。

(参考)

1　暗号資産交換業者に対して暗号資産の売買に係る仲介料として支払う手数料は、仲介に係る役務の提供の対価として支払うものですので、課税対象になります。

なお、暗号資産の売買を目的とした購入に係る手数料は、消費税の申告において個別対応方式を採用する場合、課税資産の譲渡等以外の資産の譲渡等にのみ要する課税仕入れ（いわゆる非課税売上げに対応する課税仕入れ）に該当することとなります。

2　平成29年6月以前に国内において行った暗号資産の譲渡は、消費税の課税対象となります。

なお、消費税の課税事業者に該当する方が、平成29年6月以前に国内において行った暗号資産の購入に係る課税仕入れについて仕入税額控除の適用を受けるためには、取引の相手方の氏名等一定の事項が記載された帳簿及び請求書等の保存が要件となりますが、暗号資産交換業者などの媒介者を介して行われる暗号資産の購入に関し、取引の相手方又は媒介者から請求書等の交付を受けられないなど、やむを得ない理由がある場合には、帳簿にその旨と媒介者の氏名等を記載して保存することとなります。

[筆者解説]

上記の答にあるとおり、国内の暗号資産（仮想通貨）の交換業者を通じた暗号資産（仮想通貨）の譲渡には、消費税は課されません（消法6①、別表1二、消令9④）。

また、消費税法上、支払手段及びこれに類するものの譲渡は非課税とされています。国内の暗号資産（仮想通貨）の交換業者を通じた暗号資産（仮想通貨）の譲渡は、この支払手段等の譲渡に該当し、消費税は非課税となります。そして、課税売上割合の算出に当たっては、暗号資産（仮想通貨）の譲渡は、非課税売上に含めないことになります（消令48②一）。

$$\text{課税売上割合}=\frac{\text{課税売上高}+\text{免税売上高}}{\text{課税売上高}+\text{免税売上高}+\text{非課税売上高（暗号資産の譲渡は含めない）}}$$

第２節
暗号資産の貸付けにおける利用料
（暗号資産（仮想通貨）の FAQ 6-2（42 頁））

［質疑応答全文］

問　当社は、国内の暗号資産交換業者との間で暗号資産貸借取引契約を締結し、保有している暗号資産を貸し付けることにより、１年後の契約期間満了時に、当該貸し付けた暗号資産に一定の料率を乗じた金額を利用料として受領しました。

暗号資産交換業者が定める利用規約には、当社が暗号資産交換業者に対して暗号資産を貸し付け、契約期間が満了した後、当該貸し付けた暗号資産と同種及び同等の暗号資産が暗号資産交換業者から当社に返還されるとともに、当該返還に際して、利用料が支払われることが規定されています。

この場合の消費税の課税関係を教えてください。

答　利用料を対価とする暗号資産の貸付けには、消費税が課されます。

暗号資産交換業者が定める利用規約には、契約期間が満了した後、貸し付けた暗号資産と同種及び同等の暗号資産が暗号資産交換業者から貴社に返還されるとともに、利用料が支払われることが規定されていることから、ご質問の取引は事業者が対価を得て行う「資産の貸付け」に該当します。

また、ご質問の取引は、支払手段（暗号資産）の譲渡、利子を対価とする金銭の貸付け及び有価証券の貸付けのほか、消費税法別表第一に掲げる非課税取引のいずれにも該当しません。

したがって、利用料を対価とする暗号資産の貸付けは、消費税の課税対象となります。

［筆者解説］

上記の答にあるとおり、暗号資産（仮想通貨）の貸付けに係る利用料に関しては、対価を暗号資産（仮想通貨）により収受したとしても、消費税の課税の対象になることに留意する必要があります。

第7章

暗号資産の法定調書関係

この章では、国外転出時課税制度（出国税）と暗号資産（仮想通貨）の関係に加えて、法定調書への暗号資産（仮想通貨）の記載について説明します。

第1節

国外転出時課税制度（出国税）と暗号資産の関係

(1) 国外転出時課税制度（出国税）とは

平成27年度税制改正により、国外転出時課税制度（出国税）が創設され、同年7月1日以後、国外に転出し、国内に住所及び居所を有しなくなる一定の居住者が1億円以上の有価証券等を有している場合には、その対象資産の含み益に所得税及び復興特別所得税が課されることになりました（所法60の2）。

また、1億円以上の有価証券等を有している一定の居住者から、国外に居住する親族等（非居住者）へ贈与、相続又は遺贈によりその対象資産の一部又は全部の移転があった場合にも、贈与、相続又は遺贈の対象となった対象資産の含み益に所得税及び復興特別所得税が課されます（所法60の3）。

この「一定の居住者」とは、原則として国外転出をする日前10年以内において国内に5年を超えて住所又は居所を有している者とされています（所法60の2、所法60の3）。

(2) 有価証券等とは

有価証券等とは、有価証券、匿名組合契約の出資の持分、未決済の信用取引、未決済の発行日取引及び未決済デリバティブ取引とされています（所法60の2①～③）。

この有価証券等の中の「有価証券」については、所得税法2条1項17号において「金融商品取引法第二条第一項に規定する有価証券その他これに準ずるもので政令で定めるものをいう。」としています。

この「金融商品取引法第二条第一項に規定する有価証券」とは、金商法2条（定義）1項の1号から21号までに掲げられているものということになりますが、これらの号には、暗号資産（仮想通貨）は掲げられていません。

また、上記の所得税法2条1項17号の「その他これに準ずるもので政令で定めるもの」

は、所得税法施行令4条（有価証券に準ずるものの範囲）の1号から3号までに掲げられているものですが、これらの号にも、暗号資産（仮想通貨）は掲げられていません。

このため、本制度の対象資産となる有価証券等には、暗号資産（仮想通貨）は含まれないということになります。

ただし、有価証券等の定義には未決済デリバティブ取引が含まれていること、そして、今後の有価証券等の範囲の改正によって有価証券等に暗号資産（仮想通貨）が含まれることになる可能性もありますので、今後の改正を注視する必要があります。

第２節
財産債務調書への記載の要否
(暗号資産（仮想通貨）のFAQ 7-1（43頁))

[質疑応答全文]

問　国内外の暗号資産取引所に暗号資産を保有しています。暗号資産は財産債務調書への記載の対象になりますか。

答　財産債務調書への記載の対象になります。

暗号資産を12月31日において保有している場合、財産債務調書への記載が必要になります。

財産債務調書には、暗号資産の種類別（ビットコイン等)、用途別及び所在別(注)に記載してください。

暗号資産を預けている暗号資産取引所の所在が国内か国外かについては、財産債務調書への記載の要否に影響はありません。

(注) 暗号資産の所在については、国外送金等調書規則第12条第3項第6号及び第15条第2項の規定により、その財産を有する方の住所（住所を有しない方にあっては、居所）の所在となります。

[筆者解説]

居住者が保有している暗号資産（仮想通貨）は、その保有場所が国内の暗号資産（仮想通貨）の取引所であれ、国外の暗号資産（仮想通貨）の取引所であれ、財産債務調書へ記載する必要があります。その理由は、「暗号資産の所在については、国外送金等調書規則第12条第3項第6号及び第15条第2項の規定により、その財産を有する方の住所（住所を有しない方にあっては、居所)」の所在になることから、居住者の住所は日本国内になることがその理由です。暗号資産（仮想通貨）の取引所の所在が国内か国外かということが、暗号資産（仮想通貨）の財産債務調書への記載の要否等に影響を与えることはないことを確認しておきます。

第3節

財産債務調書への暗号資産の価額の記載方法
（暗号資産（仮想通貨）のFAQ 7-2（44頁））

[質疑応答全文]

問　暗号資産の価額は、どのように記載すればよいですか。

答　暗号資産の価額については、活発な市場が存在する場合には、財産債務調書を提出される方が取引を行っている暗号資産交換業者が公表するその年の12月31日における取引価格を時価として記載します。また、時価の算定が困難な場合には、その年の12月31日における暗号資産の状況に応じ、その暗号資産の取得価額や売買実例価額などを基に、合理的な方法により算定した価額を見積価額として記載して差し支えありません。

活発な市場が存在する（注1）暗号資産については、活発な取引が行われることによって一定の相場が成立し、客観的な交換価値が明らかとなっていることから、財産債務調書を提出される方が取引を行っている暗号資産交換業者が公表するその年の12月31日における取引価格（注2、3、4）を時価として記載します。

(注)1　「活発な市場が存在する」場合とは、暗号資産取引所又は暗号資産販売所において十分な数量及び頻度で取引が行われており、継続的に価格情報が提供されている場合をいいます。
2　「暗号資産交換業者が公表するその年の12月31日における取引価格」には、暗号資産交換業者が財産債務調書を提出される方の求めに応じて提供する残高証明書に記載された取引価格を含みます。
3　暗号資産交換業者（暗号資産販売所）において、購入価格と売却価格がそれぞれ公表されている場合には、財産債務調書を提出される方が暗号資産を暗号資産交換業者に売却する価格（売却価格）を記載して差し支えありません。
4　財産債務調書を提出される方が複数の暗号資産交換業者で取引を行っている場合には、財産債務調書を提出される方の選択した暗号資産交換業者が公表するその年の12月31日における取引価格によって記載して差し支えありません。

また、財産債務調書に記載する財産の価額は、その財産の時価による算定が困難な場合、見積価額を算定し記載しても差し支えありません。

暗号資産の見積価額は、例えば、次のような方法により算定された価額をいいます。

①　その年の12月31日における売買実例価額（その年の12月31日における売買実例価額がない場合には、その年の12月31日前の同日に最も近い日におけるその年中の売買実例価額）のうち、適正と認められる売買実例価額

②　①による価額がない場合には、その年の翌年1月1日から財産債務調書の提出期限までにその暗号資産を譲渡した場合における譲渡価額

③　①及び②がない場合には、取得価額

[筆者解説]

所得税及び復興特別所得税の提出義務者及び還付申告提出者で、所得金額が2,000万円を超え、かつ、その年の12月31日においてその価額の合計額が3億円以上の財産又は合計額が1億円以上の国外転出特例対象財産（所法60の2①、②及び③の資産）を有する場合は、財産債務調書を所轄の税務署長に提出する必要があります[86]（内国税の適正な課

税の確保を図るための国外送金等に係る調書の提出等に関する法律6条の2①等)。

暗号資産（仮想通貨）は、資金決済法上、「代価の弁済のために不特定の者に対して使用することができ、かつ、不特定の者を相手方として購入及び売却を行うことができる財産的価値」(旧資金決済法2⑤一）とされていることから、暗号資産（仮想通貨）は上記の「その年の12月31日においてその価額の合計額が3億円以上の財産」の「財産」に該当することとなり、財産債務調書の提出の対象となります。

財産債務調書においては、暗号資産（仮想通貨）は、その他の財産という財産区分となり、種類別（BTC、ETH等)、用途別及び所在別に記載する必要があります。

また、財産債務調書には、価額も記載する必要がありますが、活発な市場が存在する暗号資産（仮想通貨）については、その年の12月31日の時価や見積り価額を記載し、活発な市場が存在しない暗号資産（仮想通貨）については、取得価額や売買実例などを基に合理的な方法により算定した価額を見積り価額として記載します。活発な市場が存在する暗号資産（仮想通貨）とは、暗号資産（仮想通貨）の取引所又は暗号資産（仮想通貨）の販売所で十分な数量と頻度で取引が行われていて、継続的に価格情報が提供されている場合の暗号資産（仮想通貨）をいい、その価額は、通常、暗号資産（仮想通貨）の取引所又は暗号資産（仮想通貨）の販売所が公表する12月31日の終値が用いられます。

86　国税庁HPタックスアンサー「No. 7457　財産債務調書の提出義務」(令和5年8月31日閲覧)

第4節

国外財産調書への記載の要否
（暗号資産（仮想通貨）のFAQ 7-3（45頁））（下線と強調は筆者）

［質疑応答全文］

問　国外の暗号資産取引所に暗号資産を保有しています。暗号資産は国外財産調書への記載の対象になりますか。

答　国外財産調書への記載の対象にはなりません。

暗号資産は、**国外送金等調書規則第12条第3項第6号の規定により、財産を有する方の住所（住所を有しない方にあっては、居所）の所在により「国外にある」かどうかを判定する財産に該当**します。また、国外財産調書は、居住者（国内に住所を有し、又は現在まで引き続いて1年以上居所を有する個人をいい、非永住者の方を除きます。）が提出することとされています。

したがって、居住者が国外の暗号資産取引所に保有する暗号資産は、「国外にある財産」とはなりませんので、国外財産調書への記載の対象にはならず、財産債務調書への記載の対象となります。詳しくは「7-1　財産債務調書への記載の要否」を参照してください。

［筆者解説］

非永住者以外の居住者は、その年の12月31日においてその価額の合計額が5,000万円を超える国外財産を有する場合には、その国外財産の種類、数量及び価額その他必要な事項を記載した国外財産調書をその翌年の3月15日までに所轄の税務署に提出する必要があります[87]（内国税の適正な課税の確保を図るための国外送金等に係る調書の提出等に関する法律5条（国外財産調書の提出）等）。

暗号資産（仮想通貨）は、内国税の適正な課税の確保を図るための国外送金等に係る調書の提出等に関する法律施行規則（以下「国外送金等調書規則」といいます。）12条3項6号（国外財産調書の記載事項等）により、「当該財産を有する者の住所（住所を有しない者にあっては、居所）の所在」によって国外財産の所在を判定することとされています。

このため、居住者が暗号資産（仮想通貨）を国外の暗号資産（仮想通貨）の取引所に有している場合には、その暗号資産（仮想通貨）は、国外財産調書の提出の対象とはなりません。国外の暗号資産取引所に保有する暗号資産（仮想通貨）は、国外送金等調書規則12条3項6号の規定により、財産を有する方の住所（住所を有しない方にあっては、居所）の所在により「国外にある」財産に該当するか否かを判断するからです。また、国外財産調書は、居住者（国内に住所を有し、又は現在まで引き続いて1年以上居所を有する個人をいい、非永住者の方を除きます。）が提出することとされています[88]。

87　国税庁HPタックスアンサー「No. 7456　国外財産調書の提出義務」（令和5年8月31日閲覧）
88　脚注87　国税庁HPタックスアンサー参照。

したがって、居住者が国外の暗号資産取引所に保有する暗号資産（仮想通貨）は、「国外にある財産」とはなりませんので、国外財産調書への記載の対象にはならないことに留意してください。

第2部

NFTの税務

第 **1** 章

NFT の所得税・法人税関係

この章では、NFT の FAQ に基づいて、NFT の所得税・法人税関係について説明します。

第 1 節

NFT を組成して第三者に譲渡した場合（一次流通）

(NFT の FAQ 1（3 頁））（下線と強調は筆者）

［質疑応答全文］

問 1　私は、**デジタルアートを制作し、そのデジタルアートを紐づけた NFT をマーケットプレイスを通じて第三者に有償で譲渡**しました。これにより、NFT を購入した第三者は、当該デジタルアートを閲覧することができるようになります。この場合の所得税の取扱いを教えてください。

(答)　デジタルアートを制作し、そのデジタルアートを紐づけた NFT を譲渡したことにより得た利益は、所得税の課税対象となります。

［解説］

○　所得税法における所得とは、収入等の形で新たに取得する経済的価値と解されており、ご質問の場合、収入等の形で新たに経済的価値を取得したと認められることから、所得税の課税対象となります。

○　ご質問の取引は、**「デジタルアートの閲覧に関する権利」の設定に係る取引に該当**し、当該取引から生じた所得は、雑所得（又は事業所得）に区分されます。

○　この場合の雑所得の金額は、次の算式で計算します。

［算式］

雑所得の金額＝NFT の譲渡収入－NFT に係る必要経費

（注 1）　NFT の譲渡収入をマーケットプレイス内で通貨として流通するトークンで受け取った場合には、そのトークンの時価が譲渡収入となります。

ただし、そのトークンが暗号資産などの財産的価値を有する資産と交換できないなどの理由により、時価の算定が困難な場合には、譲渡した NFT の市場価額（市場価額がない場合には、譲渡した NFT の売上原価等）をそのトークンの時価と取り扱って差し支えありません。

（注 2）　NFT に係る必要経費とは、NFT の譲渡収入を得るために必要な売上原価の額並びに販売費及び一般管理費の額などをいいます。

なお、NFT の売上原価は、その NFT を組成するために要した費用の額となり、デジタルアートの制作費は含まれません。
（注 3）　雑所得の金額が赤字の場合（損失が生じた場合）には、他の所得との損益通算はできません（雑所得内の通算は可能です。）。

［参考：法人税の取扱い］
○　法人がデジタルアートを制作して、そのデジタルアートを紐づけた NFT を譲渡して適正な対価を得た場合、所得税と同様、その譲渡をして得た利益は法人税の課税対象となります。この場合における法人の所得の金額の計算上、その譲渡の日を含む事業年度の益金の額に算入すべき金額は、その適正な対価の額となります。

［筆者解説］

〈「デジタルアートの閲覧に関する権利」の設定に係る取引とは何か〉

NFT の FAQ 1（3 頁）は、アート NFT を組成して第三者に譲渡する場合のその譲渡（一次流通）は、「デジタルアートの閲覧に関する権利」の設定に係る取引に該当し、当該取引から生じた所得は、雑所得又は事業所得に区分されることを明らかにしています。

NFT の FAQ 10（15 頁）では、「デジタルアートの閲覧に関する権利」とは、アート NFT を SNS のアイコンとして使用することを認めることについて著作権法 21 条に規定する複製権及び同法 23 条に規定する公衆送信権等に係る著作物の利用の許諾（著法 63）を受けることの対価の一部であることが明らかにされました。

この点について、泉絢也「NFT に関する国税庁 FAQ の注目点と問題点」（『税務弘報』71 巻 8 号 138 頁）は、「FAQ の問 10～問 12（源泉所得税と消費税に関するもの）では著作権法 63 条の利用許諾に係る取引であることが明記されていることも踏まえると、「**デジタルアートの閲覧に関する権利」という表現を使用している箇所は著作権者による利用の許諾が必要な行為ではないことを前提としている可能性が高い。**」（下線と強調は筆者）と議論しますが、根拠に欠け失当な議論です。NFT の FAQ という同一文書で異なる意味で「デジタルアートの閲覧に関する権利」を使って議論することは一般常識にも反していて、議論の目的がどこにあるかも不明です。

アート NFT の購入者は、必ずしもアート NFT を SNS のアイコンとして使用したり、HP に貼り付けたりするとは限りません。アート NFT の購入後、自分のパソコンにアート NFT を複製して眺めているだけの場合が多いので、その状態を「デジタルアートの閲覧に関する権利」の設定と表現し、著作権法 21 条に規定する複製権及び同法 23 条に規定する公衆送信権等に係る著作物の利用の許諾（著法 63）のうち、複製権（著法 21）の対価部分であることを説明していると考えられます。

そのような意味で、国税当局のアート NFT を組成して第三者に譲渡する場合のその譲渡（一次流通）は、「デジタルアートの閲覧に関する権利の設定」という説明そのものも極めて不適切で誤解を招く表現であり、著作権法又は租税法の著作権関係の規定に依拠して記述・説明するべきであり、速やかな改訂が必要です。

NFTのFAQ 1（3頁）では、わざわざ「デジタルアートを制作し、そのデジタルアートを紐づけたNFTをマーケットプレイスを通じて第三者に有償で譲渡」と説明し、デジタルアートの制作とデジタルアートを紐付けたアートNFTに係る取引は全く別の取引であることを説明しているところが重要です。

つまり、「NFTの売上原価は、そのNFTを組成するために要した費用の額となり、デジタルアートの制作費は含まれません。」とは、デジタルアセットであるNFTアート（アート作品）に係る取引であるデジタルアートの制作費とアートNFTに係る取引とは全く別物の取引であることから、デジタルアートの制作費は、アートNFTを組成するために要した費用に含まれず、アートNFTに係る取引の売上原価を構成しません。

図表1-1……デジタルアセットであるNFTアート（アート作品）とアートNFTの関係

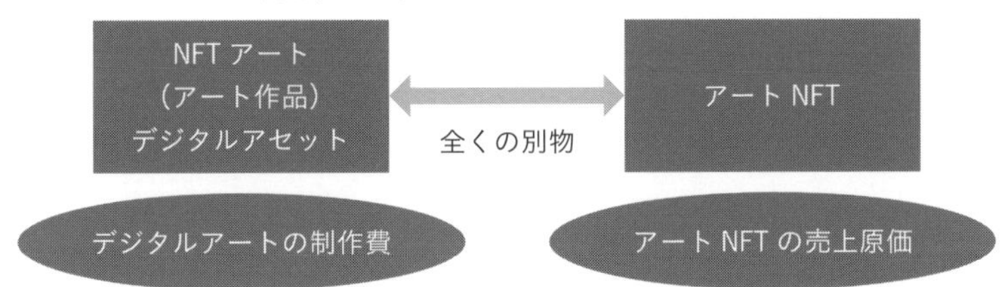

アートNFTに係る取引とは著作物の利用の許諾（著法63）のことであり、デジタルアセットであるNFTアート（アート作品）の譲渡である著作権の譲渡（著法61）とは全く別物であるという理解が重要になってきます。

〈混乱、錯綜するアートNFTに係る議論　その1　泉絢也＝藤本剛平の誤解〉

泉絢也＝藤本剛平は、「実物絵画をNFT化して譲渡する場合にも、同じように譲渡益非課税・譲渡損失無視の規定が適用されるのでしょうか。この点に関する国税庁の公式見解は出ていません。NFTを売買するといった場合に、関係当事者は、究極的にはその紐付いている資産や権利を売買の目的物、あるいは取引の対象として考えているという関係当事者の意思や、（ここは様々な議論があるのですが）**NFTの価値の源を考えると、NFTに紐付けられた資産や権利はNFTにおいて重要な要素であると思います。そうであれば、税金の取扱いを検討する際に、基本的には、66頁②のNFTに紐付けられた資産や権利に着目すべきです。**」[89]と述べています。（下線と強調は筆者）

どうやら、泉絢也＝藤本剛平は、アートNFTに係る取引と一緒にその制作の基になる、デジタルアセットであるNFTアート（アート作品）が一緒に取引されると誤解しているようです。しかしながら、そのようなことは実務的にほとんどあり得ませんし、仮にあったとしても、その情報をプラットフォーム事業者が市場に開示するとは限りません。

89　脚注29　泉絢也＝藤本剛平68・69頁参照。

アートNFTに係る取引が著作物の利用の許諾（著法63）であるのに対して、仮に、アートNFTの基になるデジタルアセットであるNFTアート（アート作品）を取引するとすれば、著作権の譲渡（著法61①）に該当します。

そして、泉絢也＝藤本剛平は、「国税庁「NFTに関する税務上の取扱いについて（FAQ）」の解説①」[90]において、「NFTの一次流通について、**資産（トークン）の譲渡という側面よりも、権利の設定という側面に着目**して、取扱いを定めていると思われること」「各NFTを取引する際の税金の関係を考えるに当たって、国税庁は、やはり、**NFTに紐づけられた資産ないし権利に着目するアプローチ**を採用することが想定されます。」等、従来の主張を繰り返し述べています。（下線と強調は筆者）

〈泉絢也＝藤本剛平の議論するアートNFTの着眼点〉

NFTに特有の税金上の取扱いを考える際に、NFTの取引のどこに着目すべきかという視点、具体的には、次の3つの着眼点を示しました。

① NFT
② NFTに紐づけられた資産（コンテンツを含む）ないし権利
③ NFTとこれに紐づけられた資産ないし権利に係る紐付けの態様

この事例の回答によれば、国税庁は少なくとも上記②に着目しています。（下線と強調は筆者）

国税庁が、質問にあるようなNFTの譲渡を、上記①のNFT、つまりトークンそのものの譲渡と見る立場を完全に否定しているかどうかはわかりません。

ただし、上記②について着目しているとするならば、NFTに紐づけられる資産ないし権利には様々なものが想定されるところ、各NFTを取引する際の税金の関係を考えるに当たって、国税庁は、やはり、NFTに紐づけられた資産ないし権利に着目するアプローチを採用することが想定されます。

これによって、FAQに記載されていないような種類のNFTの取引に係る税金について、今後、国税庁がどのような見解をもつかという点を予想しやすくなりました。

そもそも、「権利の設定」という用語は、「出版権の設定（著法79）」以外、租税法上の著作権関係の規定にはもちろん、著作権法にも存在しませんので、資産の譲渡に該当しないとされる「権利の設定」が何を指しているかが不明です。「各NFTを取引する際の税金の関係を考えるに当たって、国税庁は、やはり、NFTに紐づけられた資産ないし権利

90　泉絢也＝藤本剛平「国税庁「NFTに関する税務上の取扱いについて（FAQ）」の解説①」（令和5年8月31日閲覧）

に着目するアプローチを採用することが想定されます。」と従来の主張を繰り返していて、①デジタルアセットであるNFTアート（アート作品）である著作権の譲渡（著法61）と②アートNFTである著作物の利用の許諾（著法63）の混同という致命的な誤りが認められます。

アートNFTのFAQ1（3頁）の説明内容が全てではありませんが、まず、国税当局が何を言っているのかを十分に理解することは非常に重要なことです。この視点が欠けると、正しい答えが導けないばかりでなく、議論は混乱、錯綜するばかりです。

泉絢也＝藤本剛平は、「国税庁「NFTに関する税務上の取扱いについて（FAQ）」の解説①」において、次のように述べます。

〈泉絢也＝藤本剛平が議論する「デジタルアートの閲覧に関する権利」の意義〉

FAQの中に「デジタルアートの閲覧に関する権利」という表現が出てきます。通常のNFT取引で想定されている権利ではありませんので、違和感がありますが（もし閲覧が誰でもできるものであれば、それに関する権利や対価の支払というのは観念しがたい）、とりあえずスルーしておきましょう。

NFTのFAQの中で、**NFTの定義は最も重要な部分**であり、「デジタルアートの閲覧に関する権利」の設定はアートNFTに係る取引の中心的なものですから、スルーすることはできません。「デジタルアートの閲覧に関する権利」はHPやX（旧Twitter）に利用するアイコン等の著作物の利用の許諾（著法63）、著作権法21条に規定する複製権及び同法23条に規定する公衆送信権等に係る著作物の利用の許諾の対価の一部、つまり、アートNFTを購入・保有して自分のパソコン等で眺めているだけの状況を指します。

NFTのFAQ10（15頁）において、アートNFTに係る取引は著作権法21条に規定する複製権及び同法23条に規定する公衆送信権等に係る著作物の利用の許諾の対価であることが明らかにされ、SNSのアイコンに使用すること（NFTのFAQ10（15頁））を想定しているのは明らかです。

〈混乱、錯綜するアートNFTに係る議論　その2　大石篤史＝増田雅史＝間所光洋＝緒方航＝原田昴の誤謬〉

『NBL』に掲載された論文、大石篤史＝増田雅史＝間所光洋＝緒方航＝原田昴「私法上の法律関係に即した課税論から国税庁「NFTに関する税務上の取扱いについて」を読み解く」（『NBL』No. 1242　令和5年5月15日号）も泉絢也＝藤本剛平の議論が基礎になっていて、「NFTに紐づけられた私法上の権利義務」等NFTに紐付けられた資産や権利義務が重要であるという同様の前提で議論が展開されています。

「NFT取引の課税関係を検討する際の主要な着眼点としては、①税務上、NFTそのものを、（その背後に紐づけられた私法上の権利義務とは切り離された）固有の資産であることを前提にする取引としてみる捉え方と、②あくまでもNFTに紐づけられた私法上の権利義務に関する取引としてみる捉え方があり得る。」（大石篤史＝増田雅史＝間所光洋＝緒方航＝原田昴，p. 35, 2023）とした上で、②を支持していますが、「アートNFTに紐づけられた私法上の権利義務」とは、一体全体、何を指しているのでしょうか。

「回答の対象となっているNFT取引について、たとえば一次流通および二次流通のそれぞれを区分して「デジタルアートの閲覧に関する権利」の設定または譲渡であることを明記した上で、課税関係の異同を説明したり（問1および問4）、マーケットプレイスの利用上の権利義務関係を前提として課税関係を説明したり（問12）するなど、私法上の権利義務を前提に課税関係を検討している。」（大石篤史＝増田雅史＝間所光洋＝緒方航＝原田昴，p. 35, 2023）と記述している部分だけに焦点を当てれば、アートNFTを著作物の利用の許諾（著法63）と捉えているようにも考えられます。しかしながら、仮にそうであれば、「②あくまでもNFTに紐づけられた私法上の権利義務に関する取引としてみる捉え方があり得る。」（大石篤史＝増田雅史＝間所光洋＝緒方航＝原田昴，p. 35, 2023）とアートNFT取引と別の取引の議論する必要はありませんし、「①税務上、NFTそのものを、（その背後に紐づけられた私法上の権利義務とは切り離された）固有の資産であることを前提にする取引としてみる捉え方」（大石篤史＝増田雅史＝間所光洋＝緒方航＝原田昴，p. 35, 2023）と、わざわざアートNFTが固有の資産であることを強調する必要もありません。

大石篤史＝増田雅史＝間所光洋＝緒方航＝原田昴の議論する「NFTに紐づけられた私法上の権利義務」は、泉絢也＝藤本剛平が言うアート「NFTに紐づけられたNFT資産（コンテンツを含む）ないし権利」とは全く違うものを指しているようです。大石篤史＝増田雅史＝間所光洋＝緒方航＝原田昴は実質課税の原則を意識していて、それを「NFTに紐づけられた私法上の権利義務」と議論しているようです。泉絢也＝藤本剛平の議論に誤りがあることに気が付いたのがその理由のようですが、なぜ、「NFTに紐づけられた」と意図的に同一の表現を用いながら全く別の議論をしているのか強い疑念が残ります。

アートNFTに紐付けられた私法上の権利義務が何を指すのか、議論は混乱、錯綜するばかりです。**真摯に議論すべきは、アートNFTに係る取引の本質は何か、アートNFTに係る取引の実質を法律的に、租税法的にどのように考えるのかのはずです**。私、細川健は、長い間、税務の仕事をしていますが、「NFTに紐づけられた私法上の権利義務に関する取引」といった議論はこれまで聞いたことが一度もありません。

「（NFTの一次流通は、）権利の設定により生じる所得は譲渡所得ではなく、雑所得または事業所得に該当することになるが（問1）」（p. 36, 2023）と国税の議論に沿った議論をしながらも、「一度認定を受けた私法上の権利自体は譲渡可能な資産であるため、このような、権利に紐づけられたNFTの譲渡は譲渡所得に該当する（問4）」（p. 37, 2023）と「権利に紐づけられたNFT」という独自の議論をしていると考えられます。

アートNFTに係る取引の一次流通では著作物の利用の許諾（著法63）が締結され、二次流通で譲渡されているアートNFTに係る取引は、著作物の利用の許諾の利用権（著法

63③）に該当することは明らかであり、著作権法に依拠した議論をする必要があります。

〈アートNFTに係る取引とは何か（結論）〉

まず、著作権者であるデジタルアーティストによりオフチェーンにアップロードされるデジタルアセットであるNFTアート（アート作品）とアートNFTは全く違う性質のものであることをしっかりと認識しなくてはなりません。そして、アートNFTに係る取引の一次流通は、プラットフォーム事業者とアートNFT購入者との著作物の利用の許諾（著法63）に該当することから、資産の譲渡には該当しないことは明らかです。さらに、二次流通はアートNFT購入・転売者による著作物の利用許諾に係る利用権の譲渡（著法63③）であることを理由に、国税当局はそのごく一部を譲渡所得と認めたにすぎません。

アートNFTに係る取引の本質や実質をシンプルに議論するべきであり、「NFTに紐づけられた資産（コンテンツを含む）ないし権利」や「NFTに紐づけられた私法上の権利義務に関する取引」といった誤解、曲解を生む議論を根拠なしに展開するのは直ちにやめるべきです。

図表1-2……NFTアート（アート作品）とアートNFTの取引の概観図

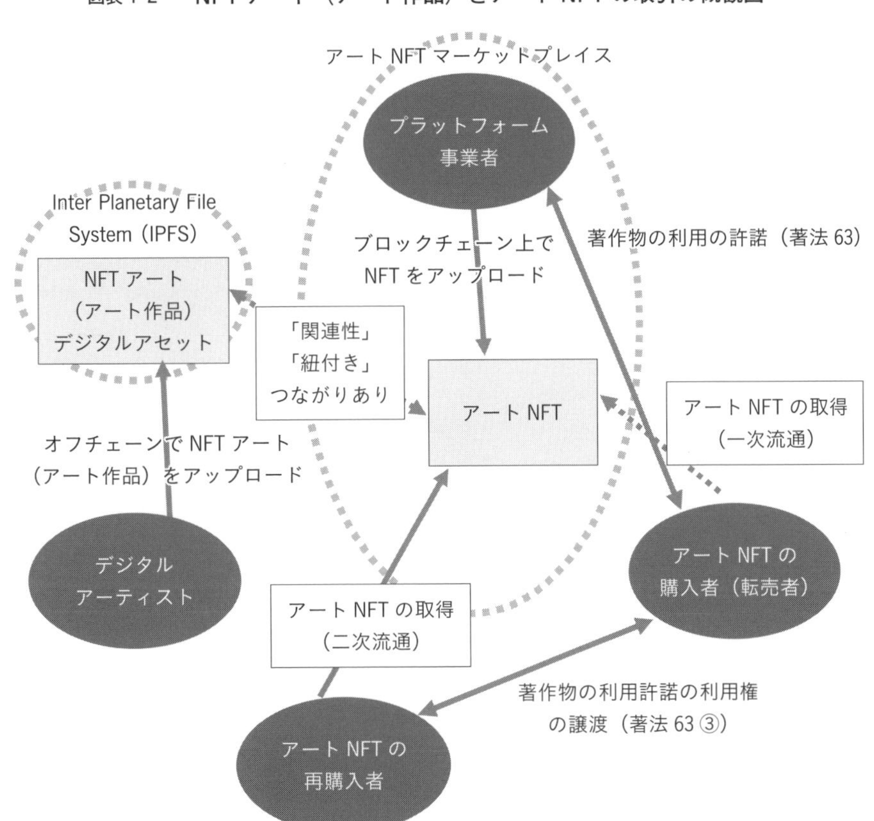

COLUMN

コラム 9

NFT とアート NFT の定義の難しさ

まず、NFT（Non-Fungible Token）とは、代替性のないトークンのことであって、唯一無二（非代替）のデジタルトークン（電子的証票）のことをいいます。ちなみに、代替性のあるトークンとは、1 万円札や千円札のような紙幣、証票、しるし等です。そして、NFT の FAQ においては、「NFT（Non-Fungible Token）とは、ブロックチェーン上で、デジタルデータに唯一の性質を付与して真贋性を担保する機能や、取引履歴を追跡できる機能をもつトークンをいいます。」と NFT をその機能に着目して定義していますが、法律では定義されていません。固有の価値や属性を持つ NFT はブロックチェーン上で取引され、オフィチェーンに保管されるデジタルコンテンツの希少性と資産性を担保します。

NFT の FAQ の NFT の定義は一般的なものにとどまっていて、著作権法や租税法の取扱いを考慮して作成されたものではありませんが、NFT の FAQ 1（3 頁）では、「(答）デジタルアートを制作し、そのデジタルアートを紐づけた NFT を譲渡したことにより得た利益は、所得税の課税対象となります。」と記述しています。なぜ「そのデジタルアートを紐づけた NFT」とデジタルアート（デジタルアセットである NFT アート（アート作品））とアート NFT の関連性を強調しているのかという根本的な疑問も湧いてきますが、デジタルアセットである NFT アート（アート作品）とアート NFT が明確に区分されていることは確認することができます。そういう意味では、実務的にほとんど存在しないデジタルアセットである NFT アート（アート作品）取引（著作権譲渡）とアート NFT 取引（著作物の利用の許諾の対価）との峻別が議論の出発点になるのは間違いありません。

アート NFT は、SNS 上でアイコンとして利用したり HP に貼り付けて使用したり保有・鑑賞して楽しんだりするのが基本ですが、著作物の利用の許諾を含む広い利用権という見方もできます。ゲームやメタバース等他のサービス内のアイテムとしても利用されています。さらに、保有者の投票権やチケットに係る権利や属性を表す、アート NFT には区分されない NFT も増えていることにも留意する必要があります。

コラム **10**

COLUMN

「デジタルアートの閲覧に関する権利」の設定に係る取引とは何か

国税庁はNFTのFAQを令和5年1月13日に発表し、関係者を大いに驚かせました。当時、SNSを中心に「No. 1525-2　NFTやFTを用いた取引を行った場合の課税関係」の解釈として、NFT取引は全て譲渡所得に該当する等根拠のない、誤った議論が急増していました。国税庁は、この状況に対応するために、とりわけ直前に迫った令和4年分確定申告事務に対応するために、新たな文書の作成と公表に追われることになり、急遽、NFTのFAQを発表したのです。

その中で、最も驚きを持って迎えられたのが、NFTのFAQ 1（3頁）の解説です。アートNFTを組成して第三者に譲渡した場合のその譲渡（一次流通）は、「「デジタルアートの閲覧に関する権利」の設定に係る取引に該当し、当該取引から生じた所得は、雑所得（又は事業所得）に区分されます。」としたことでした。

NFTのFAQ 1（3頁）の質問文においては、「デジタルアートを制作し、そのデジタルアートを紐づけたNFTをマーケットプレイスを通じて第三者に有償で譲渡しました。」と記述しており、デジタルアートの制作とアートNFT取引を全く別のものと捉えていることを確認することができ、これは妥当な見解だと思います。

しかしながら、国税当局が大慌てで発表したNFTのFAQ 1（3頁）には問題もあります。アートNFT取引を、なぜ「デジタルアートを紐づけたNFT」と記述したのか、そして、「「デジタルアートの閲覧に関する権利」の設定に係る取引」という、著作権法はもちろんのこと、租税法上の著作権関係の規定にも定義のない記述方法を用いたのかという根本的な疑問です。NFTのFAQ 10（15頁）では、「デジタルアートの閲覧に関する権利」とは、アートNFTをSNSのアイコンとして使用することを認めることによる複製権と公衆送信権等の対価の一部であることが明らかにされました。アートNFTを組成して第三者に譲渡した場合のその譲渡（一次流通）は、著作物の利用の許諾のうち複製権と公衆送信権等の許諾のことであり、ここに出てくる「権利の設定」という用語は、「出版権の設定」以外著作権法にも租税法上の著作権関係の規定にも存在しません。

重要なことは、アートNFTの購入者は、複製権と公衆送信権等の対価を払って取得したアートNFTを、必ずしもSNSのアイコンとして使用したり、ホームページに貼り付けたりするとは限らないという事実です。アートNFTの購入後、アートNFTを自分のパソコンやスマートフォンに複製して眺めているだけの場合が多いので、その状態を「デジタルアートの閲覧に関する権利」の設定と表現し、複製権と公衆送信権等に係る著作物の利用の許諾のうち、複製権の対価部分のみであることを説明していると考えられます。

コラム 11

COLUMN

混乱、錯綜するアートNFTに係る議論
―NFTに紐付けられた資産(コンテンツを含む)ないし権利と私法上の権利義務とは何か―

暗号資産とNFTの税務の議論の重要な論点に、NFTに紐付けられた資産（コンテンツを含む）ないし権利と私法上の権利義務とは何かがあります。

国税庁はNFTのFAQを公表し、「NFT（Non-Fungible Token）とは、ブロックチェーン上で、デジタルデータに唯一の性質を付与して真贋性を担保する機能や、取引履歴を追跡できる機能をもつトークンをいいます。」として、その機能に着目してNFTを定義していますが、一般的な定義にすぎず、著作権法や租税法は考慮されていません。

アートNFTは、ブロックチェーン上にアップロードされ、オープンシー（OpenSea）に代表されるプラットフォーム事業者を通じて売買されます。そして、デジタルアーティストによりオフチェーンにアップロードされ、アートNFT制作の基になるのがデジタルアセットであるNFTアート（アート作品）です。

アートNFTに係る取引と一緒にその制作の基になるNFTアートが一緒に取引されると誤解している泉絢也＝藤本剛平の議論があります。しかしながら、そのようなことは実務的にほとんどあり得ませんし、仮にあったとしても、プラットフォーム事業者がその情報を市場に開示するとは限りません。

アートNFTに係る取引が著作物の利用の許諾であるのに対して、仮に、NFT制作の基になるNFTアート（アート作品）を取引するとすれば、それは著作権の譲渡に該当します。「NFTに紐づけられた取引」という議論には、NFT制作の基になるNFTアート（アート作品）の著作権の譲渡とアートNFTである著作物の利用の許諾の混同という致命的な誤りが含まれていて、資産の譲渡に適用される所得税法40条の適用関係でその議論は破綻します。

その一方で、「NFTに紐づけられた私法上の権利義務」という類似した議論も存在します。私法上の権利義務はアートNFTに紐付けられたその制作の基になるNFTアート（アート作品）とは全く別のものを指していて、アートNFT取引と一緒にその制作の基になるNFTアートが一緒に取引されるという議論に誤りがあることに気が付いたのがその理由のようです。どうやら、実質課税の話を意識して「NFTに紐づけられた私法上の権利義務」と議論しているのですが、なぜ、「NFTに紐づけられた」と意図的に同一の表現を用いながら全く別の議論をしているのか、強い疑念が残ります。

「NFTに紐づけられた資産（コンテンツを含む）ないし権利」や「NFTに紐づけられた私法上の権利義務」が何を指すのか、議論は混乱、錯綜するばかりです。真摯に議論すべきは、アートNFT取引の本質は何か、アートNFT取引の実質を法律的に、税法的にどのように考えるのかのはずです。

アートNFT取引の本質や実質を真摯に議論するべきであり、NFTに紐付けられた資産（コンテンツを含む）、NFTに紐付けられた権利や私法上の権利義務を根拠なしに主張、議論をするのは直ちにやめるべきです。

第2節
NFTを組成して知人に贈与した場合（一次流通）
(NFTのFAQ2（5頁))

[質疑応答全文]

問2　私は、デジタルアートを制作し、そのデジタルアートを紐づけたNFTを知人に無償で贈与しました。これにより、当該知人は、当該デジタルアートを閲覧することができるようになります。この場合の所得税の取扱いを教えてください。

(答)　デジタルアートを制作し、そのデジタルアートを紐づけたNFTを知人に贈与しても、所得税の課税関係は生じません。

[解説]

○　所得税法における所得とは、収入等の形で新たに取得する経済的価値と解されており、ご質問の場合、収入等の形で新たに経済的価値を取得したと認められないことから、所得税の課税関係は生じません。

(注) NFTの贈与を受けた場合の贈与税の課税関係については、問9をご参照ください。

[参考：法人税の取扱い]

○　法人が、デジタルアートを制作して、そのデジタルアートを紐づけたNFTを贈与した場合、法人税の課税対象となります。この場合、法人の所得の金額の計算上、当該事業年度の益金の額に算入すべき金額は、そのNFTの贈与の時における価額（時価）となります。

○　なお、その贈与は法人税法上寄附となりますので、寄附金の額となるそのNFTの贈与の時における価額（時価）のうち法人税法の規定により計算した一定の金額を超える金額は、法人の所得の金額の計算上、損金の額に算入されません。

[筆者解説]

NFTのFAQ 2（5頁）は、アートNFTを組成して知人に贈与した場合のその譲渡（一次流通）は、アートNFTに「収入等の形で新たに経済的価値を取得したと認められない」ことを理由に所得税の対象にならないことを説明しています。その一方で、アートNFTを法人が贈与した場合は、「収入等の形で新たに経済的価値を取得したと認められない」としても益金の額（法法22②）に算入され、寄附金（法法37）の対象になると説明しています。

個人がアートNFTを組成して個人に贈与した場合には、所得税ではなく贈与税の対象になり、贈与者ではなく受贈者に贈与税が課税されるものと考えられ、贈与税の性質から贈与者に課税関係が生じないと考えられます。

暗号資産（仮想通貨）の低額（無償）譲渡等は譲渡者に対する所得税法40条の受贈者への贈与税の適用関係を中心に考える（第1部　第2章　第8節参照のこと）のに対して、NFTの無償譲渡は受贈者への贈与税の適用の有無のみを中心に考えます。

それ以外に、個人が法人にアートNFTを贈与した場合や法人が個人にアートNFTを贈与した場合と法人が法人にアートNFTを贈与した場合の課税関係をまとめると次の図表のようになります。

図表1-3……アートNFTに適用される、贈与税と法人税の構造の相違

贈与者	受贈者	課税関係
個人	個人	贈与者には課税は生じないが、受贈者には贈与税が課税される
個人	法人	贈与者には無償又は低額（時価の2分の1未満）で譲渡した場合はみなし譲渡課税（所法59①、所基通59-6）、受贈者には法人税が課税される（受贈益）
法人	個人	贈与者には寄附金課税、受贈者には一時所得により所得税が課税される
法人	法人	贈与者には寄附金課税、受贈者には法人税が課税される（受贈益）

- 個人がアートNFTを組成して知人（個人）に贈与した場合のその譲渡（一次流通）は、アートNFTに「収入等の形で新たに経済的価値を取得したと認められないこと」を理由に贈与者は所得税の対象にならないことを説明
- 贈与者が法人、受贈者が個人の場合の贈与は、一時所得該当（「法人からの贈与により取得する金品（業務に関して受けるもの及び継続的に受けるものを除く。）」）（所基通34-1(5)）

第3節
非居住者がNFTを組成して、日本のマーケットプレイスで譲渡した場合（一次流通）（NFTのFAQ 3（6頁））

[質疑応答全文]

問3　私は、アメリカに居住する非居住者です。今般、デジタルアートを制作し、そのデジタルアートを紐づけたNFTを日本のマーケットプレイスを通じて第三者に有償で譲渡しました。これにより、当該第三者は、当該デジタルアートを閲覧することができるようになります。この場合の所得税の取扱いを教えてください。

(答)　非居住者の方が、日本のマーケットプレイスでNFTを売却したとしても、原則として、日本の所得税の課税対象となりません。

[解説]

○　日本の所得税では、日本に居住する方は、全世界で稼得した所得が課税対象となり、日本に居住していない方（非居住者）は、日本で発生した所得（国内源泉所得）が課税対象となります。

○　ご質問の取引は、「デジタルアートの閲覧に関する権利」の設定に係る取引に該当し、当該取引から生じた所得は、原則として、国内源泉所得に該当せず、所得税の課税対象となりません。

（注）著作権に係る取引についての源泉所得税の取扱いについては、問10を参照ください。

[筆者解説]

NFTのFAQ 3（6頁）では、「非居住者の方が、日本のマーケットプレイスでNFTを売却したとしても、原則として、日本の所得税の課税対象となりません。」と説明していますが、その理由が詳しく記述されていません。

まず、所得税法161条1項2号に規定される「国内にある資産の運用又は保有により生ずる所得（8号から16号までに該当するものを除く。）」に該当するか否かが問題になります。そもそも、「国内にある資産」、つまり、「国内にあるアートNFT」をどのように考えるかということです。同様の議論は、暗号資産（仮想通貨）についても存在しますが、暗号資産（仮想通貨）については国内及び国外の暗号資産（仮想通貨）の取引所と暗号資産（仮想通貨）の交換所は区分され、国内の暗号資産（仮想通貨）の取引所と暗号資産（仮想通貨）の交換所での取引は国内源泉所得とされています。

次に、所得税法161条1項3号に規定される「国内にある資産の譲渡により生ずる所得として政令で定めるもの」は所得税法施行令281条に規定されている「国内にある資産の譲渡により生ずる所得」として限定列挙されていて、非居住者が譲渡するアートNFTは所得税法施行令281条に該当しないことは明らかです。

アートNFTは「「デジタルアートの閲覧に関する権利」の設定に係る取引に該当し、」（NFTのFAQ 1（3頁））と説明していますが、購入したNFTに係るデジタルアートを

SNSのアイコンに使用することについては、複製権（著法21）及び公衆送信権等（著法23）に係る著作物の利用の許諾の対価（著法63）と考えられます（NFTのFAQ 10（15頁））。

したがって、非居住者が著作物の利用の許諾（著法63）をして対価を受け取る場合、日本のマーケットプレイスで取引されるアートNFTは、原則として、日本の著作権法の保護の対象になり、アートNFTは著作物の利用の許諾（著法63）の対価と考えられ、国内源泉所得である著作権の使用料（所法161①11ロ）に該当すると考えられます。

仮に、アメリカに居住する非居住者が日本に恒久的施設（PE）を持たない海外のマーケットプレイスで著作物の利用の許諾をしたとすれば、原則として、それは日本の著作権法の保護の対象外になります。その一方で、①日本に恒久的施設（PE）のある海外のマーケットプレイスや②日本国内のマーケットプレイスで著作物の利用の許諾（著法63）をして対価を収受すれば、使用地主義に照らして、国内源泉所得である著作権の使用料（所法161①11ロ）に基本的に該当すると考えられます。

以上の議論を図表にすると次のように表せます。

図表1-4……国内と国外のマーケットプレイスと国内源泉所得の関係

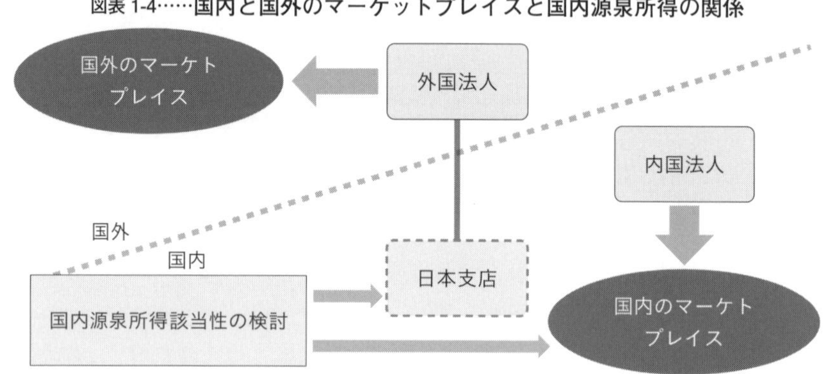

NFTのFAQ3（6頁）が、日本のマーケットプレイスにおけるアートNFTの売却が、なぜ、原則として、国内源泉所得に該当しないと考えられているのかは理由が記述されていませんが、①アメリカに居住する非居住者が売却するアートNFTはアメリカの著作物の利用の許諾の対価なので、アメリカの著作権によって保護されていて、日本の著作権法の保護の対象にならず、国内源泉所得である著作権の使用料（所法161①11ロ）には該当しない、又は②著作権者がアメリカに居住する非居住者なので、日米租税条約12条の適用により、著作権の使用料（所法161①11ロ）は課税されないと考えている可能性があります。

いずれにせよ、著作権の使用料（所法161①11ロ）が日米租税条約12条の適用により課税されないことや他の租税条約の適用により使用地主義が債務者主義に読み替えられる論点、内国法人のマーケットプレイスや日本に恒久的施設（PE）を有する外国法人のマーケットプレイスにおける著作権の使用料（所法161①11ロ）の国内源泉所得該当性を考慮する必要があります。マーケットプレイスの地理的考慮の必要性は国内外の暗号資産（仮想通貨）取引所の議論と比較すると明らかです。さらには、所得税法204条の源泉徴収義務者の範囲の議論と所得税法161条1項11号ロの著作権の使用料の定義の議論もあります。

アートNFTに係る取引が著作権の使用料（所法161①11ロ）に該当するかについては、「第10節　NFTの所得税法上の取扱い」で詳細に説明します。

以上の説明を図表にすると次のようになります。

図表1-5……所得税法204条と161条1項11号ロ（著作権の使用料）

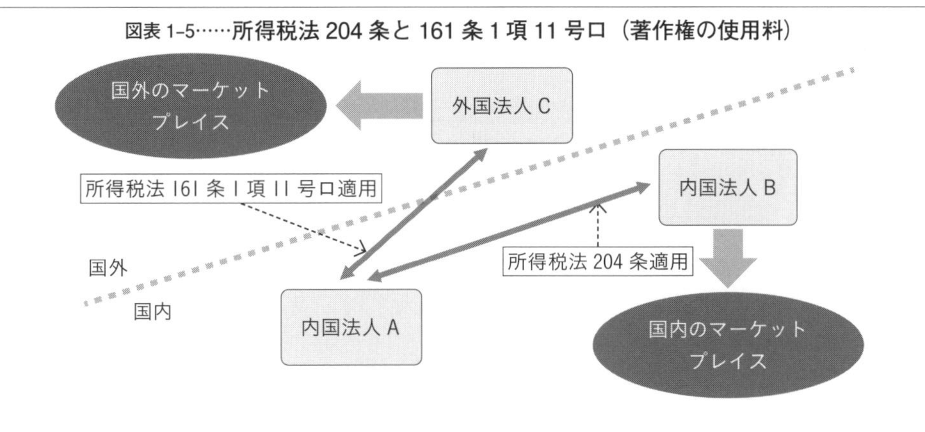

図表1-6……国内と国外の暗号資産（仮想通貨）取引所と国内源泉所得の関係

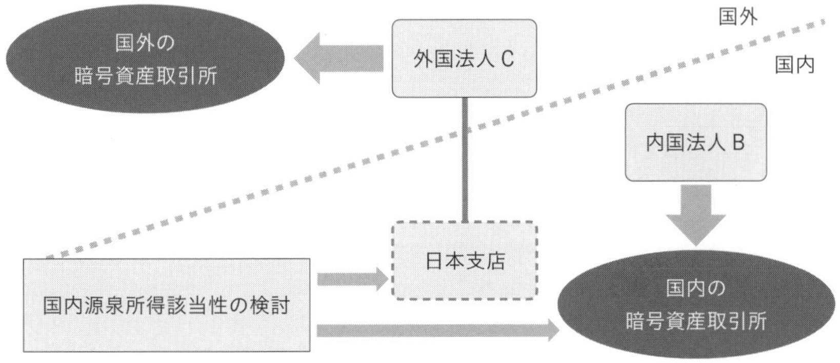

国外
国内
国外の暗号資産取引所
外国法人C
内国法人B
日本支店
国内源泉所得該当性の検討
国内の暗号資産取引所

第4節

購入したNFTを第三者に転売した場合（二次流通）
（NFTのFAQ 4（7頁））

[質疑応答全文]

問4　私は、デジタルアートの制作者からデジタルアートを紐づけたNFTを購入し、当該デジタルアートを閲覧することができました。今般、マーケットプレイスを通じて、当該NFTを第三者に有償で転売しました。これにより、私が有していた「デジタルアートの閲覧に関する権利」は、第三者に移転することになります。この場合の所得税の取扱いを教えてください。

（答）　デジタルアートを紐づけたNFTを転売したことにより得た利益は、所得税の課税対象となります。

[解説]

○　所得税法における所得とは、収入等の形で新たに取得する経済的価値と解されており、ご質問の場合、収入等の形で新たに経済的価値を取得したと認められることから、所得税の課税対象となります。

○　ご質問の取引は、「デジタルアートの閲覧に関する権利」の譲渡に該当し、当該取引から生じた所得は、譲渡所得に区分されることになります。

（注）その NFT の譲渡が、棚卸資産若しくは準棚卸資産の譲渡又は営利を目的として継続的に行なわれる資産の譲渡に該当する場合には、事業所得又は雑所得に区分されます。

○　この場合の譲渡所得の金額は、次の算式で計算します。

[算式]

譲渡所得の金額＝NFTの転売収入－NFTの取得費－NFTの譲渡費用－特別控除額

（注1）NFTの転売収入をマーケットプレイス内の通貨として流通するトークンで受け取った場合には、そのトークンの時価が転売収入となります。
　ただし、そのトークンが暗号資産などの財産的価値を有する資産と交換できないなどの理由により、時価の算定が困難な場合には、転売したNFTの市場価額（市場価額がない場合には、転売したNFTの取得費等）をそのトークンの時価と取り扱って差し支えありません。

（注2）NFTの取得費とは、そのNFTの購入代価と購入の際に要した費用の合計額となります。

（注3）NFTの譲渡費用とは、譲渡に要した費用の額をいいます。

（注4）総合課税の譲渡所得の特別控除の額は50万円です。
　なお、譲渡益（譲渡収入から取得費及び譲渡費用を差し引いた後の金額）が50万円以下のときは、その金額までしか控除できません。

（注5）譲渡所得の金額が赤字となった場合（損失が生じた場合）には、他の所得との損益通算が可能です。ただし、そのNFTが主として趣味、娯楽、保養又は鑑賞の目的で所有していたものである場合には、他の所得との損益通算はできません（総合譲渡所得内の通算は可能です。）。

[参考：法人税の取扱い]

○　法人が、購入したデジタルアートを紐づけたNFTを適正な対価を得て転売した場合、所得税と同様、その転売をして得た利益は法人税の課税対象となります。この場合における法人の所得の金額の計算上、その転売をした日を含む事業年度の益金の額に算入すべき金額は、その適正な対価の額となります。

[筆者解説]

令和5年1月13日に公表されたNFTのFAQ 4（7頁）においては、アートNFTを「デジタルアートの閲覧に関する権利」と定義した上で、個人が購入したアートNFTを第三者に転売した場合その転売（二次流通）に係る所得は、総合課税の譲渡所得に区分されることが明らかにされました。

アートNFTに係る取引は著作物の利用の許諾（著法63）と考えられ、アートNFTの二次流通に係る所得は、著作物の利用の許諾に係る利用権の譲渡（著法63③）と考えられます。

この二次流通に係る所得は、総合課税の譲渡所得に該当するとすれば、50万円までは特別控除があるので課税されません。アートNFTの所有期間が5年を超えていれば長期の総合課税の譲渡所得、5年以下であれば短期の総合課税の譲渡所得に区分されます。総合課税の譲渡所得であれば、50万円までは特別控除があるので課税されません。長期の総合課税の譲渡所得の場合は、アートNFTの譲渡金額からその取得価額と譲渡費用を差し引き、50万円の特別控除額を控除した後の金額の2分の1が課税対象になります（所法22②二、33）。

・長期の総合課税の譲渡所得
　＝（譲渡金額－取得価額－譲渡費用－50万円の特別控除）×1／2
・短期の総合課税の譲渡所得
　＝（譲渡金額－取得価額－譲渡費用－50万円の特別控除）

ただし、「（注）そのNFTの譲渡が、棚卸資産若しくは準棚卸資産の譲渡又は営利を目的として継続的に行なわれる資産の譲渡に該当する場合には、事業所得又は雑所得に区分されます。」と記述されていることに十分に留意してください。

「営利を目的として継続的に行なわれる資産の譲渡」が何を指すのかは、**その所得を得るための活動の規模が事業規模に至らない程度、かつ、業務に至る程度の営利性と継続性のある資産の譲渡**という以外は、今のところ内容が不明確ですが、**ある程度の営利性と継続性を満たせば業務に係る雑所得に区分**され、譲渡所得には区分されないと考えられます。

したがって、一般のアートNFT投資家の多くは、営利を目的として継続的にアートNFTの売買を繰り返しているので、「営利を目的として継続的に行なわれる資産の譲渡」に区分され、その他雑所得ではなく、業務に係る雑所得に区分されると考えられます。

つまり、個人が購入したアートNFTを第三者に転売した場合、その転売（二次流通）に係る所得の大部分は雑所得又は事業所得に区分され、**①単発で購入したアートNFTが偶発的に値上がりして売却した場合や、②塩漬けされていた長期保有のアートNFTがたまたま値上がりしていて清算した場合以外は譲渡所得に該当しないものと考えられます**。

以上の説明を図表にすると、次のようになります。

図表 1-7……営利を目的として継続的に行われる売買の程度の高低と所得区分

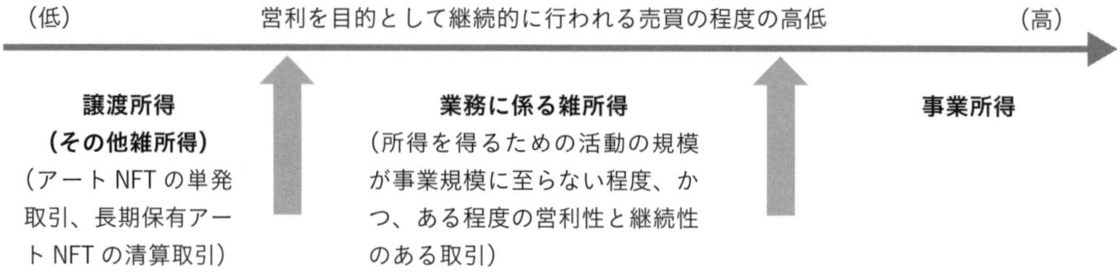

(低)　営利を目的として継続的に行われる売買の程度の高低　(高)

譲渡所得 (その他雑所得)	業務に係る雑所得	事業所得
(アート NFT の単発取引、長期保有アート NFT の清算取引)	(所得を得るための活動の規模が事業規模に至らない程度、かつ、ある程度の営利性と継続性のある取引)	

コラム 12

アート NFT を第三者に転売（二次流通）すると全て譲渡所得になるのか

COLUMN

国税庁は、NFT の FAQ において、アート NFT を「デジタルアートの閲覧に関する権利」と定義した上で、個人が購入したアート NFT を第三者に転売した場合、その転売（二次流通）に係る所得は原則として総合課税の譲渡所得に区分されることを明らかにしました。

これを読んで小躍りした弁護士や税理士は大勢いたのではないかと思います。

しかしながら、ここからが大事なところです。ただし、「（注）その NFT の譲渡が、棚卸資産若しくは準棚卸資産の譲渡又は営利を目的として継続的に行なわれる資産の譲渡に該当する場合には、事業所得又は雑所得に区分されます。」と記述されていることに留意してください。

アート NFT 取引の一次流通は著作物の利用の許諾と考えられるのに対し、アート NFT の二次流通所得は、著作物の利用の許諾に係る利用権の譲渡と考えられます。著作物の利用の許諾に係る利用権の譲渡イコール譲渡所得ではないところが重要です。

この二次流通所得は、仮に、アート NFT の譲渡損益が譲渡所得に該当すれば、50 万円までは特別控除により課税されません。50 万円を超えた部分については、その保有期間が 5 年以下であれば総合課税の短期の譲渡所得に区分され、5 年超であれば総合課税の長期の譲渡所得に区分され 2 分の 1 が課税対象になることから、納税者に有利です。

「営利を目的として継続的に行なわれる資産の譲渡」が何を指すのかは、その所得を得るための活動の規模が事業規模に至らない程度、かつ、業務に至る程度の営利性と継続性のある資産の譲渡という以外は、今のところ内容が不明確です。ある程度の営利性と継続性を満たせば業務に係る雑所得に区分され、譲渡所得には区分されないと考えられます。

したがって、アート NFT 購入者（保有者）の多くは、営利を目的として継続的にアート NFT の売買を繰り返しているので、「営利を目的として継続的に行なわれる資産の譲渡」に区分され、その他雑所得ではなく、業務に係る雑所得に区分されると考えられます。

つまり、個人が購入したアート NFT を第三者に転売した場合、その転売（二次流通）所得の大部分は雑所得又は事業所得に区分され、購入したアート NFT が偶発的に値上がりして単発的に売却した場合や、塩漬けされていた長期保有のアート NFT を清算のために売却した場合以外は譲渡所得に該当しないものと考えられます。

アート NFT の二次流通所得は全て譲渡所得と SNS 等で言い切る弁護士、税理士は専門家としての責任感に欠けています。せっかく国税当局が文書を出してくれているのですから、しっかりと NFT の FAQ を読み解いて、国税当局の見解を明解にする必要があります。国税当局の考え方が全てではありませんが、自己主張だけを SNS 上で根拠なく垂れ流すのは弁護士、税理士の仕事ではありません。

コラム **13**

COLUMN

アートNFTとは何か。そしてその租税法上の取扱いについて

アートNFTとは何かを明らかにするには、アートNFT取引の一次流通と二次流通の法律的性質をそれぞれ明らかにして、それぞれの租税法上の取扱いを明確にする必要があります。ここで大事なことは、著作権の譲渡と著作物の利用の許諾との峻別であり、日本で実務的に用いられるのは大部分が著作物の利用の許諾であり、著作権の譲渡はほとんど使われていないことに留意してください。

国税庁はNFTのFAQにおいて、「NFT（Non-Fungible Token）とは、ブロックチェーン上で、デジタルデータに唯一の性質を付与して真贋性を担保する機能や、取引履歴を追跡できる機能をもつトークンをいいます。」とNFTを定義していますが、この定義は著作権法や租税法を考慮したものではありません。

そして、NFTのFAQ 1（3頁）の解説において、アートNFTを譲渡した場合（一次流通）は、「デジタルアートの閲覧に関する権利」の設定に係る取引に該当し、当該取引から生じた所得は、雑所得又は事業所得に区分されることを明らかにしています。

アートNFTの一次流通は著作物の利用の許諾と考えられるのに対し、アートNFTの二次流通は著作物の利用の許諾に係る利用権の譲渡と考えられます。著作物の利用の許諾に係る利用権の譲渡イコール著作権の譲渡ではないので、著作物の利用の許諾に係る利用権の譲渡は、その全てが譲渡所得に該当するわけではないところが重要です。

アートNFTを譲渡した場合（一次流通）は、「デジタルアートの閲覧に関する権利」の設定に係る取引に該当する（NFTのFAQ 1（3頁））と説明されますが、購入したNFTに係るデジタルアートをSNSのアイコンに使用することについては、複製権と公衆送信権等に係る著作物の利用の許諾の対価と考えられます（NFTのFAQ 10（15頁））。

そして、アートNFTの購入者が必ずしもアートNFTをSNSのアイコンとして使用したりHPに貼り付けたりするとは限りません。アートNFTの購入後、自分のパソコンにアートNFTを複製して眺めているだけの場合が多いので、国税当局はその状態を「デジタルアートの閲覧に関する権利」の設定と表現していると考えられます。

アートNFTの一次流通は著作物の利用の許諾と考えられるので「資産の譲渡」に該当しないことは明らかです。

それに対して、NFTのFAQ 12（19頁）の解説では、アートNFTの二次流通は著作物の利用の許諾に係る利用権の譲渡であり、著作権等自体の譲渡ではなく、また、著作物の利用許諾（筆者注：NFTのFAQでは「著作権の利用許諾」となっていますが「著作物の利用許諾」の誤りと考えられます。）を行うものでもないと説明しています。したがって、アートNFTの二次流通も著作権の譲渡にも著作物の利用の許諾にも該当しないことが重要な論点です。

結論として、国税当局は、アートNFTの単発取引や塩漬けになっていたアートNFTを清算する取引に係る所得を譲渡所得と認めたにすぎず、それ以外の大部分は雑所得又は事業所得に区分されるところが重要です。

第5節

第三者の不正アクセスにより購入したNFTが消失した場合
(NFTのFAQ 5（9頁）)

[質疑応答全文]

問5　私は、デジタルアートの制作者からデジタルアートを紐づけたNFTを購入し、当該デジタルアートを閲覧することができました。今般、第三者の不正アクセスにより、購入したNFTが消失しました。この場合の所得税の取扱いを教えてください。

(答)　第三者の不正アクセスにより、購入したNFTが消失した場合の所得税の取扱いは、次のとおりです。

・そのNFTが生活に通常必要でない資産や事業用資産等に該当せず、かつ、そのNFTの消失が、盗難等に該当する場合には、雑損控除の対象となります。
・そのNFTが事業用資産等に該当する場合には、その損失について、事業所得又は雑所得の金額の計算上、必要経費に算入することができます。

[解説]

(雑損控除)

○　所得税法上、災害又は盗難若しくは横領によって資産（生活に通常必要でない資産及び棚卸資産等を除きます。）に損失が生じた場合の当該損失については、雑損控除の対象とされています。

○　したがって、第三者の不正アクセスが盗難等に該当し、かつ、そのNFTが生活に通常必要でない資産又は事業用資産等に該当しない場合には、そのNFTの消失に係る損失は、雑損控除の対象となります。

(注1) 生活に通常必要でない資産とは、次の資産をいいます。
　① 競走馬その他射こう的行為の手段となる動産
　② 主として趣味、娯楽、保養又は鑑賞の目的で所有する資産
　③ 貴金属、書画、美術工芸品などで30万円を超える動産

(注2) 事業用資産等とは、棚卸資産又は業務の用に供される資産（繰延資産のうち必要経費に算入されていない部分を含みます。）及び山林をいいます。

(注3) 損失の額は、そのNFTが消失した時点の時価となります。
なお、時価が分からない場合には、そのNFTの購入金額として差し支えありません。

(必要経費)

○　所得税法上、事業用資産等の損失については、事業所得又は雑所得の金額の計算上、必要経費に算入することができます。

(注) 必要経費算入額は、そのNFTの帳簿価額となります。

[筆者解説]

FAQ 5（9頁）は、第三者の不正アクセスにより購入したアートNFTが消失した場合、アートNFTが生活に通常必要でない資産又は事業用資産等に該当しない場合には、災害又は盗難若しくは横領によって資産に損失が生じた場合の横領に該当することから、雑損控除の対象になると説明しています。

「貴金属、書画、美術工芸品などで30万円を超える動産」は生活に通常必要でない資産に区分されているので、アートNFTのうち、取得価額が30万円超のものは、横領による雑損控除の対象にならないことになります。

国税庁HPタックスアンサー「No. 1110　災害や盗難などで資産に損害を受けたとき（雑損控除）」には、「「生活に通常必要でない資産」とは、例えば、別荘など趣味、娯楽、保養または鑑賞の目的で保有する不動産（平成26年4月1日以後は同じ目的で保有する不動産以外の資産（ゴルフ会員権など）も含まれます。）や貴金属（製品）や書画、骨董など1個または1組の価額が30万円超のものなど生活に通常必要でない動産をいいます。」と説明しています。そして、「損害の原因」は「次のいずれかの場合に限られます。」と説明しています。

〈雑損控除に該当する損害の原因〉

(1)　震災、風水害、冷害、雪害、落雷など自然現象の異変による災害

(2)　火災、火薬類の爆発など人為による異常な災害

(3)　害虫などの生物による異常な災害

(4)　盗難

(5)　横領

なお、詐欺や恐喝の場合には、雑損控除は受けられません。

したがって、アートNFTのうち、取得価額が30万円超のものは、横領等による雑損控除の対象になりません。

なお、詐欺による損失は、雑損控除が「災害又は盗難若しくは横領」により生じた損失を対象としていることから、そもそも雑損控除の対象にはなりません[91]。

したがって、詐欺や恐喝の場合に雑損控除が受けられないのは明らかですが、詐欺や恐喝による損失が損失控除の対象にならないということだけで、議論が終了する傾向にあります。

しかしながら、詐欺による損失が所得税法上の必要経費に全く認められないわけではないと考えます。①詐欺の証拠等が立証可能であり、②現実的に回収可能性がない場合には、③詐欺による損失は雑損控除の対象としては認められないとしても、所得税法上の損失として認められる場合もあると考えられ、十分な検討が必要です。

91　国税庁HP／質疑応答事例／所得税／詐欺による損失

第６節
役務提供の対価として取引先が発行するトークンを取得した場合
(NFTのFAQ6（10頁))

[質疑応答全文]

問６　私は、役務提供の対価として、取引先の法人が発行するトークンを取得しました。このトークンは、取引先が販売する商品の購入する際に使用することができます。この場合の所得税の取扱いを教えてください。

(答)　役務提供の対価として取引先の法人が発行するトークンを取得した場合、所得税の課税対象となります。

[解説]

○　所得税法における所得とは、収入等の形で新たに取得する経済的価値と解されており、ご質問の場合、収入等の形で新たに経済的価値を取得したと認められることから、所得税の課税対象となります。

○　役務提供の対価に係る所得区分は、次のとおりです。

・請負契約その他これに類する契約の場合は、事業所得又は雑所得に区分されます。

・雇用契約その他これに類する契約の場合は、給与所得に区分されます。

（注）役務提供の対価の額は、そのトークンの時価となります。ただし、そのトークンが暗号資産などの財産的価値を有する資産と交換できないなどの理由により、時価の算定が困難な場合には、契約などによって定められた役務提供の対価の額を、そのトークンの時価と取り扱って差し支えありません。

[筆者解説]

FAQ６(10頁)で述べている役務提供の対価として取得するトークンとは、暗号資産（仮想通貨）又はアートNFTを指すと考えられます。

FAQ６（10頁）は、役務提供の対価として暗号資産（仮想通貨）又はアートNFTを取得した場合は、①請負契約等に基づくときは事業所得又は雑所得、②雇用契約等に基づくときは給与所得に区分されるとし、役務提供の時のトークンの時価が対価になることを説明しています。

役務提供の対価として取得したトークンの時価の算定が困難な場合は、契約などによって定められた対価の額を、そのトークンの時価と取り扱うことも認められています。

第7節
商品の購入の際に購入先が発行するトークンを取得した場合
(NFTのFAQ 7（11頁))

[質疑応答全文]

問7　私は、商品の購入の際に、購入先の法人が発行するトークンを無償で取得しました。このトークンは購入先で商品を購入する際に使用することができます。この場合の所得税の取扱いを教えてください。

(答)　商品の購入の際に、購入先の法人が発行するトークンを無償で取得したことによる経済的利益は、所得税の課税対象となります。

[解説]

○　所得税法における所得とは、収入等の形で新たに取得する経済的価値と解されており、ご質問の場合、収入等の形で新たに経済的価値を取得したと認められることから、所得税の課税対象となります。

○　トークンを無償で取得した場合の経済的利益は、法人からの贈与に当たることから、一時所得に区分されます。

（注）一時所得の収入金額は、無償で取得したトークンの時価となります。ただし、そのトークンが暗号資産などの財産的価値を有する資産と交換できないなどの理由により、時価の算定が困難な場合には、そのトークンの時価を0円として差し支えありません。

[筆者解説]

商品購入の際に購入先の法人が発行し無償で取得するトークンとは、暗号資産（仮想通貨）又はアートNFTを指すものと考えられます。

所得税基本通達34-1(5)においては、法人からの贈与により取得する金品（業務に関して受けるもの及び継続的に受けるものを除く。）が、一時所得として例示されています。そして、個人が商品購入の際に購入先からトークンを無償で取得した場合には、収入等の形で新たに取得する経済的価値を法人から贈与されたことになるので、一時所得として所得税が課税されることを説明しています。

トークンを取得した時に時価が不明な場合には課税されません。トークンを取得した時に時価が不明か否かに係る事実関係の確認には十分な検討が必要です。

一時所得の金額は総収入金額からその収入を得るために支出した金額を控除し、50万円の特別控除を控除した後の金額に2分の1を乗じた金額となります(所法22②二、34②・③)。

第 8 節

ブロックチェーンゲームの報酬としてゲーム内通貨を取得した場合

(NFT の FAQ 8（12 頁））（下線と強調は筆者）

［質疑応答全文］

問 8　私は、ブロックチェーンゲームをプレイし、その報酬として、ゲーム内通貨（トークン）を取得しました。この場合の所得税の取扱いを教えてください。

(答)　ブロックチェーンゲームで得た報酬は、原則として、所得税の課税対象となります。

［解説］

○　所得税法における所得とは、収入等の形で新たに取得する経済的価値と解されており、ご質問の場合、収入等の形で新たに経済的価値を取得したと認められることから、所得税の課税対象となります。

ただし、そのゲーム内通貨（トークン）が、ゲーム内でしか使用できない場合（ゲーム内の資産以外の資産と交換できない場合）には、所得税の課税対象となりません。

○　ブロックチェーンゲームの報酬は、雑所得に区分され、雑所得の金額は、次の算式で求めることとなります。

［算式］

雑所得の金額＝ブロックチェーンゲームの収入金額－ブロックチェーンゲームの必要経費

(注 1) ブロックチェーンゲームの収入金額は、ブロックチェーンゲームで得たゲーム内通貨（トークン）の総額となります。

ゲーム内通貨（トークン）の評価は、ゲーム内通貨（トークン）の取得の都度行うこととなります。ただし、ゲーム内通貨（トークン）ベースで増減額を管理し、月末又は年末に一括で評価することもできます。

なお、暗号資産に直接交換できないなどの理由により、ゲーム内通貨（トークン）の 時価の算定が困難な場合には、時価を 0 円として差し支えありません。

※この場合のブロックチェーンゲームの報酬への課税時期は、「ゲーム内通貨（トークン）」を「暗号資産と交換できる他のトークン」に交換した時となります。

(注 2) **ブロックチェーンゲームの必要経費は、ブロックチェーンゲームの報酬を得るために使用したゲーム内通貨（トークン）の取得価額の総額**となります。

ゲーム内通貨（トークン）の取得価額については、

・購入したゲーム内通貨（トークン）については、購入価額

・ブロックチェーンゲームで取得したゲーム内通貨（トークン）については、収入金額とした金額（具体的には（注 1）で評価した金額）

となります。

○　なお、ブロックチェーンゲームにおいては、ゲーム内通貨（トークン）の取得や使用が頻繁に行われ、取引の都度の評価は、煩雑と考えられることから、ゲーム内通貨（トークン）ベースで所得金額を計算し、年末に一括で評価する方法（簡便法）で雑所得の金額を計算して差し支えありません。

[簡便法]

・　その年の12月31日に所有するゲーム内通貨（トークン）の総額
　－その年の1月1日に所有するゲーム内通貨（トークン）の総額
　－その年に購入したゲーム内通貨（トークン）の総額
　＝ゲーム内通貨（トークン）ベースの所得金額

・　ゲーム内通貨（トークン）ベースの所得金額×年末の暗号資産への換算レート
　＝雑所得の金額

（注）年の中途で、暗号資産に交換したゲーム内通貨（トークン）がある場合には、交換で取得した暗号資産の価額を雑所得の金額に加算します。

・　ゲーム内通貨（トークン）が暗号資産と交換できないなど時価の算定が困難な場合には、雑所得の金額は0円として差し支えありません。
　※　この場合、「ゲーム内通貨（トークン）」を「暗号資産と交換できる他のトークン」に交換した時点で、当該トークンの価額を雑所得として申告することとなります。

[筆者解説]

NFTのFAQ 8(12頁)で述べているゲーム内通貨(トークン)とは、ステップン(STEPN)等のブロックチェーンゲーム上の暗号資産（仮想通貨）やアートNFTを指すと考えられます。

令和5年1月13日に公表されたNFTのFAQ 8（12頁）により、ゲーム内通貨（トークン)に係る取引から生じた所得は一律に雑所得に区分されることが明らかにされました。そして、ゲーム内通貨（トークン）に係る取引から生じた所得には、ゲーム内通貨（トークン）ベースで所得金額を計算し、年初と年末に保有するゲーム内通貨（トークン）を一括で時価評価して差額により利益計算をする簡便法が認められます。この簡便法は、ゲーム内通貨（トークン）のみならず、記録作成と保存が不十分な納税者の暗号資産（仮想通貨）やアートNFT全般の税金計算にも適用可能であると考えられ、この場合には暗号資産（仮想通貨）やアートNFTの取得価額をそのまま使うことになります。

以下、ゲーム内通貨（トークン）をブロックチェーンゲーム上の暗号資産（仮想通貨）やアートNFTとして説明します。

具体的なSTEPN等のゲーム内通貨（トークン）に係る取引から生じた税金計算の簡便法による計算を整理すると次のようになります。

〈　(1)　年末の暗号資産とアートNFTの時価総額〉
〈－(2)　年初の暗号資産とアートNFTの時価総額〉
〈－(3)　日本円の入金金額　投資額（費用)〉
〈＋(4)　日本円の出金金額　回収額（売上)〉
〈＝ゲーム内通貨（トークン）取引の暗号資産（仮想通貨）とアートNFTの所得金額〉
※仮に、暗号資産（仮想通貨）全般の税金の計算に簡便法を使う場合は、年末の時価ではなく取得価額を使うことに留意

つまり、⑴令和◯年年末の暗号資産とアートNFTの時価総額から⑵令和◯年年初の暗号資産とNFTの時価総額を差し引きます。そして、ゲーム内通貨（トークン）に係る取引から生じた所得は、⑶令和◯年中に日本円を換算してブロックチェーンゲームに投資した金額を費用として差し引き、⑷令和◯年中に日本円に換算してブロックチェーンゲームから回収した金額を売上として加算することにより計算されます。

多くのステップン（STEPN）愛好家は令和4年2月頃からステップン（STEPN）を始めていますから、⑵年末の暗号資産（仮想通貨）とアートNFTの時価総額から、⑶令和4年中に日本円を換算してブロックチェーンゲームに投資した金額を費用として差し引いて、⑷令和4年中に日本円に換算してブロックチェーンゲームから回収した金額を売上として加算します。

この例からも、筆者が「補論　ステップン（STEPN）の税務計算」において提案しているステップン（STEPN）の税金の簡易計算は、ゲーム内通貨（トークン）に係る取引から生じた所得の簡便法と整合性があると判断できると考えています。

ところで、泉絢也は、STEPN等ゲーム内通貨（トークン）の必要経費について、次のように説明しています[92]。

〈泉絢也が説明するSTEPN等ゲーム内通貨（トークン）の必要経費〉

上記（注2）は「ブロックチェーンゲームの必要経費は、ブロックチェーンゲームの報酬を得るために使用したゲーム内通貨(トークン)の取得価額の総額となります。」としているため、所得税法37条1項の「総収入金額に係る売上原価その他当該総収入金額を得るため直接に要した費用の額」のみを必要経費として認め、「販売費、一般管理費その他これらの所得を生ずべき業務について生じた費用」は認めないという立場のようである。

NFTのFAQ8（12頁）が議論しているブロックチェーンゲームの必要経費は、あくまでもSTEPN等ゲーム内通貨（トークン）の必要経費の話であり、ゲーム外の必要経費、「販売費、一般管理費その他これらの所得を生ずべき業務について生じた費用」については議論していません。泉絢也の議論は、NFTのFAQ 8（12頁）が簡便法による計算を認めた必要経費の範囲と根本的に異なっています。

泉絢也は「販売費、一般管理費その他これらの所得を生ずべき業務について生じた費用」は認められないと議論します。しかしながら、暗号資産（仮想通貨）が業務に係る雑所得ではなく、その他雑所得に区分されるとしても、所得税法37条1項の「販売費、一般管理費その他これらの所得を生ずべき業務について生じた費用」が全て認められないことはありません。

92　泉絢也「暗号資産（トークン）・NFTをめぐる税務【第15回】「NFTに関する税務上の取扱いに係るFAQ詳解⑥」」（令和5年8月31日閲覧）

コラム**14**

COLUMN

ゲーム内通貨（トークン）、暗号資産（仮想通貨）やアートNFTの簡便計算

NFTのFAQ 8（12頁）において、ゲーム内通貨（トークン）取引から生じた所得は一律に雑所得に区分されることが明らかにされました。ゲーム内通貨（トークン）とは、ステップン等のブロックチェーンゲーム上の暗号資産（仮想通貨）やアートNFTを指すと考えられます。

そして、世間があっと驚いたのは、ゲーム内通貨（トークン）取引から生じた所得は、ゲーム内通貨（トークン）ベースで所得金額を計算し、年始と年末に保有する暗号資産（仮想通貨）とアートNFTを一括で時価評価して差額により利益計算をする簡便法が認められたことです。

NFTのFAQ 8（12頁）に示されている簡便法はゲーム内通貨（トークン）取引を対象にしたものです。

簡便法による計算を整理すると次のようになります。

〈 ⑴年末の暗号資産（仮想通貨）とアートNFTの時価総額〉
〈－⑵年初の暗号資産（仮想通貨）とアートNFTの時価総額〉
〈－⑶日本円の入金金額　投資額（費用)〉
〈＋⑷日本円の出金金額　回収額（売上)〉
〈＝ゲーム内通貨（トークン）取引の暗号資産（仮想通貨）とアートNFTの所得金額〉

ゲーム内通貨（トークン）取引から生じた所得に簡便法を用いる場合、ゲーム外の経費である販売費、一般管理費その他これらの所得を生ずべき業務について生じた費用は必要経費として認められないという議論があります。しかしながら、NFTのFAQ 8（12頁）に示されている簡便法にゲーム外の経費は当てはまりません。NFTのFAQ 8（12頁）が議論しているブロックチェーンゲームの必要経費は、あくまで、STEPN等ゲーム内通貨（トークン）の必要経費の話であり、ゲーム外の必要経費については議論していないからです。

ここで、非常に重要な話をしておきたいと思います。筆者は、NFTのFAQ 8（12頁）で国税当局が認めた簡便法は、資料作成と保存が不十分な納税者の暗号資産（仮想通貨）やアートNFT全般にも適用可能であると考えています。そして、暗号資産（仮想通貨）とアートNFT全般に簡便法を使う場合は、年末の時価ではなく取得価額を使うことに留意してください。

つまり、暗号資産（仮想通貨）とアートNFTの所得金額は、⑴令和◯年年末の暗号資産（仮想通貨）とアートNFTの時価総額から⑵令和◯年年初の暗号資産（仮想通貨）とNFTの時価総額と⑶令和◯年中の暗号資産（仮想通貨）とアートNFTへの投下金額を差し引き、⑷令和◯年中の暗号資産（仮想通貨）とアートNFTからの回収金額を加算することにより計算することになります。

第9節

NFTの法律的性質等の検討

第1項……アートNFTの法律的性質の概要

下尾裕「NFT関連取引を巡る税務上の論点整理」は、「NFTには特に決まった法的性質があるわけではありません。」と議論しています[93]。暗号資産（仮想通貨）が資金決済法2条5項に依拠して税務上の定義が規定されているのとは対照的で、アートNFTについてはその法律的性質から明確化していく必要があります。

アートNFTの定義はNFTのFAQにおいて、「NFT（Non-Fungible Token）とは、ブロックチェーン上で、デジタルデータに唯一の性質を付与して真贋性を担保する機能や、取引履歴を追跡できる機能をもつトークンをいいます。」と、アートNFTをその機能に着目して定義しています。この定義から、デジタルデータであるNFTアート（アート作品）に係る取引とアートNFTに係る取引が明確に区分されていることを確認することができます。しかしながら、この定義はアートNFTの一般的な定義にとどまっていて、税務上の取扱いを考慮して作成されたものではありません。

下尾裕は、オープンシー（OpenSea）に代表されるプラットフォーム事業者である恒久的施設（PE）のない外国法人がアートNFTを販売する場合について4つのパターンに分けて法的性質等に関する説明をしています[94]。

1つ目は、現物絵画とアートNFTがあり、アートNFTの購入者（保有者）がアートNFTのみならず現物絵画の所有権と著作権を共有するパターンです。

ただし、現実的にはこのパターンはほとんど存在しないと考えられます[95]。その理由としては、アートNFTの購入者（保有者）の本質が匿名性にあり、実際に現物絵画を売却しようとした場合にアートNFTの購入者（保有者）からの現物絵画の所有権や著作権の処分の承諾を取り付けることが難しいというケースが少なくないということです[96]。

93　脚注19　下尾裕31頁参照。

94　脚注19　下尾裕32・47・48頁参照。

95　「栗山選手通算2000安打達成記念！　9/7(火)よりLIONS COLLECTION（ライオンズコレクション）を立ち上げ、所有証明書（NFT）付きコンテンツを数量限定で販売開始！」（令和3年9月7日）（令和5年8月31日閲覧）
西武ライオンズは栗山巧選手の2000本安打を記念してアートNFTの発行を決めました。「①栗山選手2000安打記録達成パネル（栗山選手の直筆サイン入り2000安打達成記念パネルとパネルのデジタルデータ）②KURI-METERパネル（栗山選手の直筆サイン入り2000安打カウントアップパネルとパネルのデジタルデータ）」と説明していて、KURI-METERパネル等の実物とアートNFTの両方を販売するとアナウンスしています。このように実物をアートNFTと一緒に販売することは例外中の例外であり、現実にはほとんど存在しないと考えられます。上記の西武ライオンズのケースにおいては、アートNFTを「デジタルデータ」と表現していて、実際に売買されるのはアートNFTではなく、KURI-METERパネル等の実物から制作されるデジタルデータであるという事情があるため、アートNFTの取引ではなく、デジタルアセットそのものの譲渡、著作権譲渡（著法61）に当たると考えられます。

２つ目は、現物絵画とアートNFTから内容検討するのは１つ目と同様ですが、アーティストが現物絵画の所有権と著作権を留保していて、アートNFTの発行者であるプラットフォーム事業者に著作物の利用の許諾をして、アートNFTの発行者であるプラットフォーム事業者がアートNFTの購入者（保有者）に著作物の再利用の許諾をしているパターンです。

現実的には、大部分がこのパターンで処理されていると考えられます。現物絵画とデジタルアートはそれぞれ有体物と無体物であるため、所有と購入・保有の区分が必要になります。そして、現物絵画ではなくデジタルアートである場合も分析結果は同様であると考えられます。

３つ目は、デジタルアセットであるNFTアート（アート作品）とアートNFTがあり、デジタルアーティストがアートNFTの発行者を通じて、直接、アートNFTの購入者（保有者）に著作物の利用の許諾をしているパターンです。

このパターンにおいては、アーティストがアートNFTの購入者（保有者）に著作物の利用の許諾と再利用の許諾をそれぞれしているということになります。

４つ目は、アーティストが権利管理者団体に著作物の利用の許諾を含めた様々な権利許諾をして、権利管理者団体がアートNFTの発行者であるプラットフォーム事業者に著作物の再利用の許諾等をするパターンです。

例えば、NBAのトレーディングカードだと、肖像権やパブリシティ権は選手以外の権利管理者団体が一括管理していて、当事者間の法律的な関係は単純な著作物の利用の許諾と再利用許諾等だけでは説明できません。

１つ目は実務的にほとんどあり得ないこと、そして、３つ目と４つ目は２つ目の変則的パターンにすぎないことから、２つ目のパターンを中心にアートNFTの法律的性質を確認するのが妥当であると考えます。

既に確認してきたとおり、デジタルアセットであるNFTアート（アート作品）の著作権やデジタルデータはアーティストに留保され、アーティストによりブロックチェーン外にアップロードされます。このため、オープンシー（OpenSea）に代表されるプラットフォーム事業者によるアートNFTの発行とアートNFTの購入者（保有者）への販売はNFTアート（アート作品）の著作権や購入・保有とは無関係であるということになります。

販売されるのは、あくまでアートNFTであり、アートNFTの移転がNFTアート（アート作品）の著作権や購入・保有と直接関連することは、ほとんどありません。

アートNFTの取引について、著作物の再利用の許諾（サブライセンス）と捉えるか、「契約上の地位」の移転と捉えるかは、アートNFTの法律的な評価の問題であり、アートNFTの取引によって（アート）NFTに紐付けられた資産や権利が移転するということにはなりません。

96　脚注19　下尾裕32頁参照。

アートNFTの典型取引である2つ目のパターンを図表にまとめると、次のようになります。

図表1-8……アーティスト、プラットフォーム事業者及びアートNFTの購入者（保有者）によるアートNFTの法律関係

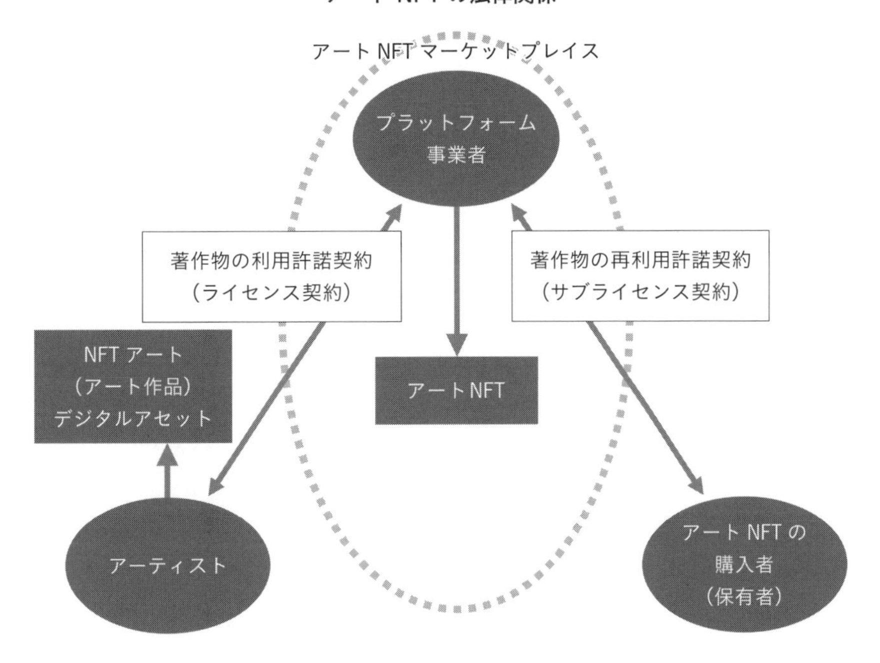

ブロックチェーンに記録されたトレーディングカードやゲーム内アイテム等であっても、暗号資産（仮想通貨）のように利用されている可能性がないわけではありませんが、実務的にもアートNFTは次に説明する2号暗号資産に該当しないものとして取り扱われています[97]。したがって、暗号資産（仮想通貨）に該当するアートNFTは実務的にほとんどないものと考えられます。

第2項……アートNFTの2号暗号資産該当性

税制上の暗号資産（仮想通貨）は、旧資金決済法2条5項の暗号資産（仮想通貨）の定義に依拠して定義されています。下尾裕「NFT関連取引を巡る税務上の論点整理」に従って定義をまとめると、次の図表のようになります[98]。

97　脚注19　下尾裕33頁参照。
98　脚注19　下尾裕48頁を基に筆者作成。

図表1-9……暗号資産（仮想通貨）の定義（旧資金決済法2⑤）

	1号暗号資産	2号暗号資産
1	電子機器その他のものに電子的方法で記録されている財産的価値であって、電子情報処理組織を用いて移転することが可能であること	
2	国内外の通貨又は通貨建資産ではないこと	
3	電子記録移転権利（金商法2③）ではないこと	
4	物品を購入し、若しくは借り受け、又は役務の提供を受ける場合に、これらの代価の弁済のために不特定の者に対して使用することができ、かつ、不特定の者を相手方として購入及び売却を行うことができること	不特定の者を相手方として1号暗号資産と相互に交換可能であること

アートNFTは2号暗号資産の不特定多数の者を相手方として1号暗号資産と相互に交換可能であることに該当する場合があるのではないかという議論があります。

この議論に対して、金融庁は、令和元年9月3日の「事務ガイドライン（第三分冊：金融会社関係）の一部改正（案）に対するパブリックコメントの結果について」を発表しています[99]。

募集したパブリックコメントに対する金融庁のコメントの中で、「2号暗号資産について1号暗号資産と「同等の経済的機能を有するか」との基準を設けるべきではない。同等の経済的機能とならないような制限を加えることで、資金決済法に基づく規制の対象外になりかねない。」というパブリックコメント4番に対し、次のように金融庁の考え方を述べています[100]。

> 例えば、ブロックチェーンに記録されたトレーディングカードやゲーム内アイテム等は、1号仮想通貨と相互に交換できる場合であっても、基本的には1号仮想通貨のような決済手段等の経済的機能を有していないと考えられますので、2号仮想通貨に該当しないと考えられます。

99　金融庁　令和元年9月3日「事務ガイドライン（第三分冊：金融会社関係）」の一部改正（案）に対するパブリックコメントの結果について」（令和5年8月31日閲覧）

100　金融庁　令和元年9月3日「コメントの概要及びそれに対する金融庁の考え方」（令和5年8月31日閲覧）

第 10 節

NFT の所得税法上の取扱い

第 1 項……所得税の課税の有無

下尾裕「NFT 関連取引を巡る税務上の論点整理」は、NFT の取引については、①自分たちがサービス等を提供したことによりその対価として NFT をもらうと場合と② NFT を発行、譲渡する場面が考えられる[101]と議論します。更に、NFT の決済を暗号資産（仮想通貨）で行いますので、その暗号資産（仮想通貨）の損益が出るのであれば、別途課税・雑所得になる[102]としています。具体的には、暗号資産（仮想通貨）を手放した時の暗号資産（仮想通貨）の時価から暗号資産（仮想通貨）を取得した時の時価を差し引いて、手放した暗号資産（仮想通貨）の数量を掛けることにより暗号資産（仮想通貨）の譲渡損益を計算します。

保有している暗号資産（仮想通貨）や NFT を手放して現金を取得する場合は、手放した暗号資産（仮想通貨）の時価と取得した現金の額が一致しますが、保有している暗号資産（仮想通貨）や NFT を手放して、サービスや物を取得する場合又はアルトコインと呼ばれる他の暗号資産（仮想通貨）や NFT を取得する場合は、手放した暗号資産（仮想通貨）や NFT の時価と、取得したサービスや物の価額、暗号資産（仮想通貨）や NFT の時価とが一致しないことがあります。

手放した暗号資産（仮想通貨）や NFT の時価と取得した暗号資産（仮想通貨）や NFT の時価とに差額がある場合は、その差額は、手放した暗号資産（仮想通貨）や NFT の譲渡益や譲渡損を増加させたり減少させたりすることになります。

また、下尾裕は、令和 4 年 4 月 1 日に国税庁が発表したタックスアンサー No. 1525-2[103]について、NFT と FT が並列的に表記されているところが 1 つのポイントであると指摘しています。つまり、NFT か FT かという問題は、代替性の有無という点で絶対的なものではなく、相対的なものにとどまり、財産的価値が他の財産的価値のあるものと交換されれば課税されるということに何ら変わりはないため、税制上、NFT と FT を区別する実益はないということです。

国税庁 HP タックスアンサー No. 1525-2[104]の検討すべきポイントとしては、①暗号資産（仮想通貨）に該当しない FT があるのか、あるとすればその取引から生ずる利益はどのような所得区分になるのか、②暗号資産（仮想通貨）に該当しないアート NFT はどのような場合に譲渡所得の基因となる資産に該当するのか、ということになると考えられます。

101　脚注 19　下尾裕 34 頁参照。
102　脚注 19　下尾裕 34 頁参照。
103　脚注 19　下尾裕 34 頁参照。
104　国税庁 HP タックスアンサー　令和 4 年 4 月 1 日「No. 1525-2　NFT や FT を用いた取引を行った場合の課税関係」（令和 5 年 8 月 31 日閲覧）

また、NFTのFAQ 1（3頁）の［解説］においてアートNFTを「デジタルアートの閲覧に関する権利」と定義した上で、NFTのFAQ 4（7頁）において、購入したアートNFTを第三者に転売した場合のその転売（二次流通）に係る所得は、その一部が総合課税の譲渡所得となることが明らかにされました。その一方で、NFTのFAQ 8（12頁）の解説においては、ステップン（STEPN）等のブロックチェーンゲーム上の暗号資産（仮想通貨）やアートNFTを指すと考えられるゲーム内通貨（トークン）に係る取引から生じた所得については、雑所得に区分することが明らかにされました。

第２項……アートNFT取引から生ずる利益の所得区分について

国税庁HPタックスアンサーNo. 1525-2においては、「問」等に関する記述があるわけではなく、「対象税目」と「概要」に関する記述がされていますが、「対象税目」には「所得税」とだけ記述されており、「概要」には次のように記述されています[105]。

〈国税庁HPタックスアンサーNo. 1525-2の記述するアートNFTから生ずる利益の所得区分の内容〉

1　いわゆるNFT（非代替性トークン）やFT（代替性トークン）が、暗号資産などの財産的価値を有する資産と交換できるものである場合、そのNFTやFTを用いた取引については、所得税の課税対象となります。

※財産的価値を有する資産と交換できないNFTやFTを用いた取引については、所得税の課税対象となりません。

2　所得税の課税対象となる場合の所得区分は、概ね次のとおりです。

(1)　役務提供などにより、NFTやFTを取得した場合
・　役務提供の対価として、NFTやFTを取得した場合は、事業所得、給与所得または雑所得に区分されます。
・　臨時・偶発的にNFTやFTを取得した場合は、一時所得に区分されます。
・　上記以外の場合は、雑所得に区分されます。
(2)　NFTやFTを譲渡した場合
・　譲渡したNFTやFTが、譲渡所得の基因となる資産に該当する場合（その所得が譲渡したNFTやFTの値上がり益（キャピタル・ゲイン）と認められる場合）は、譲渡所得に区分されます。

105　国税庁HPタックスアンサー　令和4年4月「No. 1525-2　NFTやFTを用いた取引を行った場合の課税関係」（令和5年8月31日閲覧）

（注）NFTやFTの譲渡が、営利を目的として継続的に行われている場合は、譲渡所得ではなく、雑所得または事業所得に区分されます。

・　譲渡したNFTやFTが、譲渡所得の基因となる資産に該当しない場合は、雑所得（規模等によっては事業所得）に区分されます。

重要なのはアートNFTを譲渡した時の議論であり、下尾裕は、タックスアンサーNo.1525-2の2(2)では「NFTについては，譲渡所得の基因となる資産に該当する場合は譲渡所得に区分されますと書かれており、このNFT自体が、資産に該当する、さらに言うと、それが譲渡所得の基因になる場合があるというところを正面から認めているというところが、特徴的なところだと思います。」[106]と記述しています。

また、泉絢也＝藤本剛平『事例でわかる！　NFT・暗号資産の税務』（中央経済社、2022年）は、「個別の状況にもよりますが、一般の個人の方がNFTを売買しているケースは、譲渡所得になることもめずらしくないでしょう」[107]と記述していますが、泉絢也＝藤本剛平は、なぜ、アートNFT取引が譲渡所得になるのかという根拠の記述がなく失当な議論です。

筆者は、国税庁HPタックスアンサーNo. 1525-2の2(2)の「譲渡したNFTやFTが、譲渡所得の基因となる資産に該当する場合（その所得が譲渡したNFTやFTの値上がり益（キャピタル・ゲイン）と認められる場合）は、譲渡所得に区分されます。」という記述に関して、従来の国税当局の考え方をそのまま踏襲したにすぎないと考えています。

この国税庁HPタックスアンサーNo. 1525-2の2(2)の「譲渡したNFTやFTが、譲渡所得の基因となる資産に該当する場合（その所得が譲渡したNFTやFTの値上がり益（キャピタル・ゲイン）と認められる場合）は、譲渡所得に区分されます。」という記述には前提があることに着目する必要があります。その前提は、暗号資産（仮想通貨）取引は支払手段の取引であるため、その利益は全て雑所得に該当するという、従来からの国税当局の考え方です。

NFTやFTの取引から生ずる利益の所得区分の問題に明確な答えを出すために必要なことが全て明らかになってはおらず、暗号資産（仮想通貨）に該当しないFTとは何なのか、NFTと暗号資産（仮想通貨）に該当しないNFTはどのような場合に譲渡所得の基因となる資産に該当するのか、その所得が譲渡したNFTやFTの値上がり益（キャピタル・ゲイン）と認められる場合とはどういう場合があるのかというような問題があります。

第3項……譲渡所得の基因となる資産とは何か

下尾裕は、所得税法33条と所得税基本通達33-1等から譲渡所得の基因となる資産の課税要件を次の図表のように整理しています。

106　脚注19　下尾裕35頁参照。
107　脚注29　泉絢也＝藤本剛平79頁参照。

図表 1-10……「譲渡所得の基因となる資産に該当する場合」とは[108]

譲渡所得の基因となる資産
①経済的財産価値が存在し、他人に移転可能なもの
②キャピタル・ゲイン（資産価値の増加益）又はキャピタル・ロス（資産価値の減少損）が生じる可能性があるもの
③所得税法33条2項各号に規定する資産（棚卸資産等）及び金銭債権でないこと（所基通33-1）

下尾裕は、アートNFTは、経済的財産価値が存在し、他人に移転可能であるため、上記①に該当すると議論しています[109]。

また、下尾裕は、アートNFTがキャピタル・ゲイン（資産価値の増加益）又はキャピタル・ロス（資産価値の減少損）の生ずる可能性がある資産であるかが1つのポイントであるとしています[110]。

そして、下尾裕は、暗号資産（仮想通貨）の取引から生ずる利益が雑所得に分類される理由は、暗号資産（仮想通貨）に資産というよりも決済手段に近いところがあるためであり、アートNFTは、暗号資産（仮想通貨）に該当しない限り、上記②の要件を満たし、雑所得ではなく譲渡所得に分類されるとして、アートNFTは上記②にも該当するとしています[111]。

確かに、アートNFTが決済手段として用いられることはごくまれであるという部分には同意しますが、アートNFTが譲渡の基因となる資産に該当するか否かについては、決済手段に用いられることがまれであるという理由付けだけでは、十分な検討がされていないと考えられます。国税庁HPタックスアンサーNo. 1525-2の2(2)こそが、譲渡所得の基因となる資産になるための最も高いハードルだと考えられますので慎重な検討が必要です。

譲渡の基因となる資産に該当するか否かは、基本的には、資産ごとの個別的検討が必須であると考えられますが、令和5年1月13日に公表されたNFTのFAQにおいて、アートNFTを「デジタルアートの閲覧に関する権利」と定義した上で、購入したアートNFTを第三者に転売した場合のその転売（二次流通）に係る所得は、総合課税の譲渡所得に区分されることが明らかにされました（NFTのFAQ 4（7頁））。ただし、注書きがあるので、注書きも含めた慎重な検討が必要です。その一方で、ステップン（STEPN）等のブロックチェーンゲーム上の暗号資産（仮想通貨）やアートNFTを指すと考えられるゲーム内通貨（トークン）に係る取引から生じた所得については、雑所得に区分されることが明らかにされました（NFTのFAQ 8（12頁））。

また、下尾裕は、図表1-10③の所得税法33条2項各号に掲げる資産（棚卸資産等）及

108　脚注19　下尾裕50頁を基に筆者作成。
109　脚注19　下尾裕35頁参照。
110　脚注19　下尾裕35頁参照。
111　脚注19　下尾裕35頁参照。

び金銭債権でないこと（所基通33-1）について、アートNFTは、サービス利用権や著作物の利用許諾権を表章するものであるので、少なくとも金銭債権に該当しないとして、個人が特に趣味といった個人使用目的で取得し譲渡する場合は譲渡所得該当性を満たし得ると議論しています[112]。

筆者は結論として、アートNFTが著作物の利用の許諾そのものを表章するものなのか、それとも著作物の利用の許諾を含めたサービス利用権なのか、そしてそれぞれ、どのような場合がキャピタル・ゲイン（資産価値の増加益）又はキャピタル・ロス（資産価値の減少損）が生じる可能性がある資産に該当するか、測定可能性、分離可能性及び譲渡（移転）可能性の個別的検討が必要になると考えています。

また、下尾裕は、国税庁HPタックスアンサーNo. 1525-2が並列的に記述している理由について例を挙げて説明しており、スポーツクラブが発行するファントークン等は、会員番号が付いているので唯一無二の個別性がある又は数量限定の代替性のないNFTに分類される可能性がある一方で、サービス利用権としては同一のものなので代替性があるFTと評価することも可能であり、両者の区分は相対的なものであるとしています[113]。

代替性が相対的なものなのでNFTとFTの区分が難しいことと、税制上両者を峻別する理由がないことには同意しますが、国税庁HPタックスアンサーのNo. 1525-2には、利益が雑所得とされる暗号資産（仮想通貨）とFTの区分に言及がなく、かえって曖昧な部分を作り出しています。そして、NFTのFAQにおいて、アートNFTを「デジタルアートの閲覧に関する権利」と定義した上で、購入したアートNFTを第三者に転売した場合のその転売（二次流通）に係る所得は、その一部が総合課税の譲渡所得に区分されることが明らかにされました（NFTのFAQ 4（7頁））。したがって、それ以外の所得は、原則として雑所得に分類されることとなります。

その理由としては、日本の所得税は所得を、利子所得、配当所得、不動産所得、事業所得、給与所得、退職所得、山林所得、譲渡所得、一時所得又は雑所得の10種類に区分しています。そして、雑所得とは他の9つに区分されないバスケット・カテゴリーで、分類不能所得とされているからです（所法23～35）。

第4項……著作物の利用の許諾（利用権）は譲渡所得の基因となる資産に該当するか

まず、著作権法上の11の支分権（著法18～28）、特にNFT取引が関係する7つの支分権について説明します。そして、著作物の利用の許諾（著法63）は、あくまで著作物の利用の許諾の契約上の地位にすぎず、著作権の全部譲渡又は一部譲渡に該当しないということを示します。

112　脚注19　下尾裕35頁参照。
113　脚注19　下尾裕35・36頁参照。

〈著作物とは何か〉

著作権法は、著作権の対象になる作品等を「著作物」と定め、「思想又は感情を創作的に表現したものであって、文芸、学術、美術又は音楽の範囲に属するもの」と定義しています（著法2①一）[114]。そして著作物の例示として、「小説、脚本、論文、講演その他の言語の著作物」、「音楽の著作物」、「舞踊又は無言劇の著作物」、「絵画、版画、彫刻その他の美術の著作物」、「建築の著作物」、「地図又は学術的な性質を有する図面、図表、模型その他の図形の著作物」、「映画の著作物」、「写真の著作物」及び「（コンピュータ）プログラムの著作物」の9つが示されています（著法10①一～九）[115]。

著作権の対象になるのは有体物（物理的な形のあるもの）のみならず（コンピュータ）プログラムやデジタルアートのような無体物も含まれ、「思想又は感情」を表現したものであり、かつ、創作性があることが必要になり[116]、「思想又は感情を創作的に表現」する前のアイデアの段階では保護されません。

〈民法上の所有権は有体物を前提に規定されていること〉

そして、民法では、「所有者は、法令の制限内において、自由にその所有物の使用、収益及び処分をする権利を有する。」と規定されており（民法206）、「この法律において「物」とは、有体物をいう。」（民法85）と規定しています。つまり、民法上の所有権は有体物を前提としていて無体物には及ばないことから、アートNFTは所有権の対象とはならず、アートNFTについては、アートNFTの購入者（保有者）というように、有体物について用いられる「所有」とは区別する必要があります。

〈著作権と支分権〉

さらに、デジタルアート等が著作物に該当する場合、その著作者には著作権と著作者人格権が生じます（著法18～28）[117]。著作権と著作者人格権のうち、著作権は、著作物の利用に関する財産権的な権利を指し、支分権と呼ばれる様々な権利で構成されている[118]ことから、著作権は支分権の束（the bundle of rights）と呼ばれています。

11個の支分権を天羽健介＝増田雅史編『NFTの教科書』に基づいて記述し[119]、アートNFTに関係する7つの支分権の内容を中心にまとめると次の図表のようになります。

114　脚注22　天羽健介＝増田雅史編　増田雅史「第2章　NFTの法律と会計」186頁参照。
115　脚注22　天羽健介＝増田雅史編　増田雅史「第2章　NFTの法律と会計」186頁参照。
116　脚注22　天羽健介＝増田雅史編　増田雅史「第2章　NFTの法律と会計」186頁参照。
117　脚注22　天羽健介＝増田雅史編　増田雅史「第2章　NFTの法律と会計」186頁参照。
118　脚注22　天羽健介＝増田雅史編　増田雅史「第2章　NFTの法律と会計」186頁参照。
119　脚注22　天羽健介＝増田雅史編　増田雅史「第2章　NFTの法律と会計」187頁参照。

図表1-11……支分権ごとの著作権の内容（187頁）

支分権の名称 （著作権法の条文）	法定利用禁止行為の具体例とNFTとの関係
複製権 （著法21）	個人用に販売されたソフトウェアを会社のコンピュータにインストールする権利。 **NFTを複製するには複製権が必要となる。**
上演権及び演奏権 （著法22）	演劇の脚本を劇場で上演する権利。 音楽をライブハウスで演奏する権利。
上映権 （著法22の2）	映画を映画館で上映する権利。 **NFTをスクリーンやディスプレイに展示公開するには上映権が必要となる。**
公衆送信権等 （著法23）	映像作品をテレビで放映し、テレビ番組を動画投稿サイトYouTube等インターネット上に掲載する権利。 **NFTをインターネットで公開するには公衆送信権等が必要となる。**
口述権 （著法24）	エッセー、詩や小説を朗読会で朗読する権利。
展示権 （著法25）	有体物である実物絵画や写真を展示会で公に展示する権利。著作権者のみならず所有権者にも展示権あり。
頒布権 （著法26）	映画フィルムを映画館に頒布する権利。
譲渡権 （著法26の2）	書籍化した小説を書店で販売する権利。 **NFTをインターネットで第三者に譲渡するには、譲渡権が必要となるが、通常は著作物のサービス利用権として処理される。**
貸与権 （著法26の3）	音楽CDやビデオをレンタルショップで貸し出す権利。 **NFTをインターネットで第三者に貸与するには貸与権が必要となるが、通常は著作物のサービス利用権として処理される。**
翻訳権、翻案権等 （著法27）	日本語小説の外国版を制作する権利（翻訳権）。小説を映画化する権利（翻案権）。 **NFTを基にして、Tシャツ、マグカップ、少し改変したNFTキャラクター等別の著作物（二次的著作物）を制作するには翻案権が必要となる。**
二次的著作物の利用に関する原著作者の権利 （著法28）	二次的著作物を利用する権利。二次的著作物の権利は原著作物の著作権者も同様に保有。 **改変したNFTキャラクター（二次的著作物）の利用権許諾は二次的著作物の権利者のみならず原著作権者の同意も必要となる。**

このように、著作権者が侵害者に差止め請求をし、被った損害の賠償を請求できる著作権法上の支分権については、11個の法定利用禁止行為として著作権法21条から28条までに限定列挙されており、NFTが関係してくるのは、その内の7つということになります。それらのうち、譲渡権（著法26の2）と貸与権（著法26の3）の適用関係は必ずしも明らかではなく、通常、著作物の利用の許諾（著法63）の対価を含むサービス利用権の一部として処理されているものと考えられます。

著作権の全部譲渡と一部譲渡が関係するものも同様です。

〈著作物の利用の許諾（著法63）とは〉

著作物の利用の許諾（著法63）は、著作権者が著作権を留保したままで、著作物を利用しようとする者に対して利用方法と利用条件を定めた上で、著作物の利用を許諾することをいいます[120]。著作物の利用許諾契約はライセンス契約と呼ばれ、ライセンスを供与した者はライセンサー、ライセンスを受けた者はライセンシーと呼ばれます。ライセンシーがさらに第三者にライセンスを許諾することを再許諾といい、ライセンシーと第三者は著作物の再利用許諾契約、サブライセンス契約を締結することになります。

ここで留意すべきは、著作権を留保したい著作権者と著作物を利用したい者との思わくが一致することから、日本の大部分の著作権実務は著作権の全部譲渡や一部譲渡契約ではなく、著作物の利用の許諾契約を中心に動いているという事実があることです。

オープンシー（OpenSea）のような恒久的施設（PE）のない外国法人のサービスであっても、プラットフォーム事業者は、デジタルアーティストである著作権者とライセンス契約を締結し、アートNFTの購入者（保有者）とサブライセンス契約を締結することになります。

つまり、著作権者（デジタルアーティスト）は、著作権法63条の著作物の利用の許諾の定めに基づき､プラットフォーム事業者と著作物の利用の許諾の契約（ライセンス契約）を締結することになります。そして、NFTの売買は、著作権者（デジタルアーティスト）とプラッフォーム事業者が締結した著作物の利用の許諾契約（ライセンス契約）に依拠して、アートNFTの購入者（保有者）がプラットフォーム事業者と著作物の再利用の許諾契約（サブライセンス契約）を締結することによって行われるという整理が可能になります。

〈著作物の利用権の譲渡とは〉

著作権法63条３項に規定される「利用権」については、著作権法63条２項に規定される利用方法と利用条件の範囲内とは何かが重要であり、著作物ごとに著作権者から著作権の一部がその利用方法と利用条件を定めて付与されます。

プラットフォーム事業者を通じて、著作権者（デジタルアーティスト）はアートNFTの購入者（保有者）に著作物ごとに著作権の一部を一定の利用方法と利用条件の下で行使する権利（利用権）を付与することになり、それは利用権の許諾とも呼ばれます。一度は著作権者からプラットフォーム事業者に利用権の許諾が行われていることから、アートNFTの購入者（保有者）はプラットフォーム事業者が提供するプラットフォーム内で利用権を第三者に許諾（利用権の再許諾）する[121]という説明もされます。

〈令和２年著作権法改正がもたらした誤解〉

令和２年著作権法改正により、著作物の「利用権は、著作権者の承諾を得ない限り、譲渡することができない。」（著法63③）という規定が入ったことから多くの誤った見解を生んでいます。著作物の利用権の譲渡は、あくまで一定の利用方法と条件で著作物が利用できるという利用権の再許諾にすぎず､「物権的請求権に裏打ちされた権利とは異なり､

120　脚注22　天羽健介＝増田雅史編　増田雅史「第２章　NFTの法律と会計」187頁参照。
121　島田真琴「現代アート・NFTアートと著作権」『ジュリスト』（有斐閣、2022年）68～74頁参照。
122　加戸守行『著作権法逐条講義〔7訂新版〕』（著作権情報センター、2021年）507頁参照。

限定付きで著作物を利用できる地位を指して」[122]いて、債権的請求権でしかなく物権的請求権ではないということが重要です。

〈利用権譲渡は契約上の地位の譲渡か〉

そうすると、利用権の譲渡は著作権の一部譲渡には該当しないものの、契約上の地位の譲渡という分類は可能だと思われます。しかしながら、契約上の地位の譲渡の実態は著作物の利用の許諾契約（ライセンス契約）に基づく再利用の許諾契約（サブライセンス契約）の締結と契約上の地位の譲渡にすぎないという場合が当然ながらあります。プラットフォーム事業者が提供するサービス提供の中身がデジタルデータの画像を複製する、ネットに貼り付けるといった正に著作物の利用の許諾そのものなのか、サービス利用権とも呼ぶべき広いサービスなのかということを個別検討する必要があります。

そして、契約上の地位の譲渡が資産の無償譲渡に該当する場合には、所得税法40条の規定が適用され、ギブアウェイ（Giveaway）をした側ともらった側の両方にアートNFTが時価で課税されるという問題も生ずることに留意する必要があります。

NFTのFAQにおいては、アートNFTを「デジタルアートの閲覧に関する権利」と定義した上で、購入したアートNFTを第三者に転売した場合のその転売（二次流通）に係る所得は、総合課税の譲渡所得に区分されることが明らかにされ(NFTのFAQ 4(7頁))、所得税法40条の適用関係も問題になります。

〈アートNFTは著作物の利用の許諾か資産の譲渡か〉

アートNFTに係る取引の中身が、デジタルデータの画像を複製する、ネットに貼り付けるといった正に著作物の利用の許諾そのものであり、当事者の著作物の利用の許諾契約（ライセンス契約）と再利用の許諾契約（サブライセンス契約）のみで説明できる場合は、わざわざ契約上の地位の譲渡に分類する実益もないように考えられます。

〈アートNFTが譲渡所得に該当する場合とは〉

アートNFTの取引の中身が著作物の利用の許諾（著法63）を越えたサービス利用権とも呼ぶべきものであって、サービス利用権のうち、著作物の利用の許諾の対価の占める割合が僅少な場合には、アートNFTは、契約上の地位として所得税法33条の譲渡所得の基因となる資産に該当する可能性もあると考えます。ただし、譲渡所得の基因となる資産に該当する場合は、当然ながら、納税者不利になる所得税法40条の適用の有無を検討しなくてはなりませんし、著作物の利用の許諾（著法63）の対価を含むということは、所得税法204条該当性とクロスボーダー取引の著作権の使用料該当性（所法161①十一）の議論にもつながります。この議論は、「第3章　NFTの源泉所得税関係　第1節　NFT取引に係る源泉所得税の取扱い（NFTのFAQ10（15頁））と第2節　NFTの国際源泉所得上の論点」でそれぞれ詳細に議論します。

〈サービス利用権の取引から生ずる利益は雑所得として取り扱うのが基本〉

今のところ、アートNFTをどのような基準で著作物の利用の許諾（著法63）の対価とサービス利用権の対価に区分するかは明確ではありません。著作物の利用の許諾（著法

63）の対価の占める割合がどの程度僅少であれば、サービス利用権の対価である契約上の地位として対価の全体を捉えることができるかは明らかではありません。ほんの少しでも著作物の利用の許諾（著法63）の対価が含まれていれば、その全体を著作物の利用の許諾(著法63)の対価とサービス利用権の対価と考えるのが国税当局の考え方の基本です。そして、その例外がNFTのFAQに示されました（NFTのFAQ 10（15頁））。

サービス利用権の対価のうちアートNFTの取引から生ずる利益は、アートNFTが暗号資産（仮想通貨）の取引と密接かつ複合的に絡んで取引され、暗号資産（仮想通貨）の取引から生ずる利益が雑所得とされていることを考えると、アートNFTの取引から生ずる利益についても、サービス利用権の対価を含めて雑所得とするべきであると考えます。

第5項……所得税法204条の源泉徴収の範囲

アートNFTの取引の対価を居住者であるデジタルアーティストに支払った場合、アートNFTの対価が著作権（著作隣接権を含みます。）の使用料（所法204①一）の使用料に該当すれば、支払者は、10.21％の源泉所得税を差し引いて、翌月の10日までに支払者を所轄する税務署に納付する必要があり（所法205①一）、100万円を超えた部分については20.42％の税率による源泉徴収とその納付が必要です。

この所得税法204条（源泉徴収義務）の規定は、支払先が「居住者」（所法204①）である場合にだけ適用され、支払先が内国法人や非居住者又は外国法人である場合には適用されません。

所得税基本通達204-6（原稿等の報酬又は料金）によれば、「報酬又は料金の区分」の「著作権の使用料」については、「左の報酬又は料金に該当するもの」は、「映画、演劇又は演芸の原作料、上演料等」とされていますが、アートNFTの取引の対価が「著作権の使用料」に該当するか否かは明らかにされていません。

〈著作物の利用の許諾契約等の対価が所得税法204条1項1号の対象になるか〉

アートNFTの取引の対価の支払は、オープンシー（OpenSea）に代表されるプラットフォーム事業者とアートNFTの購入者（保有者）との著作物の再利用の許諾（サブライセンス契約）に基づく支払であるとすると、居住者への支払には該当せず、オープンシー（OpenSea）に代表される恒久的施設（PE）のない外国法人又は非居住者に対する所得税法161条1項11号の著作権の使用料に該当するか否かということが問題になると考えられます。

アートNFTの取引の対価の支払が、アートNFTの購入者（保有者）と居住者であるデジタルアーティストとの著作物の利用の許諾（ライセンス契約）に基づく支払であるとすると、そのアートNFTの取引の対価の支払は居住者への支払に該当して源泉徴収の対象になります。

〈著作隣接権の対価が所得税法204条1項1号の対象になるか〉

所得税法204条1項1号の「著作権」の括弧書きでは「著作権（著作隣接権を含む。）」

の使用料と規定されています。著作権（著作隣接権その他これに準ずるものを含む）の使用料とされているわけではありませんので、「著作権」に含まれるものの範囲には争いはありません。所得税基本通達204-6によれば、「著作隣接権の使用料」に含まれないものとして、「著作権法第95条第1項《商業用レコードの二次使用》及び第97条第1項《商業用レコードの二次使用》に規定する二次使用料」が挙げられています。

著作権法90条の2から100条の5までには、①実演家の権利、②レコード製作者の権利、③放送事業者の権利及び④有線放送事業者の権利が著作者の権利とは別に著作隣接権としてそれぞれ並列的に規定されていて、所得税基本通達204-6に定められる「著作権法第95条第1項《商業用レコードの二次使用》及び第97条第1項《商業用レコードの二次使用》に規定する二次使用料」も含まれています。

国税庁HPの「令和4年版　源泉徴収のあらまし」[123]によれば、著作隣接権について次のような記述があります。

（注）著作隣接権とは、次のような権利をいいます。
1　俳優、舞踊家、演奏家、歌手等が実演を録音し、録画し、又は放送する権利
2　レコード製作者が製作したレコードを複製する権利
3　放送事業者が放送に係る音又は映像を録音し、録画し、又は写真その他により複製する権利

著作権法90条の2から100条の5までに定められている①実演家の権利、②レコード製作者の権利、③放送事業者の権利及び④有線放送事業者の権利のうち、④有線放送事業者の権利は、一見すると、上記の「令和4年版　源泉徴収のあらまし」の1から3までの記述の中には存在しないようにも見受けられますが、上記3の「放送事業者」の権利に、③放送事業者の権利と④有線放送事業者の権利の両方を含めているものと考えられます。

著作権法89条6項には、著作隣接権が「第一項から第四項までの権利（実演家人格権並びに第一項及び第二項の報酬及び二次使用料を受ける権利を除く。）は、著作隣接権という。」と定義されていて、①実演家の権利、②レコード製作者の権利、③放送事業者の権利及び④有線放送事業者の権利のうち、二次使用料を受ける権利や報酬を受ける権利が除かれています。

所得税基本通達204-6の「著作隣接権の使用料」に関しても、二次使用料が除かれていますが、「使用料」ではない報酬も、この「著作隣接権の使用料」から除くこととされているはずです。

123　国税庁HP「令和4年版　源泉徴収のあらまし」第5報酬・料金等の源泉徴収事務169頁（令和5年8月31日閲覧）

第6項……アートNFTの所得税法上の基本的な取扱い

⑴　アートNFT同士を交換した場合の取扱い

次に、アートNFTの所得税法上の基本的な取扱いについて、アートNFT同士の交換を例にして説明します。

居住者である甲は、自己が保有していたアートNFTαを居住者である乙が保有していたアートNFTβと交換したとします。甲は、手放したアートNFTαの時価ではなく、取得したアートNFTβの時価を譲渡対価の額とするところがポイントです。

甲の処理を仕訳で示すと、次のようになります。

（借方）	アートNFTβ	×××	（貸方）	アートNFTα	×××
				アートNFTα譲渡益	×××

甲は、アートNFTαの譲渡益について、他のNFTや暗号資産（仮想通貨）の譲渡損益などの雑所得となるものと合算し、年間20万円を超える場合[124]には、雑所得として翌年の2月16日から3月15日までに確定申告をすることになります。

取得した資産であるNFTβと手放した資産であるアートNFTαとの時価の差額は、手放したアートNFTαの取得価額と手放したアートNFTαの時価との差額をアートNFTの譲渡損益として調整計算することになります。そして、手放したアートNFTαの取得価額が手放した時に譲渡原価として費用化されることになります。

以下、具体的な数値で説明しますが、取得した資産であるNFTβの時価を基準に考えて、手放したアートNFTαの取得価額が手放した時に譲渡原価として費用化されます。つまり、取得した資産であるNFTβの時価と手放したアートNFTαの時価との差額が手放したアートNFTαの譲渡損益になると考えた方が分かりやすいかもしれません。

⑵　居住者甲の取扱い

居住者甲が2月9日に3 BTCの暗号資産（仮想通貨）1,350,000円（1,350,000円＝450,000円×3）を手放すことによりアートNFTαを購入し、5月20日に時価2,000,000円に値上がりしたアートNFTαを譲渡原価の1,350,000円で手放してアートNFTβを取得した時の仕訳を考えます。

〈2月9日の居住者甲の仕訳（居住者甲がアートNFTαを購入した時の仕訳）〉

（借方）アートNFTα　1,350,000円　　（貸方）暗号資産（3 BTC）　1,350,000円

124　暗号資産（仮想通貨）とアートNFTの譲渡損益を計算し、雑所得の金額が20万円を超える場合は、原則として確定申告が必要です（所法121①）。ただし、医療費控除等の還付申告を行う場合など、確定申告が必要な場合には金額制限なく雑所得としての申告が必要になること、また、住民税については金額制限がないことに注意する必要があります。

〈5月20日の居住者甲の仕訳　その1（居住者甲がアートNFTαを手放してアートNFTβを取得した時の仕訳）〉

仮に、アートNFTβの時価もアートNFTαの時価と同一であり2,000,000円の場合には、下記のような仕訳になります。手放したアートNFTαではなく、取得したアートNFTβの時価を基準に考えることに留意します。そして、手放したアートNFTαの取得価額1,350,000円を譲渡原価として費用化することになります。

（借方）アートNFTβ　2,000,000円　（貸方）アートNFTα　1,350,000円
アートNFTα譲渡益　650,000円

〈5月20日の居住者甲の仕訳　その2（居住者甲がアートNFTαを手放してアートNFTβを取得した時の仕訳）〉

仮に、アートNFTβの時価がアートNFTαの時価2,000,000円と異なり1,800,000円の場合には、下記のような仕訳になります。取得したアートNFTβの時価1,800,000円を基準に考えることに留意します。手放したアートNFTαの取得価額1,350,000円を譲渡原価として費用化することは変わりませんが、アートNFTαの取得価額1,350,000円とアートNFTαを手放した時の時価2,000,000円との差額（650,000円＝2,000,000円－1,350,000円）をアートNFTαの譲渡損益とすることに加えて、アートNFTαの時価2,000,000円とアートNFTβの時価1,800,000円との差額（△200,000円＝1,800,000円－2,000,000円）はアートNFTαの譲渡損益（450,000円＝650,000円－200,000円）として一緒に算定されることになります。

（借方）アートNFTβ　1,800,000円　（貸方）アートNFTα　1,350,000円
アートNFTα譲渡益　450,000円

(2)　居住者甲が内国法人甲である場合の取扱い

仮に、上記その2のケースで居住者甲が内国法人甲の場合には、アートNFTαの時価2,000,000円とアートNFTβの時価1,800,000円の差額200,000円を相手に贈与したことになりますので、法人税法上は200,000円の益金を計上して、その200,000円を居住者乙に対する寄附金として処理することになり（法法22②、法法37）、仕訳は下記のようになります。

〈5月20日の内国法人甲の仕訳　（内国法人甲がアートNFTαを手放してアートNFTβを取得した時の仕訳）〉

（借方）アートNFTβ　1,800,000円　（貸方）アートNFTα　1,350,000円
寄附金　200,000円　アートNFTα譲渡益　650,000円

⑶　居住者乙の取扱い

次に、居住者乙が1月5日にアートNFTβをエアドロップ又はギブアウェイ(Giveaway)により取得し、5月20日に時価1,800,000円に値上がりした時に時価2,000,000円のアートNFTαを交換により取得した場合を考えます。

〈1月5日の居住者乙の仕訳（居住者乙がアートNFTβを取得した時の仕訳)〉

居住者乙がアートNFTβをエアドロップ又はギブアウェイ（Giveaway）により取得した時のアートNFTβの時価が1,500,000円の場合は下記のような仕訳になります。時価が不明な場合には、仕訳は生じませんので、アートNFTβの取得価額はゼロになります。

（借方）アートNFTβ　1,500,000円　　（貸方）アートNFT取得益　1,500,000円

〈5月20日の居住者乙の仕訳又は内国法人乙の仕訳（居住者乙又は内国法人乙がアートNFTβを手放してアートNFTαを取得した時の仕訳)〉

手放したアートNFTβの時価は1,800,000円であるとしても、手放したアートNFTβの時価ではなく、取得したアートNFTαの時価2,000,000円を基準に考えるので、仕訳は下記のようになり、仮に居住者乙が内国法人乙であるとしても仕訳は変わりません。

（借方）	アートNFTα	2,000,000円	（貸方）アートNFTβ	1,500,000円
			アートNFTβ譲渡益	500,000円

〈アートNFTの譲渡損益の確定申告〉

居住者乙は、アートNFTβの譲渡益について、他のNFTや暗号資産（仮想通貨）の譲渡損益などの雑所得となるものと合算し、年間20万円を超える場合[125]には、雑所得として翌年の2月16日から3月15日までに確定申告をすることになります。

125　脚注123　国税庁HP「令和4年版　源泉徴収のあらまし」参照。

第11節

NFTの法人税法上の取扱い

第1項……アートNFTの法人税法上の取扱いの概要

下尾裕「NFT関連取引を巡る税務上の論点整理」は、アートNFTが貸借取引や資本等取引に該当しなければ基本的に課税対象になり、何らかの経済的価値が法人に流入すれば課税されると議論します[126]。

法人がアートNFTを購入した場合には、その購入のために支払った金額でアートNFTを資産に計上することになります。実務において問題となるのは、ギブアウェイ（Giveaway）など無償で取得したアートNFTの取得の処理です。アートNFTを無償で取得した場合には、その時価に相当する金額の受贈益を計上するとともに同額でアートNFTを資産に計上することになります。その時価が不明な場合は計上の必要はありません。

法人がアートNFTを譲渡した場合に、法人税法22条2項及び3項により、その譲渡対価の額が益金の額となり、その取得価額と譲渡経費の額が損金の額となることは、改めて言うまでもありません。

また、法人が事業年度終了の時にアートNFTを保有している場合には、通常、時価評価をする必要はありませんが、アートNFTが暗号資産（仮想通貨）に該当するというケースがあったとすれば、そのケースにおいては時価評価をする必要があります。

〈アートNFTは契約上の地位又は「著作物の利用の許諾（著法63条）の対価、利用権（著法63③)」として資産計上〉

実務的に問題になるのは、ギブアウェイ（Giveaway）等無償で取得したアートNFTの時価が明確な場合は幾らから計上すべきか、計上したアートNFTの減価償却はできるのか等ですが、著作物の利用の許諾（著法63）を得るために対価を支払うことにより、契約上の地位又は著作物の利用権（著法63③）を取得したと考えると、無償で取得したアートNFTは、取得した時の時価が明確である限り、法人税法22条2項に基づいて1円から益金（所得税の場合は、所得税法37条に基づいて総収入金額）に算入するべきです。そして、契約上の地位や著作物の利用権（著法63③）は無形固定資産に該当するものの、減価償却資産に該当しないことは明らかであることから、減価償却等の対象にはならないと考えられます。時価については、次に述べる活発な市場を有する暗号資産（仮想通貨）の時価評価が関連しますが、暗号資産（仮想通貨）の時価評価の規定がアートNFTの時価の議論にそのまま当てはまるかは議論が分かれるところです。

一方、著作権の全部又は一部を取得した場合は無形固定資産として資産計上する必要があり、減価償却等をすることはできません。

126　脚注19　下尾裕36頁参照。

第2項……活発な市場を有する場合の暗号資産の時価評価

下尾裕は、アートNFTが2号暗号資産に該当し、決算期末にそのアートNFTについて活発な市場が存在する場合には時価評価の対象になるが、2号暗号資産として決算期末に時価評価される場合は限定的であると議論します[127]。そして、NFTが暗号資産（仮想通貨）に該当する場合は限定的であることから、アートNFTについてもマーケットプレイスは存在しますが、暗号資産（仮想通貨）が決算期末に時価評価される活発な市場の意義（法令118の7①一～三）の要件を充足するか否かの判断は非常に困難であると議論します[128]。

暗号資産（仮想通貨）が決算期末に時価評価される活発な市場の意義（法令118の7①一～三）の3つの要件をまとめると次の図表のようになります。

図表1-12……暗号資産（仮想通貨）が時価評価される活発な市場の意義（法令118の7①一～三）

1.	継続的に売買価格又は他の暗号資産との交換の比率が公表され、かつ、その公表される売買価格等がその暗号資産の売買価格又は交換の比率の決定に重要な影響を与えているもの
2.	継続的に1.の売買価格等の公表がされるために十分な数量及び頻度で取引が行われていること
3.	次の要件のいずれかに該当すること ・上記1.の売買価格等の公表がその内国法人以外の者によりされていること ・上記2.の取引が主としてその内国法人により自己の計算において行われた取引でないこと

第3項……ギブアウェイ（Giveaway）の税制上の取扱い

(1)　ギブアウェイ（Giveaway）等によるアートNFTの無償の取得の取扱い

ギブアウェイ（Giveaway）やエアドロップなどによりアートNFTを無償で取得した場合には、これらにより暗号資産（仮想通貨）を無償で取得した場合と同様に、法人税法22条2項により、その時価に相当する金額が益金の額に算入され、その益金の額と同額でアートNFTを資産に計上することとなります。

このアートNFTの取得の処理においては、このアートNFTに市場があれば、その市場における時価を用いることになりますが、このアートNFTに市場がなかったとしても、何らかの方法によってその時価を合理的に計算した上でその時価を用いなければなりません。これは、法人税法22条2項において、無償による資産の譲受けの場合でも、特に限定等を付すことなく、収益の額が生ずることを前提としてその収益の額を益金の額に算入すると定めているためです。

アートNFTに活発な市場がある場合には、上記の時価もすぐに把握することができますが、そのような市場がない場合には、上記の時価の把握が容易ではないというケースが出てくると思われます。

127　脚注19　下尾裕36・51頁参照。
128　脚注19　下尾裕36・51頁参照。

そのようなケースにおける時価の計算に関しては､個別に検討するほかないと考えます。

(2)　ギブアウェイ（Giveaway）等によるアートNFTの無償の譲渡の取扱い

ギブアウェイ（Giveaway）は基本的に暗号資産（仮想通貨）やアートNFTを潜在的顧客にプレゼントするものであり、法人がギブアウェイ（Giveaway）などによってアートNFTを無償で与えた場合には、法人税法上、そのアートNFTの時価に相当する金額による譲渡と寄附が行われたとされる可能性が高いと考えられます。

これは、法人税法22条2項において、無償による資産の譲渡の場合でも、特に限定等を付すことなく、収益の額が生ずることを前提としてその収益の額を益金の額に算入すると定めており、同法37条7項において寄附金の額は贈与の時における価額によるものとするとされているためです。

ただし、法人があらかじめギブアウェイ（Giveaway）の明確な基準を決めておいてその基準に従ってアートNFTを無償で与えるというような場合には、そのアートNFTの時価に相当する譲渡対価の額が益金の額に算入されることになっても、同額の広告宣伝費や販売促進費などが損金の額に算入され、結果的には所得の金額が増加しないことになることがあると考えられます。

ギブアウェイ（Giveaway）の税制上の取扱いを、譲渡者と譲受者がそれぞれ法人、個人の場合についてまとめると次の図表のようになります。

図表1-13……ギブアウェイ（Giveaway）の税制上の取扱いのまとめ

譲渡者	譲受者	譲渡者の税制上の取扱い	譲受者の税制上の取扱い
法人	法人	無償譲渡益課税（法法22②） 寄附金課税（法法37）	アートNFTの無償による譲受けに対する受贈益課税（法法22②）
法人	個人	同上	贈与税課税 一時所得として課税（所得税基本通達34－1⑸）、50万円の特別控除後の金額の2分の1が課税対象
個人	個人	所得税法40条1項1号と2号の適用あり 通常取引価額（時価）で所得税課税（所法40①一） NFTが暗号資産（仮想通貨）に該当する場合は時価のおおむね70%相当額未満で譲渡した場合、時価の70%相当額から対価の額を控除した金額を所得金額に加算（所法40①二、所令119の6②一、所基通40-2、40-3）	所得税法40条2項1号と2号の適用あり 通常取引価額（時価）で贈与税課税（所法40①二） NFTが暗号資産（仮想通貨）に該当する場合は時価のおおむね70%相当額未満で取得した場合、時価の70%相当額で取得したものとみなす（所法40②二、所令119の6②二、所基通40-2、40-3）
個人	法人	同上	アートNFTの無償による譲受けに対する受贈益課税（法法22②）

第4項……アートNFTの期末時価評価の要否

「第1部　第3章　暗号資産の法人税関係　第5節　法人保有暗号資産の期末時価評価

の取扱いの説明」（117頁）で確認したとおり、法人が期末に暗号資産（仮想通貨）を有しており、その暗号資産（仮想通貨）に活発な市場が存在する場合には、その暗号資産（仮想通貨）を期末に時価評価する必要があり（法法61②）、活発な市場が存在する場合とは、継続的に売買価格等が公表されていて十分な数量と頻度で取引が行われている場合とされています（法令118の7）。

アートNFTが暗号資産（仮想通貨）に該当するというケースは現実的には少ないと考えられますが、仮に、アートNFTが暗号資産（仮想通貨）に該当するというケースがあったとすれば、そのアートNFTに活発な市場が存在する時は、そのアートNFTは期末の時価評価の対象となるということになります。

法人税法には、法人が期末に有するアートNFTを時価評価する旨の定めは設けられていませんので、法人が期末に有するアートNFTは、暗号資産（仮想通貨）に該当しない限り、時価評価をする必要はありません。

第2章

NFTの相続税・贈与税関係

この章では、NFTのFAQに基づいて、NFTの相続税・贈与税関係について説明します。

第1節
NFTを贈与又は相続により取得した場合
(NFTのFAQ 9（14頁))

[質疑応答全文]

問9 NFTを贈与又は相続により取得した場合の贈与税又は相続税の取扱いを教えてください。

(答) 個人から経済的価値のあるNFTを贈与又は相続若しくは遺贈により取得した場合には、その内容や性質、取引実態等を勘案し、その価額を個別に評価した上で、贈与税又は相続税が課されます。

[解説]

○ 相続税法上、個人が、金銭に見積もることができる経済的価値のある財産を贈与又は相続若しくは遺贈により取得した場合には、贈与税又は相続税の課税対象となることとされています。

○ この場合のNFTの評価方法については、評価通達に定めがないことから、評価通達5《評価方法の定めのない財産の評価》の定めに基づき、評価通達に定める評価方法に準じて評価することとなります。

○ 例えば、評価通達135《書画骨とう品の評価》に準じ、その内容や性質、取引実態等を勘案し、売買実例価額、精通者意見価格等を参酌して評価します。

（注）課税時期における市場取引価格が存在するNFTについては、当該市場取引価格により評価して差し支えありません。

〔参考〕

○ 評価通達（抄）

（評価方法の定めのない財産の評価）

5 この通達に評価方法の定めのない財産の価額は、この通達に定める評価方法に準じて評価する。

（書画骨とう品の評価）

135　書画骨とう品の評価は、次に掲げる区分に従い、それぞれ次に掲げるところによる。

(1)　書画骨とう品で書画骨とう品の販売業者が有するものの価額は、133《たな卸商品等の評価》の定めによって評価する。

(2)　(1)に掲げる書画骨とう品以外の書画骨とう品の価額は、売買実例価額、精通者意見価格等を参酌して評価する。

[筆者解説]

相続税法上、個人が、金銭に見積もることができる経済的価値のある財産を贈与又は相続若しくは遺贈により取得した場合には、贈与税又は相続税の課税対象になります。したがって、アートNFTの評価方法については、その内容や性質、取引実態等を勘案し、売買実例価額、精通者意見価格等を参酌して評価します。「課税時期における市場取引価格が存在するNFTについては、当該市場取引価格により評価して差し支えありません。」と説明されていることから、課税時期における市場取引価格が存在するアートNFTについては、当該市場取引価格により評価します。

第2節

NFTの相続税と贈与税の税法上の取扱い

この節では、アートNFTの相続税と贈与税の税法上の取扱いについて、下尾裕「NFT関連取引を巡る税務上の論点整理」に依拠して記述します。

第1項……アートNFTは相続税の課税対象となるのか

下尾裕は、アートNFTが相続税や贈与税の課税主体になるか否かについて、「金銭に見積もることができる経済的価値のある財産である限りは課税対象」（相法2、2の2）としています。しかしながら、「NFTの多くは、永久的権利が確保されているものではなく、発行者の判断によりNFTに関する権利をはく奪しうる旨が定められているケースがあるほか、また、相続による承継が認められるかも明確ではないケースも散見される。」「特に相続のケースにおいて、一律にNFTを相続税等の課税対象とするかは慎重な分析が必要になる可能性あり。」[129]として、アートNFTの多くがプラットフォーム事業者の規定によりアートNFTの権利を剥奪し得る場合が多いことを問題として指摘しています[130]。

さらに、下尾裕は、アートNFTの「相続税法上の時価は「それぞれの財産の現況に応じ、不特定多数の当事者間で自由な取引が行われる場合に通常成立すると認められる価額」であるが、NFTは、非代替性を特徴としており、何を基準とするかが不明確。」としています。そして、考えられる基準の一例として、「当該NFTの取得価格」、「マーケットプレイスにおける同種NFTの取得価格」及び「当該NFTにおける直近での買付価格」を挙げています[131]。

なお、相続税法10条の財産の所在については、「著作権、出版権又は著作隣接権でこれらの権利の目的物が発行されているものについては、これを発行する営業所又は事業所の所在」（相法10①一一）と規定されていて、営業所等を有しないアートNFT購入者（保有者）の財産の所在については規定がありません。この問題は、営業所等を有しないアートNFT購入者（保有者）の保有するアートNFTを国外財産調書に記載する必要があるのかという問題につながります。

第2項……相続税法上の財産所在地と法定調書

(1)　国外財産の所在地の考え方

〈はじめに〉

国外送金等調書規則12条3項6号には、「相続税法第十条第一項及び第二項並びに前項並びに前各号に規定する財産以外の財産については、当該財産を有する者の住所（住所を

129　脚注19　下尾裕56頁参照。
130　脚注19　下尾裕56頁参照。
131　脚注19　下尾裕41・42・56頁参照。

有しない者にあっては、居所）の所在」と規定されています。

下尾裕は、著作権等については、「国内源泉所得や消費税の議論とは異なり、「これに準ずるものを含む」という言葉がないので、著作権の利用権はここには含まれてこない」と議論しています。そして、「NFTの保有者については、営業所等がないということだとすると、一番最後のどれにも該当しないものということで、財産保有者の住所又は居所を前提に判定するというルーリングが適用されることになります。」、「国内に住んでおられる方の所有資産は国内財産として取り扱うことになるので、国外財産調書の記載は不要だという整理になります。」と結論付けています[132]。

〈相続税法10条1項11号の検討〉

相続税法10条1項11号で「著作権、出版権又は著作隣接権でこれらの権利の目的物が発行されているもの」の所在地は、「これを発行する営業所又は事業所の所在」地と規定されていますが、下尾裕の議論に従うと、アートNFTは著作物の利用の許諾（著法63）の対価であるため、国外財産調書に該当する著作権（出版権及び著作隣接権）に含まれず、記載は不要であるという結論になります。

仮に、「著作権、出版権又は著作隣接権でこれらの権利の目的物」が「著作権、出版権又は著作隣接権でこれらの権利の目的物が発行されているもの（著作物の利用の許諾を含む。）」と規定されているとすれば、アートNFTは含まれることになり、財産の所在地は「これを発行する営業所又は事業所の所在地」なので、国外に恒久的施設（PE）のある居住者や内国法人のアートNFTは国外財産調書の著作権（出版権及び著作隣接権）の対象ということになりますが、実際にはそのように規定されていません。

〈相続税法10条1項13号の検討〉

そして、相続税法10条1項13号は「前各号に掲げる財産を除くほか、営業所又は事業所を有する者の当該営業所又は事業所に係る営業上又は事業上の権利については、その営業所又は事業所の所在」と規定されていますので、アートNFTは著作物の利用の許諾（著法63）の対価であるため、アートNFTは「営業所又は事業所を有する者の当該営業所又は事業所に係る営業上又は事業上の権利」に該当します。したがって、アートNFTの購入者（保有者）が国外の営業所等を持つ場合には国外財産調書に記載が必要であるという結論になります。

〈相続税法10条3項の検討〉

相続税法10条3項は「第1項各号に掲げる財産及び前項に規定する財産以外の財産の所在については、当該財産の権利者であつた被相続人又は贈与をした者の住所の所在による。」と規定しています。

そして、国内のアートNFTの購入者（保有者）については、多くの場合営業所等を持っていないので、財産の保有者であるアートNFTの購入者（保有者）の住所又は居所によ

132　脚注19　下尾裕42・43・57頁参照。

り判断することになり、居住者や内国法人の居住地は日本なので、国内財産として取り扱うことから国内財産と判断され、国内のアートNFTの購入者（保有者）については、国外の営業所等を持っていない限りアートNFTの国外財産調書への記載は不要という結論になります。

〈まとめ〉

以上の議論をまとめると次のようになります。

国外財産調書の規定は相続税法10条の財産所在地に依拠しています。そして、国内のアートNFT購入者（保有者）については、多くの場合営業所等を持っていないので、財産の保有者であるアートNFTの購入者（保有者）の住所又は居所で判断することになります（相法10③）。相続税法上の財産所在地に依拠して国外財産調書を決めるということになると、居住者や内国法人の居住地は日本なので、オープンシー（OpenSea）に代表されるプラットフォーム事業者から購入したアートNFTや国外取引所にある暗号資産（仮想通貨）も国内財産として取り扱うことになることから、国外財産調書への記載は不要になるという結論に至ります。しかしながら、国外財産調書の規定そのものではなく、国外財産調書の規定が依拠する相続税法10条の財産所在地の規定は、アートNFTの正体である著作物の利用の許諾（著法63）の取扱いが不明確なことに加えて、営業所等の所在地を重視していることから規定そのものが時代遅れであり、結果的合理性に著しく欠けているように考えられます。

現在の相続税法の規定は、暗号資産（仮想通貨）やアートNFTといった新しい形態に全く追い付いていないことを示していて、著作物の利用の許諾（著法63）の取扱いについての今後の税制改正が待たれます。

以上の議論をまとめると次の図表になります。

図表2-1……国外財産調書と相続税法上の財産所在地[133]

該当類型	相続税法上の判断基準
著作権、出版権又は著作隣接権でこれらの権利の目的物が発行されているもの（相法10①十一）（国外送金等調書施行令10①）	営業所又は事業所の所在地 アートNFTは「著作権、出版権又は著作隣接権でこれらの権利の目的物が発行されているもの」の対象外
前各号に掲げる財産を除くほか、営業所又は事業所を有する者の当該営業所又は事業所に係る営業上又は事業上の権利（相法10①十三）（国外送金等調書施行令10①）	営業所又は事業所の所在地
「第1項各号に掲げる財産及び前項に規定する財産以外の財産の所在については、当該財産の権利者であつた被相続人又は贈与をした者の住所の所在による。」（相法10③）（外国送金等調書規則12③六）	営業所又は事業所を有しないアートNFTの購入者（保有者）は財産を有する者の住所（住所を有しない者にあっては、居所）の所在地

133　脚注19　下尾裕57頁を基に筆者作成。

(2)　財産債務調書の考え方

下尾裕は、「財産債務調書については、特に財産限定とか、所在といった考え方というのは、基本的にはないので、もしNFTを持っていて、経済的価値が付いているものだとすると、理屈上は財産債務調書に書かなければいけない」と議論します[134]。

この記述を見る限り、国外財産調書の規定と比較すると、財産債務調書についての問題は少ないように見受けられます。

134　脚注19　下尾裕42・43・57頁参照。

第3章

NFTの源泉所得税関係

この章では、NFTのFAQに基づいて、NFTの源泉所得税について説明します。とりわけ、NFTの国際源泉関係は誤解、曲解、根本的な勘違いの多いところなので十分な注意が必要です。

第1節

NFT取引に係る源泉所得税の取扱い

(NFTのFAQ 10（15頁））（下線と強調は筆者）

[質疑応答全文]

問10 給与所得者（日本で事業等の業務を行っておらず、給与の支払もしていない個人）である私は、マーケットプレイスを通じて、デジタルアート（著作物）の制作者から、デジタルアートが紐づけられたNFTを購入し、その購入代価を支払いました。

私は、制作者から当該デジタルアートに係る著作権の譲渡は受けておらず、当該デジタルアートをSNSのアイコンに使うことについて著作権法第21条に規定する複製権及び同法第23条に規定する公衆送信権等に係る著作物の利用の許諾を受けました（当該デジタルアートをSNSアイコンに使うことを除く著作権に係る利用許諾は受けておりません)。

このような場合、私は、当該NFTの購入代価を支払う際に、「著作権の使用料」として、所得税を源泉徴収する必要がありますか。

(注) このマーケットプレイスの利用規約上、当該デジタルアートに係る著作権は制作者に帰属することとされ、著作権に係る利用許諾は当該制作者のみが行うことができると明記されています。

なお、当該NFTの購入代価の内訳として、SNSのアイコンへの使用を認めることの対価は明記されていません。

(答) 所得税を源泉徴収する必要はありません。

[解説]

○ 居住者に対して、「著作権の使用料」を国内において支払う者は、その支払の際に所得税を源泉徴収することとされています。ただし、給与の支払をしていない個人の方が、著作権の使用料を支払う場合には、所得税を源泉徴収する必要はありません。

また、非居住者又は外国法人に対して、国内において業務を行う者がその業務に係る「著作権の使用料」や「著作権の譲渡対価」を国内において支払う際には、所得税を源泉徴収することとされています（租税条約の適用により、所得税を源泉徴収する必要がない場合もあります。)。

(注) 恒久的施設を有しない非居住者又は外国法人の有する「著作権の使用料」や「著作権の譲渡対価」の国内源泉所得については、源泉徴収のみで課税関係が終了することとされています（租税条約の適用により、源泉徴収されない場合もあります。)。

○　**購入したNFTに係るデジタルアートをSNSのアイコンに使用することについて、著作権法第21条に規定する複製権及び同法第23条に規定する公衆送信権等に係る著作物の利用の許諾を受けることの対価は上記の「著作権の使用料」に該当することとなります**ので、原則として、その支払の際に所得税を源泉徴収する必要があります。

○　ただし、ご質問の場合、当該NFTの購入代価の支払は、給与所得者（日本で事業等の業務を行っておらず、給与の支払もしていない個人）の方が行っておりますので、当該NFTの購入代価の支払の際に、「著作権の使用料」として所得税を源泉徴収する必要はありません。

(注) NFTの購入代価の支払を、給与所得者（日本で事業等の業務を行っておらず、給与の支払もしていない個人）でない方が行う場合でも、ご質問のように、NFTの購入代価の内訳として、**デジタルアートをSNSのアイコンに使うことについて著作権法第21条に規定する複製権及び同法第23条に規定する公衆送信権等に係る著作物の利用の許諾を受けることの対価が明記されていないためその対価部分を区分することが困難であり、かつ、その許諾の範囲はSNSのアイコンに使用することに限られているためその許諾が有償であるとしてもその対価部分は極めて少額であると認められる場合には、そのNFTの購入代価の支払の際に、「著作権の使用料」として所得税を源泉徴収する必要はありません**。

[筆者解説]

〈はじめに〉

NFTのFAQ 10（15頁）では、アートNFTが「デジタルアートの閲覧に関する権利」であることが明確化され、さらに、「デジタルアートの閲覧に関する権利」の設定は、著作権法21条に規定する複製権及び同法23条に規定する公衆送信権等に係る著作物の利用の許諾を受ける対価又はその一部であることが明確化されました。そして、複製権（著法21）及び公衆送信権等（著法23）に係る著作物の利用の許諾を受けることの対価は、非居住者又は外国法人に対して、国内において業務を行う者がその業務に係る「著作権の使用料」や「著作権の譲渡対価」を国内において支払う著作権の使用料（所法161①十一ロ）に該当することになりますので、原則として、その支払の際に所得税を源泉徴収する必要があることを明確にしています。

〈所法204①一の著作権使用料の源泉所得税〉

アートNFTに係る取引により、居住者に「著作権（著作隣接権を含む）の使用料」の対価を支払う場合には、支払金額の10.21%の税率（ただし、同一人に対して1回に支払われる金額が100万円を超える場合には、超える部分については20.42%）により所得税（復興所得税を含む）を控除し、翌月10日までに所轄の税務署に納付する必要があります（所法204①一、205一）。

ただし、個人が給与の支払者でないとき又は給与の支払者であっても常時2人以下の家事使用人のみに対する給与の支払者であるときは、源泉徴収をする必要はありません。

〈所法 161 ①十一ロの著作権の使用料の源泉所得税〉

アート NFT に係る取引により、非居住者又は外国法人に国内において業務を行う者から受ける著作権（出版権及び著作隣接権その他これに準ずるものを含む。）の使用料で当該業務に係るものの対価を支払う場合には、支払金額の 20.42% の税率により所得税（復興所得税を含む）を控除し、翌月の 10 日までに所轄の税務署に納付する必要があります（所法 161 ①十一ロ、205 一）。

国内において業務を行う者から受ける著作権の使用料で当該業務に係るものとは、著作権者から提供された著作権が国内の業務に利用されていれば課税されるという使用地主義を表していて、多くの租税条約は、使用地主義を支払者の所在地国に源泉があるという債務者主義に読み替えることになります。

非居住者等に対して国内において源泉徴収の対象となる国内源泉所得の支払をする者は、その支払の際、所得税及び復興特別所得税を源泉徴収し、納付する義務があります（所法 212 ①）。したがって、法律的には、法人に加えて国内源泉所得の支払をする全ての個人が源泉徴収義務を負うことになります。

〈僅少な著作物の利用の許諾（著法 63）の対価〉

NFT の FAQ 10（15 頁）では、「著作物の利用の許諾を受けることの対価が明記されていないためその対価部分を区分することが困難であり、かつ、その許諾の範囲は SNS のアイコンに使用することに限られている」ことを条件に、源泉徴収は必要ないと説明しています。

「著作物の利用の許諾を受けることの対価が明記されていないためその対価部分を区分することが困難」という条件が付与されているものの、「その許諾の範囲は SNS のアイコンに使用することに限られている」場合という僅少な著作物の利用の許諾の対価、つまり、「デジタルアートの閲覧に関する権利」である複製権（著法 21）及び公衆送信権等（著法 23）（著作物の利用の許諾（著法 63））に源泉徴収の必要がないことを条件付きにせよ国税当局が認めたのは、NFT の FAQ 10 が初めてであると考えられます。

そして、その源泉所得税が課税されない対象に複製権（著法 21）のみならず公衆送信権等（著法 23）を一部にせよ取り込んだところが斬新であり、OECD モデル租税条約コンメンタールや米国財務省規則 §1.861-18 と整合性のあるものになっています。

以上の内容を図表でまとめると次のようになります。

図表 3-1……コンピュータ・ソフトウェアの著作権の使用料該当性の考え方

項　目	内容説明
OECD モデル租税条約コンメンタール	インストール、ダウンロード等のみでは著作権の使用料に該当しない 複製権と頒布権（Distribution Right）の許諾があれば著作権の使用料に該当
米国財務省規則 §1.861-18	著作権の譲渡、著作権の使用料に加えて、著作権保護されたものの譲渡（Transfer of Copyrighted Article）の概念を導入

コンピュータ・ソフトウェアの大法人のロビー活動	1996 年、米国のコンピュータ・ソフトウェアの複数の大法人が日本中心にロビー活動開始 コンピュータ・ソフトウェアの対価に源泉所得税が掛からないよう要求
日米租税条約	2004 年、日米租税条約改訂により解決へ
日印租税条約	日印租税条約のテクニカル・サービス・フィー条項、2017 年に国連モデル条約採択

図表 3-2……アーティスト、プラットフォーム事業者及びアート NFT の購入者（保有者）による著作物の利用の許諾（著法 63）の内容分析

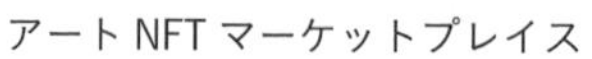

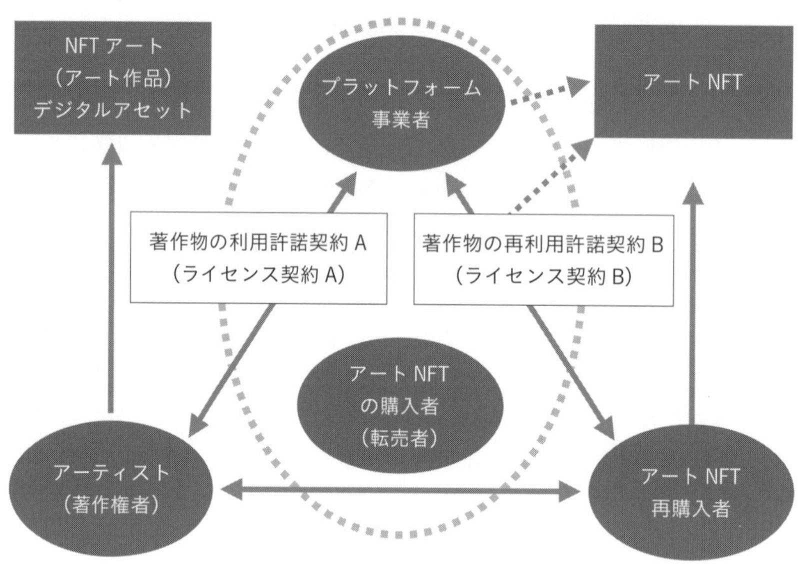

図表 3-3……著作物ごとの利用許諾契約（ライセンス契約）利用方法と条件による複製権等の付与

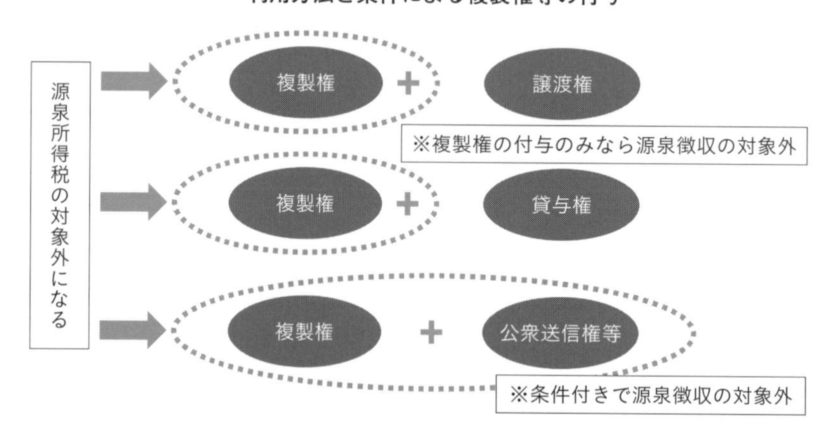

- 源泉徴収の対象になるか
- 著作権の使用料（所法161①十一ロ又は204）
- 取引が基本的に国内源泉所得に該当するのか（国内マーケット＋恒久的施設（PE）を有する非居住者又は外国法人の国外マーケット）＋使用地主義の検討
- 「著作物の利用の許諾を受けることの対価が明記されていないためにその対価部分を区分することが困難であり、かつ、その許諾の範囲はSNSのアイコンに使用することに限られている」場合（僅少な著作物の利用許諾（著法63））は源泉所得税の対象外

図表3-4……著作権の全部譲渡、一部譲渡及び著作物の利用の許諾（著法63）

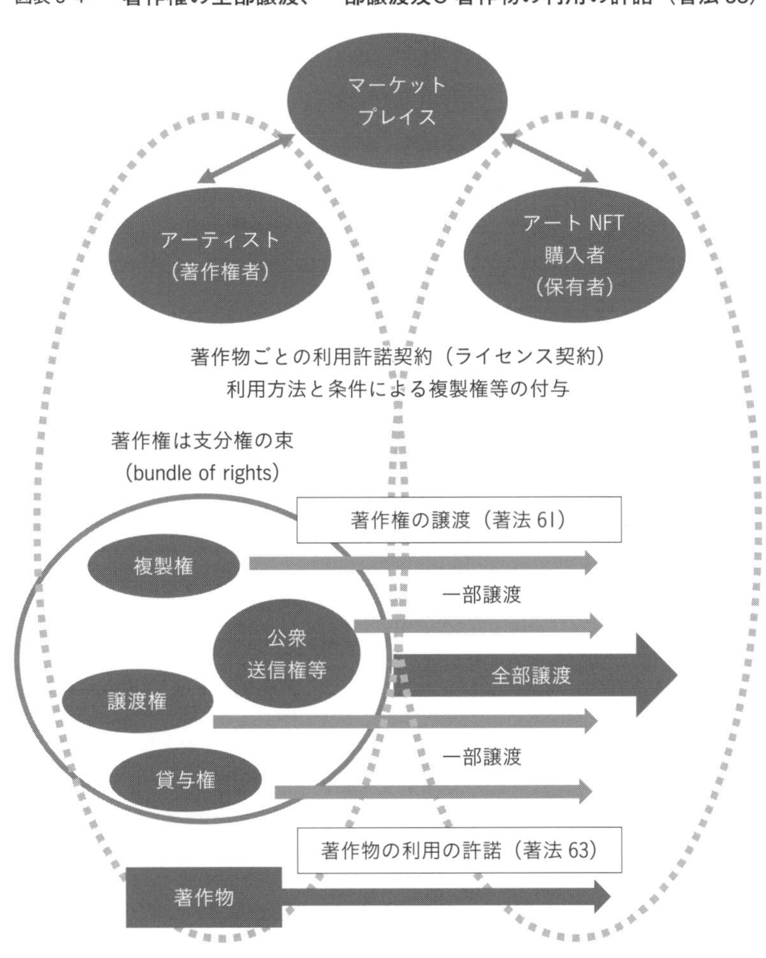

〈著作権法63条（著作物の利用の許諾）の規定〉

著作権者は、他人に対し、その著作物の利用を許諾することができる。

2　前項の許諾を得た者は、**その許諾に係る利用方法及び条件の範囲内において、その許諾に係る著作物を利用**することができる。

3　利用権（第一項の許諾に係る著作物を前項の規定により利用することができる権利をいう。次条において同じ。）は、著作権者の承諾を得ない限り、譲渡することができない。

第 2 節

NFT の国際源泉所得上の論点

第 1 項……国内源泉所得の類型

下尾裕「NFT 関連取引を巡る税務上の論点整理」は、アート NFT の課税関係が国際取引で問題とされる場面を①アート NFT を受け取る場面と、②アート NFT を発行する場面の検討が必要であると議論します[135]。

〈アート NFT のクロスボーダー取引の類型とその問題点〉

アート NFT のクロスボーダー取引の類型とその問題点については、まず、恒久的施設（PE）帰属所得の問題があります（所法 161 ①一、法法 138 ①一）。

次に、人的役務の提供事業の対価（所法 161 ①六、法法 138 ①四）を含めた人的役務の提供の対価と国内勤務の対価の問題もあります。

さらに、そもそもアート NFT の取引が国内取引に該当するのか、資産の譲渡等（所法 161 ①三、法法 138 ①三）においては国内資産に該当するのか、著作権の使用料（所法 161 ①十一ロ）に該当するのか等が問題になりますが、とりわけ資産の譲渡等と著作権の使用料の問題は重要です。

アート NFT に関係する国内源泉所得の類型をまとめると、次の図表のようになります[136]。

恒久的施設（PE）のない外国法人又は非居住者がアート NFT を発行し内国法人又は居住者がアート NFT の対価を支払う場合について確認することにします。

図表 3-4……アート NFT に関係する国内源泉所得の類型

国内源泉所得の類型	該当性が問題となるもの	源泉徴収
①恒久的施設（PE）帰属所得 （所法 161 ①一、法法 138 ①一）	N/A	×
②国内にある資産の運用又は保有 （所法 161 ①二、法法 138 ①二）	N/A	×
③国内にある資産の譲渡により生ずる所得 （所法 161 ①三、法法 138 ①三）	**非居住者が国内に滞在する間に行う国内にある資産の譲渡による所得**（所令 281 ①八）	○
④国内における人的役務提供事業の対価 （所法 161 ①六、法法 138 ①四）	N/A	○
⑤国内において業務を行う者に対する貸付金（これに準ずるものを含む。）で当該業務に係るものの利子 （所法 161 ①十）	「利子」とは、すべての種類の信用に係る債権（担保の有無及び債務者の利得の分配を受ける権利の有無を問わない。）から生じた所得（OECD モデル条約 11 ③）	○

135　脚注 19　下尾裕 36・37 頁参照。
136　脚注 19　下尾裕 52 頁参照。

⑥国内において業務を行う者から受ける使用料又は対価で当該業務に係るもの（所法161①十一ロ）	著作権（出版権及び著作隣接権その他これに準ずるものを含む。）の使用料又はその譲渡による対価（所法161①十一ロ）	○
⑦国内における勤務に基因する給与等（所法161①十二）	N/A	○
⑧その他の国内源泉所得（所法161①十七、法法138①六）	国内にある資産の贈与により取得する所得（所令289二、法令180二） 国内でした行為に伴い取得する一時所得（所令289五） 国内において行う業務又は国内にある資産に関し供与を受ける経済的な利益に係る所得（所令289六、法令180五）	×

第2項……恒久的施設（PE）のない外国法人によるアートNFTの発行

下尾裕は、恒久的施設（PE）のない外国法人によるアートNFT発行の場面で、内国法人又は居住者がその対価を支払う場合、その内容を(1)著作権等の権利設定の対価、(2)資産の譲渡の対価及び(3)役務提供の対価の３つに分けて取扱いを示しています[137]。

以下、その３つについて説明します。

(1)　著作権等の権利設定の対価

〈下尾裕の議論する著作権等の権利設定の対価とは〉

まず、下尾裕の追加説明においては、著作権等の権利設定の対価[138]とは、著作権法21条の複製権の行使を念頭に置いた行為、著作物の利用の許諾（著法63）の対価のうち、著作権法21条の複製権の対価部分のみをいうものとされていると考えられます[139]。

〈著作物の利用の許諾と著作権の使用料（所法161①十一ロ）との関係〉

次に、下尾裕は、「著作物の利用許諾を含むNFTにつき、国内において業務を行う者から受ける対価については、著作権の使用料と評価しうる。しかし、NFTは、著作物の複製等のみを内容とするわけではなく、より広いサービスと評価しうる場合もある。」[140]と議論します。つまり、著作物の利用の許諾の対価を含むアートNFTについては、支払者が国内において業務を行う者から受ける対価について、著作権の使用料（所法161①十一ロ）と評価することが可能であるということです。

〈著作物の利用の許諾の対価とサービス利用権の対価の関係〉

そして、下尾裕は、アートNFTの提供は、「著作物の複製等のみを内容とするわけではなく、より広いサービスとして評価しうる場合もある。」としていますが、サービスの

137　脚注19　下尾裕37・52頁参照。

138　「著作権等の権利設定の対価」と「著作権の権利設定の対価」との差異については、①アートNFTのような著作物の利用の許諾（著法63）の対価のみをいうのか、②サービス利用権の対価を含む広い概念なのかという問題があり、両者は峻別するべきであると考えます。下尾裕の補足の議論は脚注139参照。なお、「権利の設定」、「著作権等の権利設定の対価」及び「著作権の権利設定の対価」は「出版権の設定（著法79）」以外著作権法にも租税法の著作権関係の規定にも存在しない用語であり、議論の混乱を招いていて再検討が必要であると考えます。

対価に著作物の利用の許諾（著法63）の対価以外にどのようなものが含まれるかについては明確な説明がありません[141]。

なお、泉絢也＝藤本剛平『事例でわかる！ NFT・暗号資産の税務』（中央経済社、2022年）は、「例えば、クリエーターが自身で制作したイラストやアートなどの**デジタル作品をNFT化して、発行・譲渡するものの著作権譲渡までしない場合には、デジタル作品を譲渡しているというよりも、権利の設定、著作物の利用許諾等に係る権利の設定など**を行ったのであり、クリエーターは棚卸資産の販売をしているわけでないという見方がありえます。」（下線と強調は筆者）[142]と議論しています。

著作物の利用の許諾（著法63）を基本とするアートNFTの取引が著作権の譲渡（著法61）に該当しないことは自明のことであり、泉絢也＝藤本剛平の議論では、著作権の譲渡（著法61）に該当するデジタルアセットであるNFTアート（アート作品）の取引と著作物の利用の許諾（著法63）に該当するアートNFTの取引は明確に峻別する必要があるということが全く理解されていません。

また、「権利の設定」という用語は、「出版権の設定（著法79）」以外著作権法及びその関連法令において用いられていないことはもちろんのこと、租税法の著作権法の関連規定

139　日本租税研究協会の和気清隆氏を通じてアートNFT及び「著作権の設定の対価」（脚注19　下尾裕37頁参照）と「著作権等の権利設定の対価」（脚注19　下尾裕52頁参照）との関係について下尾裕「NFT関連取引を巡る税務上の論点整理」について、次のような追加説明をEメールでいただきました（令和4年11月15日確認）。

「52枚目のスライドにおける「著作権等の権利設定の対価」該当性の問題ですが、スライド15枚目は「アートNFT」の例を前提にしており、具体的な検討としては主には著作権（著作物）との関係が特に問題となりますので、37頁では「等」は付けておりません。「著作権等の権利設定の対価」との関係で議論しているのは、あくまで、「選手の画像や動画を複製したり自分のHPに貼り付けたりする」行為＝著作権法21条の複製権の行使を念頭に置いた著作物の利用の許諾の対価（著作物……の使用料）としての部分になります。この点は、明記していませんが、例えばアートNFTについては、もちろん個別の分析が必要であるものの、オンライン・メタバース等の公衆の目に触れるところも含めてアートを比較的自由に貼り付けたりするような場面が想定されますので、著作権法47条の3等に定めるプログラムのダウンロード等における複製（権利者の承諾を要しない複製の範囲）を超えている場合が多いのではないかとの理解に基づいています。一方、NFT一般としては、講演でも述べたとおり、肖像権やパブリシティ権の利用の許諾を含む場合が想定されますが、これらは法律上はあくまで人格権を基礎とするもので、著作権や知的財産権の利用には含まれませんので、著作権等の権利設定の対価の議論とは直接には関係しないということになります。ただ、現実問題として、NFTの初期発行の対価においては、具体的に何の対価であるか、さらにはその内訳は明示されないと思われますので、「著作権の使用料（所法161①十一ロ）」を含み得るとしても、全額がこれに該当するのかといった議論は生じ得ると想定されます（脚注19　下尾裕37頁参照）。」

140　脚注19　下尾裕37・52頁参照。

141　日本租税研究協会を通じて、下尾裕「NFT関連取引を巡る税務上の論点整理」における「著作物の利用の許諾の対価」と「サービス利用権」の違いについて、具体的な内容について確認したところ、令和4年11月25日に和気清隆氏を通じて回答を得られました。しかしながら、「著作物の利用の許諾の対価」と「サービス利用権」の具体的な相違は、次のとおり、「NFTの個別性に応じて」という回答であり、必ずしも明確ではありません。

「「サービス利用権」というのは、もちろん、NFTの内容にもよりますが、アートNFTには単純にデジタルアートを複製等できるだけではなく、追加のエアドロップを受けたり、保有者向けのサービスが提供されたりする例が多く存在すると理解しています。このような場合、アートNFTの法的性質については、単純な著作物の利用許諾権というよりは、利用許諾を前提としつつNFT発行者等より様々なサービスを受け得る法的地位＝サービス利用権として把握できるのではないかという考えから、「サービス利用権」という用語を用いております。御質問の内訳については、NFTの個別性に応じてということになろうかと思われます。」

142　脚注29　泉絢也＝藤本剛平192・193頁参照。

においても用例がなく、泉絢也＝藤本剛平『事例でわかる！ NFT・暗号資産の税務』には、「著作物の利用許諾等に係る権利の設定など」には、「権利の設定」に著作物の利用の許諾（著法63）が含まれるのか否か、著作物の利用の許諾（著法63）以外に何が含まれるのかということに関する記述もなく失当です。

〈サービス利用権（サービスを受ける契約上の地位）と著作権の使用料（所法161①十一ロ）との3つの関係〉

下尾裕は、サービス利用権の内容を①デジタルアートを使う、貼り付ける等の著作物の複製や公衆送信等著作権の権利内容そのものの場合、②サービス利用権（サービスを受ける契約上の地位）の対価で、サービス利用の対価に著作物の利用の許諾の対価が含まれていてその重要部分を構成している場合及び③サービス利用権（サービスを受ける契約上の地位）の対価でサービス利用の対価に著作物の利用の許諾が含まれてはいるが、その一部分、複製権部分しか構成しない場合の3つに分けて説明しています。

この説明の結論としては、サービス利用権（サービスを受ける契約上の地位）の対価でサービス利用の対価に著作物の利用の許諾の対価が含まれてはいるが、その一部分、又は複製権の対価部分しか構成しない場合には著作権の使用料（所法161①十一ロ）には該当しないという趣旨ではないかと考えられます。

しかしながら、これまでの国税当局の考え方を踏襲すれば、ほんの少しでも著作物の利用の許諾の対価が含まれていれば、その取引の対価全体が「著作権の使用料（所法161①十一ロ)」に該当すると国税当局に認定される可能性も否定できないことにも留意してください。

以上の下尾裕のサービス利用権（サービスを受ける契約上の地位）と著作権の使用料（所法161①十一ロ）との3つの関係の議論を図表にすると次のようになります。

図表3-5……下尾裕「NFT関連取引を巡る税務上の論点整理」(37・52頁)の著作権等の権利設定の対価

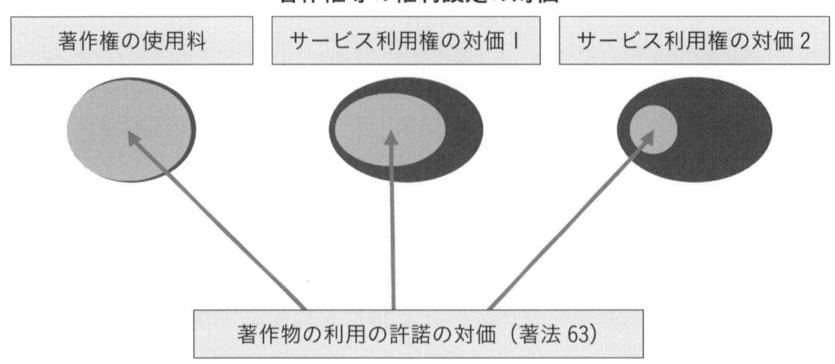

①著作権の使用料（所法161①十一ロ）
……デジタルアートを使う・貼り付ける
（著作物の利用の許諾の対価、著作物の複製及び公衆送信等著作権の権利内容そのもの）

②サービス利用権（サービスを受ける契約上の地位）の対価1
……サービス利用の対価に著作物の利用の許諾の対価が含まれていて重要部分を構成

③サービス利用権（サービスを受ける契約上の地位）の対価2
……サービス利用の対価に著作物の利用の許諾の対価が含まれていて、複製権のみがサービス利用権の一部分を構成

〈僅少な著作物の利用許諾の対価〉

ところで、NFTのFAQにおいて、「著作物の利用の許諾を受けることの対価が明記されていないためその対価部分を区分することが困難」な場合という制約がありますが、「その許諾の範囲はSNSのアイコンに使用することに限られている」場合、僅少な著作物の利用の許諾の対価は、源泉所得税の対象外とされました（NFTのFAQ 10（15頁））。

このように「デジタルアートの閲覧に関する権利」である複製権（著法21）及び公衆送信権等（著法23）（著作物の利用の許諾（著法63））が僅少な場合には源泉徴収の必要がないということを、条件付きにせよ国税当局が認めたのは初めてのことであり、非常に画期的な記述ではないかと思います。

〈著作権譲渡と「著作権の使用料（所法161①十一ロ)」の定義の確認〉

所得税法161条1項11号ロにおいては、次のとおり、著作権の使用料と著作権の譲渡の両方が「又は」という用語を用いて並列的に規定されています。

〈所得税法161条1項11号の定義〉

十一　国内において業務を行う者から受ける次に掲げる使用料又は対価で当該業務に係るもの

イ　工業所有権その他の技術に関する権利、特別の技術による生産方式若しくはこ

れらに準ずるものの使用料又はその譲渡による対価

ロ　著作権（出版権及び著作隣接権その他これに準ずるものを含む。）の使用料又はその譲渡による対価

ハ　機械、装置その他政令で定める用具の使用料

〈著作権の真正譲渡（outright sales）とは〉

所得税法161条1項11号ロの「その譲渡による対価」には、国内法上の著作権の全部譲渡と一部譲渡が含まれますが、租税条約の適用の場面では、租税条約上の譲渡所得条項の著作権者の権利（著作権のみならず著作者人格権も含まれるという見解もあります。）が全て譲渡される真正譲渡（outright sales）のみが著作権の譲渡に該当するという見解も存在します。

〈著作権の譲渡の対価と著作権の使用料の規定の見直し〉

平成26年度税制改正で所得税法161条の改正が行われましたが、同条1項11号ロの文言に関しては、多くの専門家が予想したような改正が行われず、同規定は、昭和37年度税制改正によって定められた状態のままであり、著作権の譲渡の対価と著作権の使用料のそれぞれの範囲と区分の問題もそのまま残されています。

〈著作権の使用料と租税条約の適用〉

租税条約の適用がある場合には、著作権の使用料の使用地主義は債務者主義に変更されるとともに、20.42%の源泉所得税率は10%又は0%に減免されることが多くなっています。租税条約によって著作権の使用料の国内法における使用地主義が債務者主義に変更されている場合には、「国内において業務を行う者（所法161①十一）」の支払は、その業務が国内において行われているか否かで国内源泉所得に該当するか否かを判断する（使用地主義）のではなく、支払者の居住地が国内であるか否かで国内源泉所得に該当するか否かを判断する（債務者主義）ということになります。

〈著作権の使用料の国内法における捉え方と租税条約等における捉え方の相違〉

OECDモデル租税条約や米国財務省規則§1.861-18においては、著作権の使用料については、①コンピュータ機器にソフトウェアをインストールするだけでは複製権の行使に当たらない、②複製権のみならず頒布権（distribution right）（日本の著作権のうち譲渡権及び貸与権に該当）の付与がないと著作権の使用料に該当しないという見解がその骨子に含まれていて、日本の国内法における著作権の使用料の捉え方との相違があります[143]。

著作権の全部譲渡や一部譲渡、著作物の利用の許諾の対価に関する国際的に共通した考え方に加えて、OECDモデル租税条約コンメンタールや米国財務省規則§1.861-18の著作権の使用料の捉え方には、著作権保護されたものの譲渡（transfer of copyrighted article）

143　日本知財学ゼミナール編集委員会編『知的財産イノベーション研究の展望　明日を創造する知財学』（白桃書房、2015年）細川健「第13章　コンピュータ・ソフトウェアの課税問題―著作権使用料（所得税法第161条第7号）の課税要件の構築―」341～368頁参照。

という、僅少な著作権や著作物の利用の許諾の対価が含まれた取引は著作権の使用料に当たらないという中間的な捉え方が重要になってきます。

つまり、日本の国税当局は、コンピュータ機器にソフトウェアをインストールするだけの行為を含めて、僅少な著作物の利用の許諾の対価が含まれていれば、その取引全体を著作権の使用料と捉えるとしていますが、OECDモデル租税条約コンメンタールや米国財務省規則§1.861-18においては、著作権の使用料をそのようには捉えないということです[144]。

NFTのFAQにおいて、アートNFTは、「デジタルアートの閲覧に関する権利」と定義され、複製権（著法21）及び公衆送信権（著法23）（著作物の利用の許諾（著法63））の対価と考えられます。ここで重要なことは、NFTのFAQ 10［解説］（注）において、「著作物の利用の許諾を受けることの対価が明記されていないためその対価部分を区分することが困難」な場合という制約がありますが、「その許諾の範囲はSNSのアイコンに使用することに限られている」場合、僅少な著作物の利用の許諾の対価は、源泉所得税の対象外とされたことです（NFTのFAQ 10（15頁））。僅少な著作物の利用の許諾の対価の概念が、OECDモデル租税条約や米国財務省規則§1.861-18の考え方と共通するものであり、一般的な概念として確立可能か否かが今後の日本の著作権の使用料の課題と考えられます。

〈国税不服審判所平成16年3月31日裁決と著作権法改正〉

国税不服審判所平成16年3月31日裁決（東裁（諸）平成15第253号、未公開裁決につき情報公開法により入手）（以下「平成16年裁決」といいます。）では、パッケージ・ソフトウェアの開発会社（外国法人）、流通販売業者（内国法人）及び日本国内の顧客の間の取引をその所有権に着目して①売買・再売買型、②賃貸・転貸型及び③売買・賃貸型に整理しています。そして、②と③の賃貸部分にはパッケージ・ソフトウェアを賃貸してコンピュータで使用するための複製権の利用の許諾が含まれていると解されていて、現在も国税不服審判所内では重要裁決事例として位置付けられています[145]。その理由としては、著作物の複製物の賃貸者は、著作物の複製物の所有者ではないので、プログラムの使用に付随する複製・翻案は自由に行えないという旧著作権法47条の3等に基づく判断がありました。著作権法の平成30年改正において、電子計算機における著作物の利用に付随する利用等（著法47の4）[146・147]が新たに規定され、平成16年裁決の枠組みにも影響がある

144　細川健「コンピュータ・ソフトウェアの国際課税（第4回）―米国財務省規則§1.861-18の検討―」『税務弘報』53巻1号（中央経済社、2005年）105～129頁参照。

145　脚注143　細川健341～368頁参照。国税不服審判所平成9年8月25日裁決（東裁（諸）平成9年第22号）によれば、パッケージ・ソフトウェアの所有権が移転しない場合はその貸与と認定し、当該取引の対価は貸与権（著法26の3）の許諾の対価として著作権の使用料に該当するとしています。しかしながら、貸与権（著法26の3）は「著作者は、その著作物（映画の著作物を除く。）をその複製物（映画の著作物において複製されている著作物にあつては、当該映画の著作物の複製物を除く。）の貸与により公衆に提供する権利を専有する。」と規定されていて、貸レコード、貸ビデオなどの形態を想定した規定であることから（脚注122　加戸守行214頁参照。）、パッケージ・ソフトウェアの取引は「公衆に提供する」に該当せず、媒体の所有権が移転しない場合の貸与権の対価該当性の見直しが必要です。

ものと考えられます[148]。

⑵　資産の譲渡の対価

〈アートNFTの国内資産該当性について／著作権（出版権及び著作隣接権その他これに準ずるものを含む。）の譲渡又は貸付け〉

下尾裕は、「国内にある資産の譲渡」（所法161①三、法法138①三）といえる場合に国内源泉所得に該当し得るとした上で、アートNFTは発行されるまで国内に存在しないので、アートNFTの譲渡は、国内源泉所得となる国内資産の譲渡といえるか疑問であるとしています[149]。

筆者は、インターネット取引が前提となるアートNFTの所在は、オープンシー（OpenSea）に代表されるプラットフォーム事業者の大部分が恒久的施設（PE）のない外国法人であることを考えると、アートNFTの購入者（保有者）が居住者や内国法人であることを理由に国内資産該当性を主張することは困難であると考えます。

当然ながら、日本の内国法人であるプラットフォーム事業者や外国法人で日本に恒久的施設（PE）のあるプラットフォーム事業者が発行するアートNFTは、国内資産に該当すると考えられます。

〈「国内にある資産の譲渡により生ずる所得」は限定列挙であること〉

「国内にある資産の譲渡により生ずる所得として政令で定めるもの」（所法161①三、法法138①三）は、所得税法施行令281条1項各号と法人税法施行令178条1項各号に掲げられていますが、これらは限定列挙となっています。

〈「国内にある資産の譲渡」の概要〉

所得税法施行令281条1項各号と法人税法施行令178条1項各号に列挙されているのは、①国内にある不動産の譲渡による所得、②国内にある不動産の上に存する権利等の譲渡による所得、③国内にある山林の伐採又は譲渡による所得、④買い集めをした内国法人の株式等の譲渡による所得、⑤不動産関連法人の株式の譲渡による所得、⑥国内にあるゴルフ場の所有・経営に係る法人の株式等の譲渡による所得、⑦国内にあるゴルフ会員権の譲渡による所得です。しかしながら、所得税法施行令281条1項8号には、これらに加えて「非居住者が国内に滞在する間に行う国内にある資産の譲渡による所得」が挙げられています。

ゴルフ会員権は、アートNFTと性質が似通ったところがありますが、所得税法施行令281条1項7号及び法人税法施行令178条7号に「ゴルフ場その他の施設」と明確に規定されているため、アートNFTはこれらの規定に列挙されているものには該当しないこと

146　中山信弘『著作権法〔第3版〕』（有斐閣、2020年）466～474参照。
147　脚注122　加戸守行402～412頁参照。
148　本田光宏「ソフトウェアの対価に関する課税関係について―インド最高裁Engineer Analysis事件判決を素材として―」『税務事例』（2022年）54巻6号50・51頁参照。
149　脚注19　下尾裕37・52頁参照。

となります。

〈「非居住者が国内に滞在する間に行う国内にある資産の譲渡」とは〉

法人税法施行令178条1項各号には存在せず、所得税法施行令281条1項においてのみ8号として掲げられている「非居住者が国内に滞在する間に行う国内にある資産の譲渡による所得」とは、どのようなものであり、これに暗号資産（仮想通貨）のみならずアートNFTの譲渡による所得が含まれることはないのかという疑問が湧きます。令和4年12月22日に暗号資産（仮想通貨）のFAQの改訂が行われ、「1-7　非居住者又は外国法人が行う暗号資産取引」（11頁）が追加されているので、「国内にある資産の譲渡による所得」に暗号資産（仮想通貨）のみならずアートNFTの譲渡による所得が含まれるのか否かを説明します。

〈旧法人税法施行令177条2項1号～14号の規定の確認〉

平成26年度税制改正による恒久的施設（PE）帰属所得の導入で多くの部分が削除されていますが、国内に所在する資産か否かを判定するためには旧法人税法施行令177条2項1号～14号の規定[150]が参考になります。

次に掲げる資産の譲渡により生ずる所得は、国内にある資産の譲渡により生ずる所得と規定されていました（旧法令177②）。

① 日本国の法令に基づく免許、許可その他これらに類する処分により設定された権利
② 証券取引法に規定する有価証券又は有価証券に準ずるものの範囲に掲げる権利で次に掲げるもの、ⅰ）取引所有価証券市場において譲渡されるもの、ⅱ）国内にある営業所を通じて譲渡されるもの、ⅲ）契約その他に基づく引渡しの義務が生じた時の直前において証券若しくは証書又は当該権利を証する書面が国内にあるもの
③ 国債、地方債、社債、内国法人の社員、会員、組合員その他の出資者の持分
④ 法人税法施行令187条1項3号（恒久的施設を有しない外国法人の課税所得）に規定する株式等でその譲渡による所得が、株式等の買い集めによる所得又は内国法人の特殊関係株主等である外国法人が行うその内国法人の株式の譲渡による所得に該当するもの
⑤ 法人税法施行令187条1項4号に規定する株式又は受益権でその譲渡による所得が不動産関連法人の株式又は不動産関連特定信託の受益権の譲渡による所得に該当するもの
⑥ 国内にあるゴルフ場の所有又は経営に係る法人の株式又は出資を所有することがそのゴルフ場を一般の利用者に比して有利な条件で継続的に利用する権利を有する者となるための要件とされている場合におけるその株式又は出資
⑦ 国内にある営業所が受け入れた預貯金、定期積金若しくは掛金に関する権利又は国内にある営業所に信託された合同運用信託（貸付信託を除きます）に関する権利
⑧ 国内において業務を行う者に対する貸付金又は居住者に対する貸付金に係る債権で居住者の行う業務に係るもの以外のもの

150　望月文夫『平成26年度版　図解国際税務』（大蔵財務協会、2014年）57頁参照。

⑨　国内の営業所を通じて締結した年金の支払を受ける権利又は国内の営業所を通じて締結された生命保険に基づく権利
⑩　国内にある事業所を通じて締結された抵当証券の契約に係る債権
⑪　国内において事業を行う者に対する出資の匿名組合契約に基づいて利益の分配を受ける権利
⑫　国内において行われる事業に係る営業権
⑬　国内にあるゴルフ場その他の施設の利用に関する権利
⑭　上記の資産のほか、その譲渡につき契約その他に基づく引渡しの義務が生じたときの直前において国内にある資産（棚卸資産である動産を除きます）

〈インターネット取引される暗号資産（仮想通貨）の国内資産該当性の考え方〉

旧法人税法施行令177条2項の基本的な考え方が、現行法に矛盾しない限り生きていると考えると、インターネットで取引される暗号資産（仮想通貨）やアートNFTのアップロードされたブロックチェーン等の所在地を、所在不明な資産としていきなり検討するのは理論的でないばかりでなく実務的でない場合が多いと考えられます。

つまり、暗号資産（仮想通貨）の取引所やマーケットプレイス事業者の本店所在地や恒久的施設（PE）の有無から、暗号資産（仮想通貨）やアートNFTの所在地はどこかという国内資産該当性をマーケットの地理的な所在地を考慮して判断するべきであると考えられます。

したがって、暗号資産（仮想通貨）の場合は、国内にある暗号資産（仮想通貨）の取引所で取引される暗号資産（仮想通貨）が「国内にある資産の譲渡」に該当すると考えられるところ、非居住者が国内に滞在している間に国内にある暗号資産（仮想通貨）の取引所で暗号資産（仮想通貨）を取引しない限り課税されないと考えられ、日本滞在中に暗号資産（仮想通貨）を国外の暗号資産（仮想通貨）の取引所で取引しても課税対象にはならないと考えられます。

コラム 15

COLUMN

コンピュータ・ソフトウェアの税務の問題はアートNFTの税務にも及ぶのか

内国法人や居住者が外国法人や非居住者に著作権の使用料を支払うと、原則として20.42%の源泉所得税を所轄の税務署に納める必要があります。多くの場合、コンピュータ・ソフトウェアの使用料（ロイヤリティ）も著作権の使用料に該当し、日米間の取引についても旧日米租税条約の下では10%の源泉所得税が掛かっていました。

10%の源泉所得税は日米間のコンピュータ・ソフトウェア取引の大きな阻害要因になっていて、1990年代半ば頃から、米国のコンピュータ・ソフトウェア巨大法人2社が大規模なロビー活動を日本を中心に開始しました。

当初のコンピュータ・ソフトウェア巨大法人2社の狙いは、日本の国税当局に働き掛けて、著作権の使用料課税、20%の源泉所得税を完全に撤廃することにありました。その時に展開された議論は、結果的にOECDモデル租税条約コンメンタールや米国財務省規則の中で結実することになります。

著作権の使用料については、コンピュータ機器にソフトウェアをインストールするだけでは複製権の行使に当たらない、複製権のみならず頒布権（distribution right）（日本の著作権の譲渡権と貸与権に該当）の付与がないと著作権の使用料に該当しないという骨子が含まれていて、ほんの少しでも複製権の対価が含まれれば著作権の使用料に該当するという日本の国税当局の著作権の使用料の捉え方との大きな相違がいまだに残っています。

日米間のコンピュータ・ソフトウェアの源泉所得税免除は、2004年に施行された新日米租税条約の改訂により実現したのですが、ほんの少しでも複製権の対価が含まれれば著作権の使用料に該当するという著作権の使用料に係る日本の国税当局の特殊な考え方は、日米間の取引以外ではそのまま残ってしまいました。

日本の国税当局の特殊な考え方は、日米間の取引以外のアートNFT取引に係る著作権の使用料課税問題という古くて新しい問題を惹起しているのです。

コラム 16

著作権の使用料に該当しない僅少な著作物の利用の許諾の対価とは何か

COLUMN

NFT の FAQ 1（3 頁）の解説では、アート NFT を第三者に譲渡した場合（一次流通）は、「デジタルアートの閲覧に関する権利」の設定に該当し、当該取引から生じた所得は雑所得又は事業所得に区分されるとしています。

NFT の FAQ 10（15 頁）では、「デジタルアートの閲覧に関する権利」の設定とは、複製権及び公衆送信権等に係る著作物の利用の許諾を受ける対価であることが明確にされました。そして、複製権と公衆送信権等に係る著作物の利用の許諾を受けることの対価は著作権の使用料に該当するので、原則として、非居住者又は外国法人への支払の際に 20.42% の所得税を源泉徴収する必要があります。

例えば、日米間の取引であれば 2004 年に改定された日米租税条約の適用により著作権の使用料に源泉所得税は課税されません。その一方で、租税条約のない国との取引は 20.42% の源泉所得税が課税され、日本シンガポール租税条約のように源泉地国に 10% の課税を認めている租税条約もあります。

さらに、NFT の FAQ 10（15 頁）では、「著作物の利用の許諾を受けることの対価が明記されていないためその対価部分を区分することが困難であり、かつ、その許諾の範囲は SNS のアイコンに使用することに限られている」ことを条件に、源泉徴収は必要ないと説明しています。

「その許諾の範囲は SNS のアイコンに使用することに限られている」という僅少な著作物の利用許諾の対価、つまり、「デジタルアートの閲覧に関する権利」の設定である複製権及び公衆送信権等に係る著作物の利用の許諾に源泉徴収の必要がないことを、条件付きにせよ国税当局が認めたのは、NFT の FAQ 10（15 頁）が初めてだと思います。

これまでの国税当局の考え方は、ほんの少しでも複製権の対価が含まれていれば、著作権の使用料として課税するというスタンスだったのです。そして、その対象に複製権のみならず公衆送信権等を一部にせよ取り込んだところが斬新であり、複製権の付与のみでは著作権の使用料の源泉所得税課税を認めない OECD モデル租税条約コンメンタールや米国財務省規則と整合性が取れたものになっています。

つまり、OECD モデル租税条約コンメンタールや米国財務省規則には、著作権の使用料に該当しない僅少な著作物の利用の許諾の対価、著作権保護された物の譲渡（transfer of copyrighted articles）という考え方が存在するのです。インストール、ダウンロードのみに利用される複製権の付与や、頒布権（distribution right）（米国の頒布権は日本の貸与権又は譲渡権に相当します。）を伴わない複製権の付与の対価には源泉所得税は掛かりません。その考え方が NFT の FAQ10（15 頁）には現れているのです。

コラム 17

COLUMN

アート NFT が著作権の使用料に該当する場合、個人にも源泉徴収義務があるのか

アート NFT が著作権の使用料に該当する場合には、個人にも源泉徴収義務があるのかという問題があります。著作権の使用料は、1 つは国内取引について所得税法 204 条 1 項 1 号に、もう 1 つは国際取引について所得税法 161 条 1 項 11 号ロに規定されています。

NFT の FAQ10（15 頁）には、次のような回答があります。

「居住者に対して、「著作権の使用料」を国内において支払う者は、その支払の際に所得税を源泉徴収することとされています。ただし、給与の支払をしていない個人の方が、著作権の使用料を支払う場合には、所得税を源泉徴収する必要はありません。」

この記述を読む限り、居住者に対して著作権の使用料の支払をする個人が給与を支払わない限り、著作権の使用料に対して所得税を源泉徴収する必要はないと読めますが、根拠の記述がありません。なお、「令和 5 年分　源泉徴収のあらまし」の 165 頁には「その個人が給与の支払者でないとき又は給与の支払者であっても常時 2 人以下の家事使用人のみに対する給与の支払者であるときは……（中略）……源泉徴収をする必要はありません（所法 184、204 ②一）。」という説明があります。

さらに、NFT の FAQ10（15 頁）には非居住者又は外国法人に対する著作権の使用料については次のような記述があり、所得税法 204 条 1 項 1 号の対象になる国内取引とは明確に分けて考える必要があります。

「また、非居住者又は外国法人に対して、国内において業務を行う者がその業務に係る「著作権の使用料」や「著作権の譲渡対価」を国内において支払う際には、所得税を源泉徴収することとされています（租税条約の適用により、所得税を源泉徴収する必要がない場合もあります。）。」

この記述には、居住者への著作権の使用料とは違い、業務を行う支払者が個人であっても非居住者と外国法人への著作権の使用料は業務に係るものは全て源泉所得課税されるように読めます。そして、「国内において業務を行う者がその業務に係る」というのはその著作権等が日本国内の業務で利用されない限り課税されないという使用地主義を表していて、多くの租税条約により日本国内に支払者がいれば課税されるという債務者主義に読み替えられます。さらには、この規定には「著作権の使用料」と「著作権の譲渡対価」とが一緒に規定されているという大きな特徴も含まれています。

アート NFT の購入者（保有者）の多くは個人であり、これまでの実務慣行では著作権の使用料（所法 161 ①十一ロ）に係る源泉徴収は個人に対してほとんど課税されてきませんでした。ところが、オープンシーにおいて行われるアート NFT の取引では、支払の多くは非居住者又は外国法人に対して行われるケースが多く、業務を行う支払者による業務に係る著作権の使用料に該当します。したがって、アート NFT 取引が増え続けていることから、著作権の使用料を支払う際、源泉徴収義務があるか否かはこれから大きなテーマになるでしょう。

第4章

NFTの消費税関係

この章では、NFTのFAQに基づいて、NFTの消費税関係について説明します。

第1節

NFT取引に係る消費税の取扱い①（デジタルアートの制作者）

(NFTのFAQ 11（17頁））（下線と強調は筆者）

[質疑応答全文]

問11 私はデジタルアート（著作物）の制作を行っている個人事業者ですが、制作したデジタルアートを紐づけたNFTをマーケットプレイスを通じて日本の消費者に有償で譲渡しました。これにより、私はNFTの譲渡を受けた日本の消費者に対して、当該デジタルアートの利用を許諾することとなります。この場合の消費税の取扱いを教えてください。

(答) 本取引は、デジタルアートの制作者（質問者）が、事業として、対価を得て日本の消費者に対して行う著作物の利用の許諾に係る取引であり、電気通信利用役務の提供として、デジタルアートの制作者に消費税が課されます。

[解説]

○ 消費税法上、国内において事業者が事業として対価を得て行う「資産の譲渡」及び「資産の貸付け」並びに「役務の提供」に対して消費税を課するとされています(注1、2)。

○ 本取引は、事業として対価を得て行われるものであり、かつ、電気通信回線を介して行われる著作物（著作権法第2条第1項第1号に規定する著作物）の利用の許諾に係る取引と認められますので、「電気通信利用役務の提供」に該当します（消法2①八の三）。

○ そして、電気通信利用役務の提供が国内において行われたものかどうかの判定（内外判定）は、<u>**役務の提供を受ける者の住所等（個人の場合には住所又は居所）が国内かどうかにより行うこととなります**</u>（消法4③三）。

○ したがって、本取引は、国内において事業者が事業として対価を得て行う電気通信利用役務の提供として、当該役務の提供を行った者（デジタルアートの利用の許諾を行った質問者）に消費税が課されることとなります(注3、4)。

(注1) 給与所得者が行う取引であっても、対価を得て行われる資産の譲渡等が反復、継続、独立して行われるものであれば、「事業として」の取引に該当します。

（注2）無償による取引は原則として消費税の課税対象となりません。

（注3）本取引における取引の相手方は日本の消費者であり、取引の相手方となる者が通常事業者に限られるものとは認められませんので、**デジタルアートの制作者（質問者）が国外事業者に該当する場合であっても、本取引は「事業者向け電気通信利用役務の提供」には該当せず、当該役務の提供を受けた国内事業者が申告・納税を行ういわゆる「リバースチャージ方式」の対象にはなりません**（消法2①八の四）。

（注4）当該役務提供を受ける者の住所等が国外の場合には消費税の課税対象外（不課税）となります。

〔参考〕

その課税期間の基準期間（※1）における課税売上高（※2）が1,000万円を超える（※3）事業者は、消費税の課税事業者となり、消費税の申告及び納付を行う必要があります。

※1　原則として、個人事業者は前々年、法人は前々事業年度をいいます。

※2　課税売上高とは、消費税が課税される取引の売上金額（消費税及び地方消費税を除いた税抜金額）と、輸出取引などの免税売上金額の合計額です。返品、値引きや割戻し等に係る金額がある場合には、これらの合計額（消費税及び地方消費税を除いた税抜金額）を控除した残額をいいます。

なお、基準期間において免税事業者であった場合には、その基準期間中の課税売上高には消費税が含まれていませんので、基準期間における課税売上高を計算するときには税抜きの処理は行いません。

※3　その課税期間の基準期間における課税売上高が1,000万円以下であっても、特定期間（個人事業者はその年の前年の1月1日から6月30日までの期間をいい、法人の場合は原則として、その事業年度の前事業年度開始の日以後6か月の期間をいいます。）における課税売上高が1,000万円を超える場合には、課税事業者となります）。

なお、特定期間における1,000万円の判定は、課税売上高に代えて、給与等支払額の合計額によることもできます。

[筆者解説]

デジタルアート（著作物）の制作を行っている個人事業者が、制作したデジタルアートを紐付けたNFTをマーケットプレイスを通じて日本の消費者に有償で譲渡すると、著作権者がデジタルアートの制作者である場合、著作物の利用の許諾契約を日本の消費者である顧客と結ぶことにより、アートNFTの発行者になります。

この場合、電気通信回線を介して行われる著作物（著作権法2条1項1号に規定する著作物）の利用の許諾に係る取引と認められますので、「電気通信利用役務の提供」に該当します（消法2①八の三）。したがって、「電気通信利用役務の提供」が国内において行われたものかどうかの内外判定は、役務の提供を受ける者の住所等（個人の場合には住所又は居所）が国内かどうかにより行うこととなります（消法4③三）。したがって、「電気通信利用役務の提供」であれば、**国内・国外いずれからの提供であっても、当該役務提供を受ける者の住所等が国内であれば国内取引になる**ので注意が必要です。

本取引における取引の相手方は日本の一般消費者ですので、著作権者であるデジタルアートの制作者が国外事業者に該当する場合であっても、**本取引は「事業者向け電気通信利用役務の提供」には該当せず、当該役務の提供を受けた国内事業者が申告と納税を行う**

いわゆるリバースチャージ方式の対象になりません（消法２①八の四）。

なお、電気通信利用役務の提供に該当するか否かについては、「本章　第３節　NFTの消費税法上の取扱い」で詳細に検討します。

コラム 18

COLUMN

アートNFTは電気通信利用役務の提供に該当しリバース・チャージの対象になるのか

電気通信利用役務の提供とは、インターネット等を介して行われる著作物の提供のことです。電気通信利用役務の提供には著作物の利用の許諾が含まれますが、それ以外の中身ははっきりしません。ここでも固有概念か借用概念かが大きな問題になりますが、この深掘りはコラム20に譲ります。

アートNFT取引はインターネット等を介して行われるので、電気通信利用役務に該当することは確かです。事業者向け電気通信利用役務の提供は、電気通信利用役務の提供のうち、役務の提供を受ける者が通常事業者に限られるものをいい、大事な定義です。なぜなら、事業者向け電気通信利用役務の提供に対してのみ、次で説明するリバース・チャージは適用されるからです。

事業者向け電気通信利用役務の提供の場合、役務の提供をした者ではなく役務の提供を受けた者が申告と納税を行いますが、これをリバース・チャージといいます。リバースは逆の、チャージは請求という意味です。

リバース・チャージの条件を詳しく見ていきます。⑴事業者が受けるサービスのうち、⑵電気通信利用役務の提供に該当するサービスで、⑶提供を受ける者が通常事業者に限られるものであり、⑷国外事業者から、⑸国内において受けるものをいいます。また、役務の提供を受けた事業者が課税売上割合95%以上の場合と簡易課税の適用を受ける場合には、課税仕入れはなかったものとして仕入税額控除の対象になりません。

⑶の条件を満たすアートNFTは非常に少ないことから、大部分のアートNFT取引は事業者向け電気通信利用役務に該当せず、リバース・チャージの対象にならないと考えられます。

そして⑸の国内において受けるものは内外判定により判断されますが、平成27年度税制改正により電気通信利用役務の提供の内外判定は役務の提供を受ける者の住所地で行われることになったことが重要です。役務の提供を受ける者が非居住者又は外国法人であれば不課税になります。改正前は、原則的には役務の提供が行われる場所、著作権等の譲渡又は貸付けを行う者の住所地、そして、所在不明資産に係る役務提供を行う者の事務所等の所在地により判定されていたのが大きく変わったのです。なお、著作権等の譲渡又は貸付けのうち、著作権等の貸付けの範囲に著作物の利用の許諾が入るか否か等はコラム16に記述しました。

アートNFT取引は電気通信利用役務の提供に該当しますが、リバース・チャージの対象にならないというのが結論です。

第2節
NFT取引に係る消費税の取扱い②（デジタルアートに係るNFTの転売者）
(NFTのFAQ 12（19頁））（下線と強調は筆者）

[質疑応答全文]

問12　私は、マーケットプレイスを通じてデジタルアートの制作者からデジタルアート（著作物）が紐づけられたNFTを購入した後、当該マーケットプレイスを通じて当該NFTを他者に有償で譲渡しました。私は当初の当該NFTの購入により当該デジタルアートの利用許諾を受けており、その後当該NFTを他者に譲渡することにより、当該利用許諾に係る権利（利用権）を当該他者に譲渡することになります。

なお、当該マーケットプレイスの利用規約上、当該デジタルアートに係る著作権は制作者に帰属し、著作物自体の利用の許諾は当該制作者のみが行うことができること、NFTの譲渡により著作物の利用権のみが移転することとされています。この場合の消費税の取扱いを教えてください。

(答)　本取引は、デジタルアートの制作者（著作権者）から当該デジタルアートの利用の許諾を受けた者（質問者）が、当該利用の許諾に係る権利（著作権法第63条第3項の利用権）を他者に譲渡する取引であり、国内の事業者が事業として対価を得て行うものであれば、当該国内の事業者に消費税が課されます。

[解説]

○　消費税法上、国内において事業者が事業として対価を得て行う「資産の譲渡」及び「資産の貸付け」並びに「役務の提供」に対して消費税を課するとされています（注1、2）。

○　本取引は、マーケットプレイスの利用規約上、当該デジタルアートに係る著作権は制作者に帰属し、著作物自体の利用の許諾は当該制作者のみが行うことができること、NFTの譲渡により著作物の利用権のみが移転することとされています。このことから、**質問者が著作権（出版権及び著作隣接権その他これに準ずる権利を含む。）自体を譲渡するものではなく、また、著作権の利用許諾を行うものでもないと認められます**。

○　そうすると、本取引は、デジタルアート（著作物）が紐づけられたNFTの譲渡に伴い、当該デジタルアートの制作者（著作権者）から当該デジタルアートの利用の許諾を受けた者（質問者）が、**当該利用の許諾に係る権利（利用権）を他者に譲渡するもの**と認められます。

○　そして、当該利用権の譲渡が行われる時における資産の所在場所が明らかでないことから、本取引が国内において行われたものかどうかの判定（内外判定）は、**譲渡を行う者の当該譲渡に係る事務所等の所在地が国内かどうかにより行うこととなります**（消法4③一かっこ書、消令6①十）。

○　したがって、本取引が、国内において（譲渡に係る事務所等が国内に所在する事業者が）、事業として対価を得て行うものであれば、当該事業者に消費税が課されることとなります（注3）。

(注1) 給与所得者が行う取引であっても、対価を得て行われる資産の譲渡等が反復、継続、独立して行われるものであれば、「事業として」の取引に該当します。

(注2) 無償による取引は原則として消費税の課税対象となりません。

（注3）**仮に、マーケットプレイスの利用規約など当事者間の契約上、NFTの譲渡に伴い著作権を譲渡することとなっている場合には、著作権の譲渡として当該著作権の譲渡を行う者の住所地で内外判定を行うこととなり**（消法4③一かっこ書、消令6①七)、譲渡の相手方が非居住者の場合には輸出免税の対象となります（消法7①五、消令17②六)。

また、当事者間の契約上、NFTの譲渡に伴い、著作権の利用を許諾することとなっている場合には、問11と同様の課税関係となります。

[筆者解説]

〈はじめに〉

まず、デジタルアートの制作者（著作権者）から当該デジタルアートの利用の許諾を受けた者がアートNFTを転売する場合（二次流通)、その転売は、著作物の利用の許諾（著法63）に係る利用権の譲渡に該当します。著作物の利用の許諾（著法63）に係る利用権の譲渡は、著作権法61条の著作権の譲渡ではなく、63条3項に規定されていることに留意してください。そして、著作物の利用の許諾（著法63）に係る利用権の譲渡は、①著作権（出版権及び著作隣接権その他これに準ずる権利を含む。）自体を譲渡するものではなく、また②著作権の利用の許諾（著法63）を行うものでもないと認められること、この2点を国税当局が著作物の利用の許諾（著法63）に係る利用権の譲渡（著法63③）が譲渡所得に区分される理由付けにしていることも重要です（NFTのFAQ 12（19頁))。

〈暗号資産（仮想通貨）とアートNFTの国内源泉所得該当性の整理　その1〉

次に、アートNFTの消費税法上の内外判定の検討をする前に、暗号資産（仮想通貨）とアートNFTの国内源泉所得該当性をマーケットの地理的場所から検討する必要があります。そもそも論として、国内にある資産をどのように考えるかですが、この議論は暗号資産（仮想通貨）やアートNFTについても当然ながら存在し、暗号資産（仮想通貨）については国内及び国外の暗号資産（仮想通貨）の取引所と暗号資産（仮想通貨）の交換所は区分され、国内の暗号資産（仮想通貨）の取引所と暗号資産（仮想通貨）の交換所における取引は、原則として、国内源泉所得と考えられます。そして、恒久的施設（PE）を有しない外国法人や非居住者が有する国外の暗号資産（仮想通貨）の取引所と暗号資産（仮想通貨）の交換所における取引は、原則として国外源泉所得として取扱うべきであると考えます。

〈暗号資産（仮想通貨）とアートNFTの国内源泉所得該当性の整理　その2〉

暗号資産（仮想通貨）と同様に、①内国法人が運営する国内のマーケットプレイスや、②恒久的施設（PE）を日本国内に保有する非居住者又は外国法人が運営する外国のマーケットプレイスで取引されるアートNFTについては、取引されるマーケットプレイスごとに国内所得該当性があるものとして検討されるべきであると考えます。

結論として、恒久的施設（PE）を日本国内に保有していない非居住者又は外国法人が運営する外国のマーケットプレイスで取引される、非居住者又は外国法人が取引するアート NFT については、著作物の利用の許諾（著法 63）に係る利用権の譲渡が行われるときに、「資産の場所の所在地が明らかでないもの」として消費税の課税関係を検討するべきであると考えます。

以上の議論を図表にすると次のように表せます。

図表 4-1……国内と国外の暗号資産（仮想通貨）の取引所と国内源泉所得

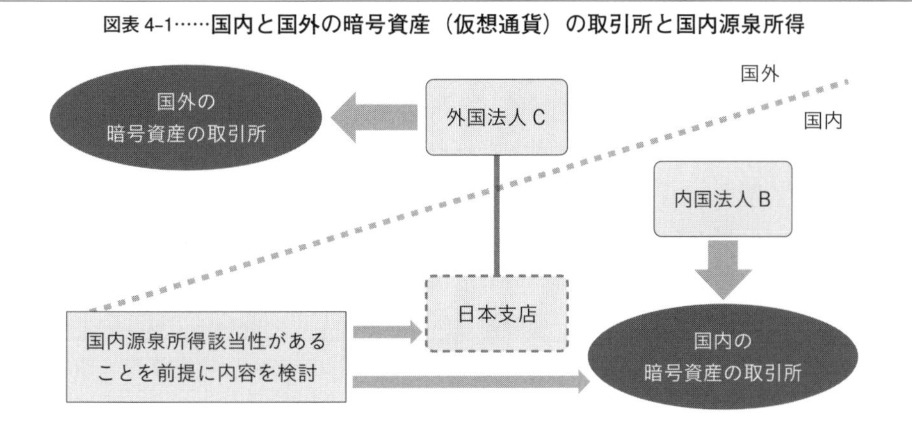

図表 4-2……国内と国外のアート NFT のマーケットプレイスと国内源泉所得

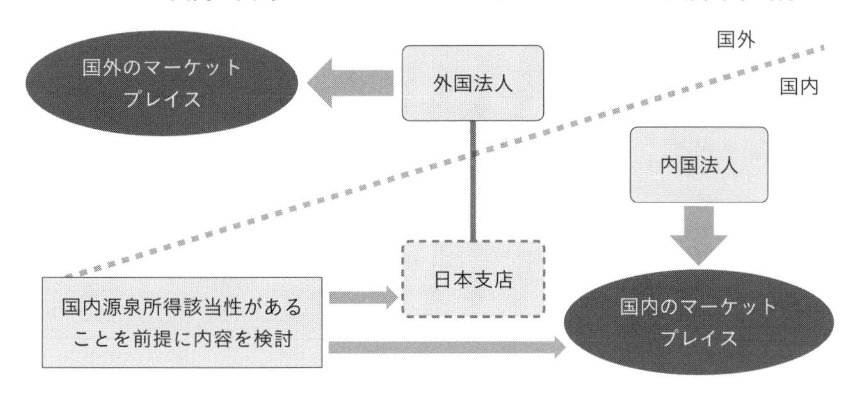

〈アート NFT の著作物の利用の許諾（著法 63）に係る利用権譲渡の消費税の課税関係の検討〉

著作物の利用の許諾（著法 63）に係る利用権の譲渡が行われるときに、資産の所在場所が明らかでない場合には、本取引が国内において行われたものかどうかの消費税の内外判定は、譲渡を行う者の当該譲渡に係る事務所等の所在地が国内かどうか、事務所等所在地主義により行うこととなります（消法 4 ③一括弧書き、消令 6 ①十）。

アート NFT12（19 頁）の（注 3）において、「仮に、マーケットプレイスの利用規約など当事者間の契約上、**NFT の譲渡に伴い著作権を譲渡することとなっている場合には、**

著作権の譲渡」に該当し、当該著作権の譲渡を行う者の住所地、債権者主義により内外判定を行うこととなり（消法 4 ③一括弧書き、消令 6 ①七）、譲渡の相手方が非居住者の場合には輸出免税の対象となる（消法 7 ①五、消令 17 ②六）と説明しています。しかしながら、筆者は、「NFT の譲渡に伴い著作権を譲渡することとなっている場合」は現実的にはほとんど存在せず、大部分は著作物の利用の許諾（著法 63）とその利用権の譲渡のみに該当することから、この説明は泉絢也＝藤本剛平『事例でわかる！　NFT・暗号資産の税務』（中央経済社、2022 年）の影響を強く受けていて、デジタルアセットの譲渡とアート NFT の譲渡、つまり、著作権の譲渡（著法 61）と著作物の利用の許諾（著法 63）との混同という致命的な誤りがあると考えられます。

泉絢也＝藤本剛平は、「クリエーター自身が制作したイラストやアートなどデジタル作品を NFT 化して、発行・譲渡するものの**著作権の譲渡まではしない場合には、デジタル作品を譲渡しているというよりも権利の設定（著作物の利用許諾等に係る権利の設定など）を行ったものであり、クリエーターは棚卸資産の販売をしているわけではないという見方がありえます**。そうすると、NFT のギブアウェイ（Giveaway）、無償譲渡は棚卸資産等の贈与には該当しないという見解につながり」（下線と強調は筆者）（泉絢也＝藤本剛平, 2022 年, 193 頁）として、アート NFT のギブアウェイ（Giveaway）、無償譲渡を著作権の譲渡（著法 61）とも著作物の利用の許諾（著法 63）ともどちらにでも判断できるという曖昧で根拠に欠ける議論を展開しているのがその理由です。

資産の所在が明らかでない場合の内外判定は、譲渡者の事務所等所在地、つまり、事務所等所在地主義により決定されます（消法 4 ③一括弧書き、消令 6 ①十）。

この論点は、著作物の利用の許諾（著法 63）について、「第 4 章　NFT の消費税関係　第 4 節　消費税の内外判定と外国における著作権等の定義の関係」で詳細に検討します。

コラム 19

アート NFT を購入（一次流通）して
第三者に転売（二次流通）すると消費税の対象になるのか

COLUMN

アート NFT を購入（一次流通）して第三者に転売（二次流通）すると、この 2 つの取引が消費税の対象になるのかという問題があります。消費税法が余りにも複雑で、説明そのものが困難な事例と言えますし、明らかに誤った説明も多い事例です。

オープンシー（OpenSea）に代表される海外のプラットフォーム事業者からアート NFT を購入（一次流通）し、購入したアート NFT を第三者に転売（二次流通）するのが典型的な取引です。多くの場合、アート NFT の購入者（保有者）は内国法人又は居住者ですが、そうでない場合もあります。

まず、消費税法では、国内で事業者が事業として対価を得て行う「資産の譲渡」、「資産の貸付け」、「役務の提供」に対して消費税を課するとされています。

そして、アート NFT の購入（一次流通）、転売（二次流通）の取引がインターネット等の利用が必要不可欠な「電気通信利用役務の提供」に該当するのかという問題があります。この 2 つのアート NFT 取引はインターネットや電子メール等を利用することが必要不可欠な著作物の利用の許諾に係る取引と認められるので、「電気通信利用役務の提供」に該当します。

大事なのは、取引が消費税法上の資産の譲渡等に該当するか否かです。取引が資産の譲渡等に該当する場合は、電気通信利用役務の提供が国内において行われたかどうかの判定（内外判定）は役務の提供を受ける者の住所等（個人の場合には住所又は居所）で判断され、それが国内かという部分も重要です。電気通信利用役務の提供に該当しても、役務の提供を受ける者の住所等が国外であれば消費税法上の不課税取引になります。

電気通信利用役務の提供に該当しない取引については、著作権等の譲渡又は貸付けは譲渡者・貸付者の住所地で課税されるか否かを判断するのが原則であり、インターネット上で取引される所在不明資産には譲渡者・貸付者の事務所等所在地が適用されます。

つまり、アート NFT の購入（一次流通）、転売（二次流通）はインターネット等の利用が必要不可欠な「電気通信利用役務の提供」に該当する場合が大部分でしょうから、役務の提供を受ける者の住所等（個人の場合には住所又は居所）が国内かどうかにより消費税が課税されるか否か判定することになります。

第3節

NFTの消費税法上の取扱い

この節では、アートNFTの消費税法上の取扱いについて、下尾裕「NFT関連取引を巡る税務上の論点整理」に依拠して記述します。

第1項……資産の譲渡等該当性について

〈アートNFTの国内取引該当性がポイント〉

下尾裕は、アートNFT取引は、「法的な位置付けを資産譲渡と見るのか、役務提供と見るのかに拘わらずNFTの取引は，基本的には消費税の課税対象にはなってしまうと想定され、あとは、それが国内におけるものなのかという国内性の問題というところが残ってくるというのが現状の整理になる」、「規約の定めによるものの、発行時点では資産の譲渡・貸付け又は役務提供の対価、譲渡時点では資産の譲渡に該当するものと想定される。」と議論しています[151]。つまり、国内において事業者が行った資産の譲渡、貸付け又は役務の提供は、消費税の課税対象になることから（消法4)、消費税法上、アートNFTが資産の譲渡であれ役務提供であれ、国内取引で対価をもって取引されれば課税取引に該当することは明白ですので、アートNFTの国内取引該当性か否かがポイントになります。

〈アートNFTに係る取引はほとんどが課税取引に該当〉

さらに、下尾裕は、「NFTは暗号資産には該当しないということがほとんどでありNFTを渡すときのお金というのが、いわゆる前払式支払手段だとか、預り金になっている場面というのも、あまり想定しにくいように思います。そうすると，非課税資産の譲渡等に該当する場合というのは基本的にないということになってきます。」と議論します[152]。つまり、アートNFTが暗号資産（消法別表2二、消令9①四）又は物品切手等（消法別表2四ハ、消令11、具体的には前払式支払手段）に該当するケース以外は、アートNFTに係る取引は、非課税取引に該当しません（消法6①)。アートNFTの譲渡は暗号資産（仮想通貨）には該当しない場合が大部分であり、前払式支払手段や預り金になる場面も想定しにくいので、非課税資産の譲渡に該当する場合はほとんど想定できないことになります。

第2項……電気通信利用役務の提供該当性について

消費税法2条1項8号の3は､「電気通信利用役務の提供」とは､「資産の譲渡等のうち、電気通信回線を介して行われる著作物（著作権法第2条第1項第1号（定義）に規定する著作物をいう。）の提供（当該著作物の利用の許諾に係る取引を含む。）その他の電気通信

151　脚注19　下尾裕40・54頁参照。
152　脚注19　下尾裕40・54頁参照。

回線を介して行われる役務の提供（電話、電信その他通信設備を用いて他人の通信を媒介する役務の提供を除く。）であつて、他の資産の譲渡等の結果の通知その他の他の資産の譲渡等に付随して行われる役務の提供以外のものをいう。」と規定しています。下尾裕は、「NFTそのものを資産と見ると役務提供ではなく該当しないが、NFTの内容により、その中心的内容がネットを通じたサービス利用権又は著作物の利用許諾である場合にはNFTの発行段階で該当するケースが想定される。」と議論します[153]。

〈アートNFTの提供は電気通信利用役務の提供に該当する場合あり〉

アートNFTの提供が著作物の利用の許諾（著法63）である場合には、アートNFTの提供が「電気通信利用役務の提供」に該当するケースがあります。オンラインゲームのように、著作物の利用の許諾（著法63）を含めたサービス利用権の利用の許諾に該当し得るようなものが「電気通信利用役務の提供」に含まれると考えられます[154]。

〈著作物の提供（当該著作物の利用の許諾に係る取引を含む。）の意義〉

著作権法2条1項1号（定義）において、著作物とは、「思想又は感情を創作的に表現したものであつて、文芸、学術、美術又は音楽の範囲に属するものをいう。」と定義されていることから、消費税法2条1項8号の3の「電気通信利用役務の提供」の定義の中で「著作物（著作権法第二条第一項第一号（定義）に規定する著作物をいう。）」とされている「著作物」が著作権法2条1項1号において定義されている「著作物」をいうものであることは明確です。

ただし、消費税法2条1項8号の3の「著作物の提供」に関しては、「**提供（当該著作物の利用の許諾に係る取引を含む。）**」とされており、これは、著作権法には規定されていない、消費税法のみの規定と考えられます。

このため、この「著作物の提供」がどのようなものを想定しているのかが問題になり、具体的には、「著作物の利用の許諾」（著法63）以外のものの範囲が問題になりますが、不明確な規定であり、早急な税制改正が必要です。

〈平成27年度税制改正を担当した財務省の職員の解説〉

財務省『平成27年度　税制改正の解説』の中の「消費税法等の改正」の解説においては、「電気通信利用役務の提供に該当する取引の例」（832頁）と「電気通信利用役務の提供に該当しない取引の例」（832頁）を次のように区分して説明しています。

[電気通信利用役務の提供に該当する取引の例]（下線と強調は筆者）

- **電子書籍、電子新聞、音楽、映像、ソフトウエア（ゲーム等の様々なアプリケーションを含みます。）などの配信**
- クラウド上のソフトウエアやデータベースなどを利用させるサービス

153　脚注19　下尾裕54頁参照。
154　脚注19　下尾裕40・54頁参照。

・　インターネット等を通じた広告の配信・掲載
・　インターネット上のショッピングサイト・オークションサイトを利用させるサービス
・　ソフトウエアやゲームアプリなどをインターネット上で販売するための場所（WEBサイト）を利用させるサービス
・　インターネットを介して行う宿泊予約、飲食店予約サイトへの掲載等（宿泊施設、飲食店等を経営する事業者から掲載料等を徴するもの）
・　インターネットを介して行う英会話教室
・　電話を含む電気通信回線を介して行うコンサルテーション　など

[電気通信利用役務の提供に該当しない取引の例]

・　**電話、FAX、電報、データ伝送、インターネット回線の利用など、他者間の情報伝達を単に媒介するサービス（通信）**
・　**ソフトウエアの制作等**
　ソフトウエアの制作を国外事業者に依頼し、その成果物の受領や制作過程の指示がインターネット等を介して行われる場合があるが、インターネット等を介した成果物の受領等の行為は、ソフトウエア制作という役務の提供に付随した行為であり、電気通信利用役務の提供には該当しない。
・　国外に所在する資産の管理・運用等（ネットバンキングを含む。）
　インターネット等を介して資産の運用、資金の移動等の指示、状況・結果報告等が行われる場合があるが、当該結果報告等の行為は資産の管理・運用という役務の提供に**付随した行為であり**、電気通信利用役務の提供には該当しない。ただし、クラウド上の資産運用ソフトの利用料金などを別途受領している場合には、その部分は、電気通信利用役務の提供に該当する。
・　国外事業者に依頼する情報の収集・分析等
　インターネット等を介して情報の収集・分析等の結果報告等が行われる場合があるが、当該結果報告等の行為は、情報の収集・分析等という役務の提供に**付随した行為であり**、電気通信利用役務の提供には該当しない。ただし、他の事業者の依頼によらずに自身が収集・分析した情報を閲覧させたり、インターネット等を通じて利用させたりするサービスは、電気通信利用役務の提供に該当する。
・　国外の法務専門家等に依頼して行う国外での訴訟遂行等
　インターネット等を介して訴訟の状況報告等が行われる場合があるが、当該状況報告等の行為は、国外における訴訟遂行という役務の提供に**付随した行為であり**、電気通信利用役務の提供には該当しない（下線と強調は筆者）。

〈国税庁消費税室「国境を越えた役務の提供に係る消費税の課税に関するQ&A」〉

そして、国税庁消費税室「国境を越えた役務の提供に係る消費税の課税に関するQ&A」には次のような情報が掲載されています。

○　著作権の譲渡・貸付け

(**著作物に係る著作権の所有者が、著作物の複製、上映、放送等を行う事業者に対して、当該著作物の著作権等の譲渡・貸付けを行う場合に、当該著作物の受け渡しがインターネット等を介して行われたとしても、著作権等の譲渡・貸付けという他の資産の譲渡等に付随してインターネット等が利用されているものですので、電気通信利用役務の提供に該当しません。**)[155]（下線と強調は筆者）

〈「電気通信利用役務の提供」に該当しない場合のメルクマールは何か〉

上記のことから導かれるのは、インターネット取引が単なる通信手段にすぎず、メインとなる取引が他にあり、インターネット取引がメインとなる取引に付随した行為である場合には「電気通信利用役務の提供」には該当しないということです。

つまり、インターネット取引が電気通信利用役務の提供以外の役務の提供に付随した行為か否かが重要であり、特に重要なのは、**ソフトウェアの制作等を国外事業者に依頼し（主な取引なのか）、その成果物の受領や制作過程の指示がインターネット等を介して行われる場合には、ソフトウェアの制作が主たる取引で成果物の受領や制作過程の指示が付随した行為ということになっているか否かの分析**であると考えられます。このような場合には、通常、インターネットは単なる通信手段にすぎず、主たる取引はソフトウェアの制作等の国外事業者への依頼であることから、「電気通信利用役務の提供」には該当しないことになります。

要するに、インターネット取引が役務の提供に付随した行為であることが、「電気通信利用役務の提供」に該当しない取引の例のメルクマールになっていることが分かります。つまり、インターネット等を介した成果物の受領等の行為は、インターネットに代えて郵送等が可能であるので、インターネット取引が役務の提供に付随した行為であると見ることもできます。

155　国税庁消費税室「国境を越えた役務の提供に係る消費税の課税に関するQ&A」平成27年5月（平成28年12月改訂）4頁参照（令和5年8月31日閲覧）

〈オンラインゲームやサービス利用権は「電気通信利用役務の提供」に該当しない取引に該当するか〉

下尾裕は、「電気通信利用役務の条文を見ると，特にオンラインゲームのように役務提供に該当し得るようなものの中でNFTが発行されているというようなケースにおいては、この電気通信利用役務の提供に該当するようなNFTの発行というものも想定されます」と議論しています[156]。

つまり、オンラインゲームやオープンシー（OpenSea）に代表されるプラットフォーム事業者の提供サービス（サービス利用権）のように、著作物の利用の許諾の対価を含めたサービス利用権を利用させるような取引に該当し得るようなものについては、アートNFTが発行されているものも「電気通信利用役務の提供」に該当する取引に含まれます。つまり、このようなアートNFTが発行されているものは、インターネット取引が郵送等に代替できないことから、「電気通信利用役務の提供」に該当する取引に含まれるということです。

〈「電気通信利用役務の提供」に該当する取引と「電気通信利用役務の提供」に該当しない取引に適用される判断基準〉

「電気通信利用役務の提供」に該当する取引であれば、「電気通信利用役務の提供を受ける者の住所若しくは居所又は本店若しくは主たる事務所」等、役務享受者の所在地（役務享受者所在地主義。消法4③三）が適用されます。

「電気通信利用役務の提供」に該当しない取引については、著作権（出版権及び著作隣接権その他これに準ずる権利を含む。）の譲渡又は貸付けについては譲渡者・貸付者の住所地（債権者主義。消令6①七）で課税か否かを判断するのが原則とされ、インターネット上で取引される所在不明資産については、譲渡者・貸付者の事務所等所在地（事務所等所在地主義。消令6①十）が適用されることから、消費税は不課税になります。

〈「当該著作物の利用の許諾に係る取引を含む。」と規定されている意味〉

消費税法2条1項8号の3の「著作物の提供」の括弧書きに、当該著作物の利用の許諾を含むではなく、「当該著作物の利用の許諾に係る取引を含む。」と規定されているのは、「著作物の利用の許諾」（著法63）を含んだ広い取引を想定していて、その全体を消費税の対象と捉えていると考えられます。「著作物の提供」とは税法上の固有概念であり、著作権法上の「著作物の利用の許諾」（著法63）を含む広いサービス利用権を想定していると考えられますが、「著作物の利用の許諾」と「著作物の利用の許諾」を含む広いサービス利用権との範囲の相違については、財務省『平成27年度 税制改正の解説』の説明を確認しても明確ではなく、早急な規定の見直しが望まれます[157]。

156　脚注19　下尾裕40・54頁参照。

〈消費税法基本通達5-8-3（電気通信利用役務の提供）について〉

消費税法2条1項8号の3に規定される「電気通信利用役務の提供」については、消費税法基本通達5-8-3に次のような解釈が示されています。

〈消費税法基本通達5-8-3（電気通信利用役務の提供）〉

電気通信利用役務の提供とは、電気通信回線を介して行われる著作物の提供その他の電気通信回線を介して行われる役務の提供であって、他の資産の譲渡等の結果の通知その他の他の資産の譲渡等に付随して行われる役務の提供以外のものをいうのであるから、例えば、次に掲げるようなものが該当する。

(1)　インターネットを介した電子書籍の配信

(2)　インターネットを介して音楽・映像を視聴させる役務の提供

(3)　インターネットを介してソフトウエアを利用させる役務の提供

(4)　インターネットのウエブサイト上に他の事業者等の商品販売の場所を提供する役務の提供

(5)　ウエブサイト上に広告を掲載する役務の提供

(6)　電話、電子メールによる継続的なコンサルティング

（注）電気通信利用役務の提供に該当しない他の資産の譲渡等の結果の通知その他の他の資産の譲渡等に付随して行われる役務の提供には、例えば、次に掲げるようなものが該当する。

1　国外に所在する資産の管理・運用等について依頼を受けた事業者が、その管理等の状況をインターネットや電子メール（以下5-8-3において「インターネット等」という。）を利用して依頼者に報告するもの

2　ソフトウエア開発の依頼を受けた事業者が、国外においてソフトウエア開発を

157　上竹良彦＝藤山智博＝城戸格＝西田勇樹「消費税法等の改正」『平成27年度税制改正の解説』832・833頁によれば、当該著作物の利用の許諾を含むではなく、「当該著作物の利用の許諾に係る取引を含む。」と規定されている理由を次のように説明していますが、その説明内容は必ずしも明確ではありません。「インターネット等を介して電子書籍、映像、音楽、ゲームのアプリケーション、ソフトウエア等のデジタルコンテンツを利用させる取引の中には、一旦、利用者のPC等にそれらの電子データの複製が行われる場合があります。利用者は、必ずしもこれらのコンテンツ等を複製することについて著作権法上の使用許諾を得ているのではなく、当該コンテンツ等にアクセスし、利用できるようにするという役務の提供を受けているものと考えられますが、**こうした役務の提供については、利用者のPC等に複製が行われることに対して不法行為法上の権利を主張しない（不作為行為の負担）という意味での使用許諾という面もあり、これらの混合契約と解する余地があるとの指摘があります**。こうした点を踏まえ、消費税法第2条第1項第8号の3の規定においては、「電気通信回線を介して行われる著作物の提供その他の電気通信回線を介して行われる役務の提供」に、「当該著作物の利用の許諾に係る取引を含む。」と規定することによって、消費税法の適用上、役務の提供に該当することを明確にしています。」（下線と強調は筆者）

行い、完成したソフトウエアについてインターネット等を利用して依頼者に送信するもの

上記のとおり、消費税法基本通達 5-8-3 は「電気通信利用役務の提供」に該当しないものを、「他の資産の譲渡等の結果の通知その他の他の資産の譲渡等に付随して行われる役務の提供」と説明し、「電気通信利用役務の提供」に該当しない取引として主たる取引に付随するインターネット取引を説明し、「(注)2　ソフトウエア開発の依頼を受けた事業者が、国外においてソフトウエアの開発を行い、完成したソフトウエアについてインターネット等を利用して依頼者に送信するもの」を例に挙げています。

つまり、①オープンシー（OpenSea）に代表されるプラットフォーム事業者が提供するサービス（サービス利用権）のように、インターネットを介して取引することが必須の取引は「電気通信利用役務の提供」に該当し、②郵送等に代替可能でありインターネットを利用することが付随的取引と位置付けられるようなソフトウェア開発を主とする取引は「電気通信利用役務の提供」に該当しないということです。

第 3 項……消費税法上の内外判定

下尾裕は、消費税法上、資産の所在が不明な場合にはバスケット条項が定められていることから、所得税法及び法人税法、とりわけ国内源泉所得該当性と比較すると議論は単純であると議論しています。資産の所在が不明な場合にはバスケット条項が適用され、電気通信利用役務の提供である場合には、資産の譲渡等が国内で行われたかどうかの判定は、役務提供者の事務所等の所在地としています[158]。

〈所在不明な資産は事務所等所在地主義で判定するのが原則〉

インターネットを介する取引のような所在不明資産については、譲渡者・貸付者の事務所等の所在地（事務所等所在地主義。消令 6 ①十）によって内外判定が適用されますので、オープンシー（OpenSea）に代表されるプラットフォーム事業者のアート NFT の発行は国外取引に該当して不課税が原則になり、NFT の購入者（保有者）から NFT の再購入者への二次流通は国内取引に該当して課税が原則になります。

〈所在不明な役務の提供は役務提供者事務所等所在地主義で判定するのが原則〉

インターネットを介する取引のような所在不明な役務の提供については、役務提供者の役務の提供に係る事務所等の所在地（事務所等所在地主義。消令 6 ②六）によって内外判定がされますので、恒久的施設（PE）のない外国法人によるアート NFT の発行は国外取引に該当して不課税が原則になり、アート NFT の購入者（保有者）による二次流通は国内取引に該当して課税が原則になります。

以上の説明を図表にすると、次のようになります。

158　脚注 19　下尾裕 40 頁参照。

図表 4-3……消費税法上の「電気通信利用役務の提供」か否かの課税関係

オープンシー（OpenSea）に代表される
プラットフォーム事業者が提供するサービス
（サービス利用権）の提供取引

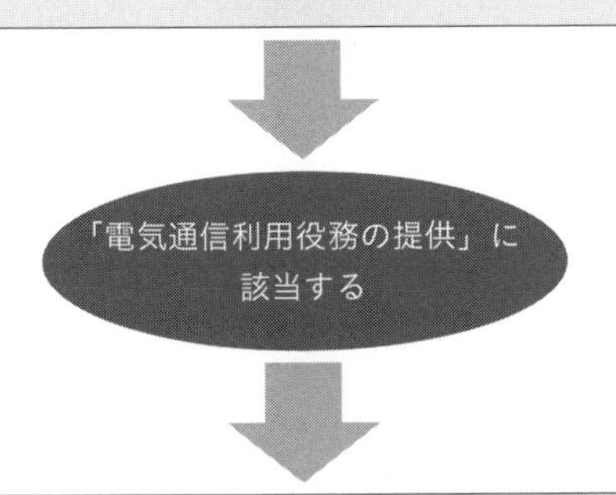

インターネットを介して取引することが
必須の取引

「電気通信利用役務の提供」に
該当する

「電気通信利用役務の提供」に該当する場合は、役務提供を受ける相手が国内事業者であれ国外事業者であれ、「電気通信利用役務の提供」を受ける者の住所若しくは居所又は本店若しくは主たる事務所の所在地（役務享受者所在地主義。消法 4 ③三）により判定されるので消費税は課税される

ソフトウェア開発を主とする取引

郵送等に代替可能である等
インターネットを理由することが
付随的取引と位置付けられる取引

「電気通信利用役務の提供」に
該当しない

「電気通信利用役務の提供」に該当しない場合は、著作権（出版権及び著作隣接権その他これに準ずるものを含む。）の譲渡又は貸付けについては譲渡者・貸付者の住所地（債権者主義。消令 6 ①七）で課税されるか否かを判断するのが原則とされ、インターネット上で取引される所在不明資産については、譲渡者・貸付者の事務所等の所在地（事務所等所在地主義。消令 6 ①十）が適用されるので消費税は課税されない

図表4-4……消費税法上の内外判定

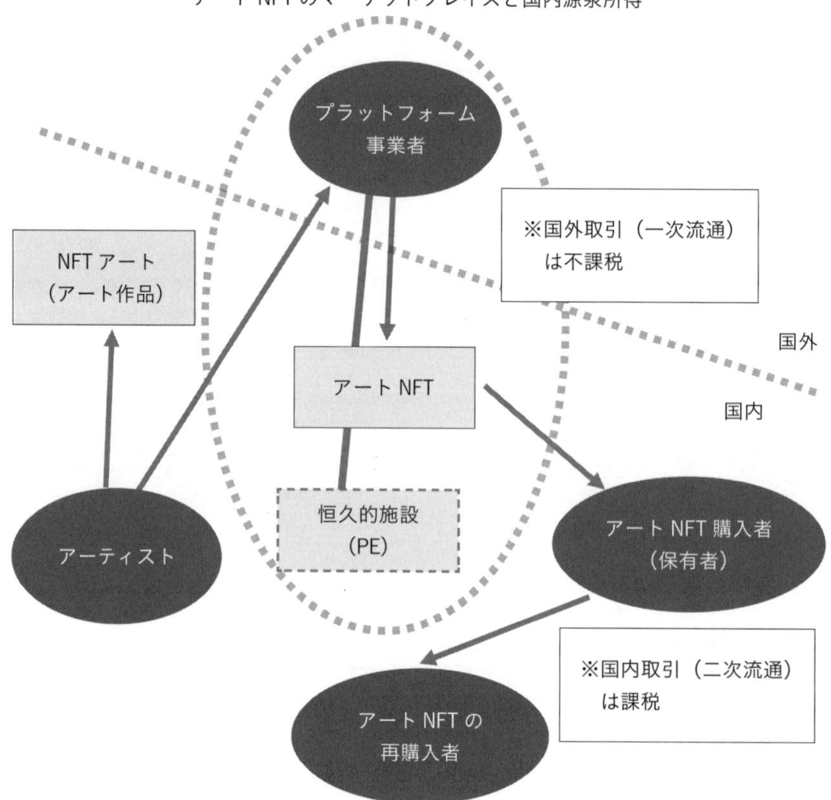

※所在不明な資産については、譲渡者・貸付者の事務所等の所在地（事務所等所在地主義）（消令6①十）が適用されるのが原則

コラム20

租税法上の著作権は固有概念か借用概念か

COLUMN

租税法に規定される著作権関係の概念は、租税法の固有概念なのか借用概念なのかという大きな問題があります。借用概念とは金子宏著『租税法[第24版]』の中で提唱された考え方であり、租税法以外の他の法分野で用いられている概念をそのまま租税法に借りてくるということです。

例えば、先行文献を読んでいると、租税法上の著作権関係の規定を全て固有概念と考えているためなのか、著作権の譲渡と著作物の利用の許諾を混同する等著作権法の規定に全く関心がないことが分かります。そして大きな問題なのは、租税法上の著作権関係の固有概念が不明確であるということです。

租税法上の著作権関係の規定を借用概念と考えれば、例えば、租税法上の「著作権の使用料」の内容は、著作権法上の著作物の利用の許諾に依拠していると考えなければなりません。租税法上の「著作権の使用料」を著作物の利用の許諾に依拠して考えるということは、著作物の利用の許諾と著作権の譲渡とを明確に区分することにもつながります。

「著作権の使用料」が著作権法の借用概念であることは、これまでの判例等の蓄積から明らかだと思います。著作権法は11個の複製権等の支分権を規定していて、アートNFTが関係するのはその内の7個です。国税当局は、アートNFTを「デジタルアートの閲覧に関する権利」と定義し、SNSのアイコンとして使用したりHPに貼り付けたりすることを複製権と公衆送信権等の対価と定義しました（NFTのFAQ 10（15頁））。

租税法上の著作権関係の規定を全て固有概念と考えて、著作権法の規定を全く斟酌しないことは誤りとは言えませんが、国税当局が仮にその定義を全く考えていないとなると大問題と言えるでしょう。

実際、著作権等の譲渡又は貸付けのうち、「著作権等の貸付け」は著作権法には存在しない概念であり、著作権法上の著作物の利用の許諾との関係もはっきりしません。

まさかとは思いますが、国税当局は消費税法上の「資産の譲渡又は貸付け」の「資産」に「著作権等」を当てはめただけで、著作権法の規定との関係は深い内容検討をしていなかった可能性もあります。そうだとすれば、「著作権等の譲渡」には含まれない「著作権等の貸付け」の中に著作物の利用の許諾は当然に含まれることになりそうですが、本当はどうなのでしょうか。

第4節

消費税の内外判定と外国における著作権等の定義の関係

消費税法基本通達5-7-6は次のとおりとなっています。

〈消費税法基本通達5-7-6（著作権等の範囲）〉

令第6条第1項第7号《著作権等の所在地》に規定する「著作権」、「出版権」又は「著作隣接権」とは、次のものをいう（外国におけるこれらの権利を含む。）。（平23課消1-35により改正）

(1)　著作権　著作権法の規定に基づき著作者が著作物に対して有する権利をいう。

(2)　出版権　著作権法第3章《出版権》に規定する出版権をいう。

(3)　著作隣接権　著作権法第89条《著作隣接権》に規定する著作隣接権をいう。

〈外国における著作権等、著作権者が明確な場合の判断基準〉

消費税法基本通達5-7-6に特徴的なのは、著作権、出版権又は著作隣接権に「外国におけるこれらの権利を含む。」というそれぞれの国で適用される外国の著作権法を意識した定めがあることです。

例えば、アートNFTの購入者（保有者）からアートNFTの再購入者が二次流通によりアートNFTを取得した場合、フランス等の追及権を考慮したNFTアート（アート作品）の著作権者がその都度手数料を受け取るような仕組みを構築することが可能であり、それがアートNFTの取引の特徴になっています。

〈著作権等のインターネット取引は所在不明な役務提供として一律に処理しないこと〉

ここで留意するべきは、著作権等のインターネット取引は、NFTアート（アート作品）の著作権者がその都度手数料を受け取るような仕組みを所在不明な資産として一律に判断する場合も含めて、所在不明な役務の提供として役務提供者の役務の提供に係る事務所等の所在地（事務所等所在地主義。消令6②六）で内外判定をするべきではありません。

〈著作権等の譲渡又は貸付けは債権者主義により判定されるのが原則〉

著作権（出版権及び著作隣接権その他これに準ずる権利を含む。）又は特別の技術による生産方式及びこれに準ずるもの（以下「著作権等」といいます。）の譲渡又は貸付けの場合、著作権等の譲渡者・貸付者の住所地（債権者主義。消令6①七）により判定すると規定されていることに留意します。

つまり、インターネットを通じた取引であるとしても、資産の譲渡又は貸付けであれば「資産が所在していた場所」が原則とされ（資産所在地主義。消法4③一）、著作権等の譲渡又は貸付けの場合には、著作権等の譲渡者・貸付者の住所地（債権者主義。消令6①七）が規定されています。著作物の利用の許諾（著法63）やサービス利用権の利用の許諾であれば「役務の提供が行われた場所」（役務提供地主義。消法4③二）、さらに、電気通信利用役務の提供であれば「役務の提供を受ける者の住所若しくは居所又は本店若しくは主たる事務所の所在地」（役務享受者所在地主義。消法4③三）で内外判定されます。

〈外国の著作権法に依拠した取引は外国の著作権法に基づいて消費税法上の処理をすること〉

著作権（出版権及び著作隣接権その他これに準ずるものを含む。）又は特別の技術による生産方式及びこれに準ずるもの譲渡又は貸付けに係る事実関係が明確である場合については、著作権等の譲渡者・貸付者の住所地（債権者主義。消令6①七）により内外判定をするのが原則になり、外国の著作権法に依拠した取引は外国の著作権法に基づいて消費税法上の処理をすることになります（消基通5-7-6）。

〈外国における著作権等の適用場面　その1〉

アートNFTの購入者（保有者）からアートNFTの再購入者が二次流通によりアートNFTを取得した場合、NFTアート（アート作品）の著作権者がその都度手数料を受け取るような仕組みを構築する場合、この手数料は、日本の著作権法に照らせば著作物の利用の許諾（著法63）の対価には含まれず、サービス利用権の利用の対価に含まれることになります[159]。しかしながら、オープンシー（OpenSea）に代表されるプラットフォーム事業者の所在地にフランスのように追及権を認める著作権法が存在すれば、資産の譲渡又は貸付けであれば資産の所在地（資産所在地主義。消法4③一）により内外判定、サービス利用権のような役務提供であれば役務提供が行われた場所（役務提供地主義。消法4③二）で内外判定、さらに電気通信利用役務の提供であれば役務提供を受ける者の住所・居所又は本店等主たる事務所等の所在地（役務享受者所在地主義。消法4③三）で内外判定をするべきです。そして、著作権（出版権及び著作隣接権その他これに準ずるものを含む。）の譲渡又は貸付けに係る債権者が明確である場合については、譲渡者・貸付者の住所地（債権者主義。消令6①七）で内外判定をするべきです。このように、それぞれの国での著作権の適用関係を考慮することも1つの方法であると考えます。

〈外国における著作権等の適用場面　その2〉

同様の議論は、アートNFTゲームのアクシー・インフィニティー（Axie Infinithy）の舞台装置であるアートNFTを第三者に貸し付けて暗号資産（仮想通貨）の報酬を得るような場面でも起こり得ます。基本的には、日本の著作権法に照らしてサービス利用権の対価として整理するべきですが、外国著作権法上の著作物の利用の許諾の対価として分類される可能性も十分にあります。

アクシー・インフィニティの舞台装置の対価は著作物の利用の許諾に該当するという議論は、アクシー・インフィニティー（Axie Infinithy）の開発会社、スカイメイビス社（SkyMavis.com）の所在するベトナムの著作権法に基づいた議論と考えられます。つまり、フランス法を基礎に成立していると考えられるベトナムの著作権法に基づいた議論と考え

159　脚注19　下尾裕43・44頁参照

られます。

〈外国における著作権等の適用場面　その3〉

柳谷憲司「特集　確定申告に向けたデジタル財産の把握と所得区分・計算メタバース」[160]は、ブロックチェーンゲームのザ・サンドボックス（The Sandbox）内の土地が民法上の有体物[161]に該当しないことを指摘した上で、「メタバース内の土地は、メタバース上の利用規約に基づく一種の利用権と整理できる」と指摘しますが、ザ・サンドボックス（The Sandbox）内の土地取引が有体物に該当しないのは自明のことであり、基本的にはサービス利用権の対価として整理するべきです。

ザ・サンドボックス（The Sandbox）内の土地取引が著作物の利用の許諾（著法63）の対価に該当しないとしても、外国著作権法上の著作物の利用の許諾の対価として分類される可能性があり、同様の議論が適用されます。アクシー・インフィニティー（Axie Infinithy）の舞台装置であるアートNFTを第三者に貸し付ける場面と同じ議論が必要です。

以上の著作権等の譲渡又は貸付けを中心にする消費税の内外判定をまとめると次の図表ように整理できますが、複雑多岐な内容であることから慎重な内容検討が必要です。

図表4-5……著作権等の譲渡又は貸付けを中心にする消費税の内外判定のまとめ
（下線と強調は筆者）

取引の類型	内外判定の基準	内容説明
著作権等の譲渡又は貸付けが国内において行われたかどうかの判定	**著作権等の譲渡又は貸付け** ※を行う者の住所地 （債権者主義。消令6①七）	著作権等（出版権及び著作隣接権その他これに準ずるものを含む。）の譲渡又は貸付けについては**譲渡者・貸付者の住所地（債権者主義**。消令6①七）**が原則であることに留意する**
資産の譲渡 （原則①）	資産の所在地 （資産所在地主義。 消法4③一）	**所在不明資産については、譲渡者・貸付者に係る事務所等の所在地（事務所等所在地主義**。消令6①十） **インターネット取引を一律に所在不明資産として判断しないことに留意する**
資産の貸付け （原則②）	資産の所在地 （資産所在地主義。 消法4③一）	
役務提供 （原則③）	役務提供が行われた場所 （役務提供地主義。 消法4③二）	**役務提供の場所が不明な場合は役務提供者の役務提供に係る事務所等の所在地（事務所等所在地主義。** 消令6①十）

160　柳谷憲司「特集　確定申告に向けたデジタル財産の把握と所得区分・計算メタバース」『税理』65巻15号43頁参照。「一種の利用権」という単純な議論では議論は完結しません。著作物の利用の許諾（著法63）に該当するか否か、仮に日本の著作権法上の著作物の利用の許諾（著法63）に該当しないとしても、消費税法基本通達5-7-6の説明する外国の著作権の利用の許諾の対価に含まれるか否かということが重要になります。

161　民法85条（定義）は、「この法律において「物」とは、有体物をいう。」と規定し、民法86条（不動産及び動産）1項は、「土地及びその定着物は、不動産とする。」、同条2項は、「不動産以外の物は、すべて動産とする。」と規定しています。

電気通信利用役務の提供（原則④）	**役務提供を受ける者の住所・居所又は本店等主たる事務所等の所在地**（役務享受者所在地主義。消法4③三）	平成27年度税制改正により、国外取引とされていた「国外の事業者が、国外の事務所等から国内の事業者・消費者に対して行う電気通信利用役務の提供」が国内取引に位置付けられることとなり、提供者の違いによる内外判定の差異が解消[162]
著作権等の範囲	著作権（出版権及び著作隣接権その他これに準ずる権利を含む。）又は特別の技術による生産方式及びこれに準ずるもの（以下「著作権等」といいます。）	消費税法基本通達5-7-6（著作権等の範囲）に規定する「著作権」、「出版権」又は「著作隣接権」とは、次のものをいう（**外国におけるこれらの権利を含む。**）。 (1)　著作権　著作権法の規定に基づき著作者が著作物に対して有する権利をいう。 (2)　出版権　著作権法第3章《出版権》に規定する出版権をいう。 (3)　著作隣接権　著作権法第89条《著作隣接権》に規定する著作隣接権をいう。
資産に係る権利の設定の意義	消基通5-4-1	消費税法2条2項《資産の貸付けの意義》に規定する「資産に係る権利の設定」とは、例えば、土地に係る地上権若しくは地役権、特許権等の工業所有権に係る実施権若しくは使用権又は**著作物**に係る出版権の設定をいう。
資産を使用させる一切の行為の意義	消基通5-4-2	消費税法2条2項《資産の貸付けの意義》に規定する「資産を使用させる一切の行為（当該行為のうち、電気通信利用役務の提供に該当するものを除く。）」とは、例えば、次のものをいう。 (1)　省略 **(2)　著作物**の複製、上演、放送、展示、上映、翻訳、編曲、脚色、映画化その他**著作物**を利用させる行為 (3)　省略

※「著作権の譲渡」（著法61）が著作権法上に規定されているのに対して、「著作権等の譲渡又は貸付け」（消令6①七）のうち、「著作権等の貸付け」は税法上の固有概念であり、「著作物の利用の許諾」（著法63）が含まれるか否かを含めてその範囲は必ずしも明確ではありません。

第5節

消費税の輸出免税該当性

下尾裕は、消費税の輸出免税該当性について、「輸出免税の場合には、条文の構造上、非居住者に対する資産の譲渡とか役務提供というのをすべからく輸出免税の対象にしているわけではなくて、あくまでも、法令上限定列挙されているものだけを対象にしています。そうすると、先ほどの資産の譲渡・貸付けの場面で、これが著作権等の譲渡等に当たるとして内外判定を行う場合には輸出免税の対象になりますけれども、これに該当せず、所在

162　脚注157　上竹良彦＝藤山智博＝城戸格＝西田勇樹831頁参照。

不明の資産の譲渡等として内外判定を行う場合には、輸出免税の対象にならないということになりそうです。」[163]（下線と強調は筆者）と議論します。つまり、アートNFT取引を著作権等の譲渡等に該当すると考える場合は、日本で発行されるアートNFTの非居住者に対する発行は輸出免税の対象になりますが、インターネット上のアートNFT取引を所在不明の資産の譲渡等として内外判定を行う場合には、輸出免税の対象になりません。

また、下尾裕は、著作権（出版権及び著作隣接権その他これに準ずるものを含む。）の譲渡又は貸付けは「その他これに準ずるもの」に著作物の利用の許諾（著法63）が含まれるか否かが輸出免税の判定で問題になりますが、所得税における議論と同様に、「その他これに準ずるもの」に著作物の利用の許諾（著法63）は含まれないので輸出免税に該当しないと議論します[164]。

下尾裕の輸出免税該当性のある取引類型と想定されれる取引の議論を図表にすると次のようになります。

図表4-6……**輸出免税該当性**[165]

該当可能性のある取引類型	想定される取引
①　著作権（出版権及び著作隣接権その他これに準ずるものを含む。）の譲渡又は貸付けで非居住者に対して行われるもの（消法7①五、消令17②六）	日本で発行されるアートNFTの非居住者に対する発行
②　非居住者に対して行われる役務の提供で国内において直接便益を享受するもの以外のもの（消法7①五、消令17②七）	アートNFTのうち、例えば、国外でのイベント参加など、実生活でのサービスを伴うもの（インターネット上のものを除く）

上記各取引類型による輸出免税の適用を受ける場合、資産の譲渡等の相手方の氏名又は名称及びその住所の記載が必要です（消法7②・消規5①四ホ）。アートNFTの取引においては、相手方が匿名である場合もあり、輸出免税の法律上の要件を満たさない場合が大部分である考えられます。

第6節

適格請求書（インボイス）制度の問題点

下尾裕は、適格請求書（インボイス）制度について、アートNFTの取引相手の匿名性を中心に適格請求書（インボイス）制度の問題点を指摘しています[166]。

令和5年10月1日から施行される適格請求書（インボイス）制度の下では、買手は仕

163　脚注19　下尾裕41・55頁参照。
164　脚注19　下尾裕41・55頁参照。
165　脚注19　下尾裕55頁を参考に筆者作成。
166　脚注19　下尾裕41・55頁参照。

入税額控除を受けるために、取引相手（売手）である登録事業者から交付を受けたインボイスを保存し、又は自ら作成した仕入明細書のうち、一定の事項（インボイス記載が必要な事項）が記載され取引相手方からの確認を受けたものを保存する必要がありますが、アートNFTの取引については、取引相手方が匿名である場合が多く、仕入税額控除の要件を満たさないことが多いと考えられます。

近年多く発行されているアートNFTの購入者（保有者）は大部分が一般消費者であることから、経過措置期間経過後は仕入税額控除が認められなくなる可能性があり、少なくとも国内のマーケットプレイスではインボイス制度を前提とした設計が求められます。

しかしながら、アートNFTはそもそも匿名性が高いのが特徴であり、オープンシー（OpenSea）に代表されるプラットフォーム事業者である恒久的施設（PE）のない外国法人や非居住者はもちろんのこと、国内のマーケットプレイスを運営する内国法人や居住者が日本の消費税、とりわけ適格請求書（インボイス）制度を考慮した制度設計をすることは今のところ難しいと考えられます。

第5章

NFTの法定調書関係

第1節

財産債務調書への記載の要否
(NFTのFAQ 13(21頁))

[質疑応答全文]

問13　国内外のマーケットプレイスで購入したNFTを保有しています。NFTは財産債務調書への記載の対象になりますか。

(答)　保有しているNFTが、12月31日において暗号資産などの財産的価値を有する資産と交換できるものである場合、財産債務調書への記載が必要になります。

[解説]

○　財産債務調書には、NFTの種類別(アート、音楽、スポーツ、ゲーム等)、用途別及び所在別(注)に記載してください。

なお、財産債務調書合計表においては、「財産の区分」欄の中の「その他の財産(上記以外)」欄に記載してください。

(注) NFTの所在については、国外送金等調書規則第12条第3項第6号及び第15条第2項の規定により、その財産を有する方の住所(住所を有しない方にあっては、居所)の所在となります。

○　NFTを購入したマーケットプレイスの所在が国内か国外かにかかわらず、財産債務調書への記載が必要になります。

[筆者解説]

国内外のマーケットプレイスで購入したアートNFTは、国外送金等調書規則12条3項6号及び15条2項の規定により、財産を有する方の住所(住所を有しない方にあっては、居所)の所在によって国内にあるかどうかを判定することになります。

したがって、居住者が国外のマーケットプレイスで購入したアートNFTであっても、所有者が国内に居住していれば、アートNFTを購入したマーケットプレイスの所在が国内か国外かにかかわらず、財産債務調書への記載の対象になりますので注意する必要があります。

第 2 節

財産債務調書への NFT の価額の記載方法
（NFT の FAQ 14（22 頁））

［質疑応答全文］

問 14　NFT の価額は、どのように記載すればよいですか。

（答）　NFT の価額については、その年の 12 月 31 日における「時価」又は「見積価額」により記載します。

［解説］

○　財産債務調書に記載する財産の価額は、その年の 12 月 31 日における「時価」又は時価に準ずるものとして「見積価額」によることとされています。

○　NFT については、その年の 12 月 31 日における NFT の現況に応じ、不特定多数の当事者間で自由な取引が行われる場合に通常成立すると認められる価額を時価として記載します。

（注）その年の 12 月 31 日における市場取引価格が存在する NFT については、当該市場取引価格を時価として差し支えありません。

○　また、財産債務調書に記載する財産の価額は、その財産の時価による算定が困難な場合、見積価額を算定し記載しても差し支えありません。

NFT の見積価額は、例えば、次のような方法により算定された価額をいいます。

①　その年の 12 月 31 日における売買実例価額（その年の 12 月 31 日における売買実例価額がない場合には、その年の 12 月 31 日前の同日に最も近い日におけるその年中の売買実例価額）のうち、適正と認められる売買実例価額

②　①による価額がない場合には、その年の翌年 1 月 1 日から財産債務調書の提出期限までにその NFT を譲渡した場合における譲渡価額

③　①及び②がない場合には、取得価額

［筆者解説］

財産債務調書に記載するアート NFT の価額は、不特定多数の当事者間で自由な取引が行われる場合に通常成立すると認められる価額を時価とすることが基本となり、市場取引価格がある場合には、市場取引価格になります。その財産の時価による算定が困難な場合は、見積価額によることもでき、見積りもできない場合には取得価額になります。

第 3 節
国外財産調書への記載の要否
(NFT の FAQ 15（23 頁))

[質疑応答全文]

問 15　国外のマーケットプレイスで購入した NFT を保有しています。NFT は国外財産調書への記載の対象になりますか。

(答)　国外財産調書への記載の対象にはなりません。

[解説]

○　NFT は、国外送金等調書規則第 12 条第 3 項第 6 号の規定により、財産を有する方の住所（住所を有しない方にあっては、居所）の所在により「国外にある」かどうかを判定する財産に該当します。また、国外財産調書は、居住者（国内に住所を有し、又は現在まで引き続いて 1 年以上居所を有する個人をいい、非永住者を除きます。）が提出することとされています。

したがって、居住者が国外のマーケットプレイスで購入した NFT は、「国外にある財産」とはなりませんので、国外財産調書への記載の対象にはならず、財産債務調書への記載の対象となります。詳しくは問 13 をご参照ください。

[筆者解説]

居住者が国外のマーケットプレイスで購入したアート NFT は、国外送金等調書規則 12 条 3 項 6 号の規定により、財産を有する方の住所（住所を有しない方にあっては、居所）の所在により「国外にある」かどうかを判定することとなります。

国外送金等調書規則 12 条 3 項 6 号には、「相続税法第十条第一項及び第二項並びに前項並びに前各号に規定する財産以外の財産については、当該財産を有する者の住所（住所を有しない者にあっては、居所）の所在」と規定されています。

したがって、居住者が国外のマーケットプレイスで購入したアート NFT は、「当該財産を有する者の住所（住所を有しない者にあっては、居所）の所在」となり、アート NFT を有する居住者の所在は国内という結論になります。したがって、居住者が国外のマーケットプレイスで購入したアート NFT は国外にある財産とはなりません。

つまり、居住者が国外のマーケットプレイスで購入したアート NFT は、国外財産調書への記載の対象にはならないということです。

しかしながら、そのようなアート NFT であっても、財産債務調書への記載の対象にはなりますので、留意する必要があります。

補　論

ステップン(STEPN)の税務計算

補論では、代表的なブロックチェーン・ゲームであり、令和4年に大きな話題になったステップン（STEPN）を取り上げて、個人の確定申告のための税制上の実務的手法を示します。とりわけ、令和4年5月に暗号資産（SOL）とNFT靴（スニーカー）の大暴落があったことから、ステップン（STEPN）に携わった多くの人が多額の含み損を抱えたNFT靴(スニーカー)を保有していると考えられます。その含み損対策についても言及し、ステップン（STEPN）の税制上の簡易計算を具体的に示します。

第1項……ステップン（STEPN）とは何か

ステップン（STEPN）は、歩いたり走ったりすることにより稼ぐというコンセプトにより制作されたムーブ・トゥー・アーン（move to earn）と呼ばれる新しいジャンルのブロックチェーン・ゲームです。ステップン(STEPN)は歩いたり走ったりすることにより、楽しみながら暗号資産（GST、GMT）を報酬として稼ぐことができ、プレイ・トゥー・アーン（play to earn）の一種とも言われます。

歩いたり走ったりして稼いだ暗号資産（GST）や購入した暗号資産（SOL）からは、NFT靴（スニーカー）やNFT宝石（ジェム）を資産として取得することができます。

第2項……ステップン（STEPN）の税制上の計算の概要

ステップン（STEPN）の税制上の計算は暗号資産（仮想通貨）と基本的に同じです。ステップン（STEPN）内のアートNFTの譲渡損益は譲渡所得に該当するという見解もありますが、その議論は根拠に欠け失当であると考えられることから、アートNFTであるNFT靴（スニーカー）やNFT宝石（ジェム）の譲渡によって生ずる利益も全て雑所得になるという前提で説明を進めます。

「節税の教科書　歩いて稼ぐ！ STEPNの税金計算方法」を参考にステップン（STEPN）の原則的な税制上の計算を12個に分けてまとめます[167]。国税当局による正式な見解発表は今のところありませんので、以下の記述はあくまで私見であることに留意してください。

167　みんなの株式会社（税理士法人小山・ミカタパートナーズ内）「節税の教科書　歩いて稼ぐ！　STEPNの税金計算方法」（「おかもさん」のX（旧Twitter）で修正あり。）（令和5年8月31日閲覧）

〈はじめに〉

保有している暗号資産（仮想通貨）を手放して、①現金を取得、②商品やサービスを取得及び③アルトコインと呼ばれる暗号資産（仮想通貨）を取得の3つに分けて考えます。

〈暗号資産（仮想通貨）の税制上の具体的な考え方〉

①暗号資産（仮想通貨）を取得した時の価格（平均単価）に手放した時の数量を掛けた金額を、暗号資産（仮想通貨）を手放した時に暗号資産（仮想通貨）の譲渡原価として計上します。そして、②暗号資産（仮想通貨）を取得した時のレート（平均単価）から手放した時のレートを差し引いて、暗号資産（仮想通貨）を手放した時の数量を掛けた金額を、暗号資産（仮想通貨）を手放した時に暗号資産（仮想通貨）の譲渡損益として計上します。例えば、1 GSTを100円で1,000個取得し、1GSTを70円で1,000個を消費した場合は、100,000円（100円×1,000個）が譲渡原価、30,000円（30円（100円－70円）×1,000個）が暗号資産（仮想通貨）の譲渡損として計算されることになります。

（借方）	現金預金	70,000円	（貸方）	暗号資産	100,000円
	暗号資産譲渡損	30,000円			

〈損益が発生するのはどこなのか〉

暗号資産（仮想通貨）の取引所で暗号資産（SOL等）を購入し、分散投資型Wallet又はSpendingで暗号資産（SOL等）を使用することになりますので、損益が発生しているのは暗号資産（仮想通貨）の取引所か分散投資型Wallet又はSpendingになります。最終的に円に替える暗号資産（仮想通貨）の取引所か分散投資型Walletを中心に損益を考えるのが通常です。

最終的には円を獲得する暗号資産（仮想通貨）の取引所又は分散投資型Walletを中心に収益を考えていきます。そして、資金を移動しただけでは課税されませんが、両替や円転をした時に手放した暗号資産（仮想通貨）とアートNFTについて課税されることに注意してください。つまり、暗号資産（仮想通貨）を手放した時に、①取得価額に手放した暗号資産（仮想通貨）の数量を掛けることにより譲渡原価が算出され、②手放した時のレートから取得した時のレートを差し引いた額に手放した暗号資産（仮想通貨）の数量を掛けることにより、暗号資産（仮想通貨）そのものの譲渡損益が算出されるのです。

・暗号資産の譲渡原価＝取得した時のレート（平均単価）
　　×手放した暗号資産（仮想通貨）の数量
・暗号資産の譲渡損益＝(手放した時のレート－取得した時のレート)
　　×手放した暗号資産（仮想通貨）の数量
・アートNFT譲渡損益＝アートNFTの売却価額－アートNFTの取得価額

歩いたり走ったりして稼ぐ暗号資産（GST）を収益計上するだけでなく、手放した暗号資産（仮想通貨）やアートNFTの譲渡損益の計算が必要になります。

〈必要経費と資本的支出の区分〉

❶修理、❷ジェムの合成失敗及び❸ミステリーボックスの開放は必要経費として取り扱うことができ、稼いだGSTから差し引くことが可能です。稼いだ暗号資産（GST）は稼いだ時の時価に稼いだ数量を掛けることにより計算されます。

その一方で、靴の価値を上げるような①ミント、②レベル上げ、③ソケット開放及び④レベル上げのブーストは資本的支出として資産計上することが必要であり、稼いだ暗号資産（GST）を再投資することによりNFT靴（スニーカー）を新たに取得した場合と同様に、靴箱（Shoebox）の取得価額として算定する必要があります。

〈必要経費と資本的支出の取扱い〉

まず、歩いたり走ったりして稼いだ暗号資産（GST等）は、暗号資産（仮想通貨）を歩いたり走ったりして獲得したと考え、取得した時のレートに取得した数量を掛けた金額を所得税法上の総収入金額に算入し（所法36）、雑所得として計算する必要があります。

必要経費が発生した時は、取得した時のレート（総平均法による価格）に暗号資産（仮想通貨）の数量を掛けた金額を所得税法上の費用、雑所得上の必要経費（所法37）として取り扱います。

ステップン（STEPN）のNFT靴（スニーカー）とNFT宝石（ジェム）の取得価額に加えて、資本的支出は歩いて稼いだGSTの利益からは差し引くことはできないので、資本的支出と経費の区分が重要になり、NFT靴（スニーカー）とNFT宝石（ジェム）を手放した時に、取得価額と一緒に譲渡原価として費用化することになります。

〈必要経費が発生した場合の暗号資産譲渡損益の算定〉

正確に言えば、暗号資産（GST）を消費した時は資本的支出額の算定と同様に、取得した時のレート（総平均法による価格）から消費した時のレートを差し引き、消費した数量を掛けた金額を所得税法上の損益として算定する必要があります。しかしながら、暗号資産（GST）そのものが消費されるので、暗号資産（仮想通貨）の譲渡損益として認識する必要はありません。

〈資本的支出が発生した場合の暗号資産譲渡損益の算定〉

必要経費が発生した場合と資本的支出が発生した場合の取扱いは違います。

資本的支出が発生した時は、①暗号資産（仮想通貨）を取得した時のレート（総平均法による価格）に暗号資産（仮想通貨）を消費した暗号資産（仮想通貨）の数量を掛けた金額を譲渡原価にすることに加えて、②暗号資産（仮想通貨）を取得した時のレート（総平均法による価格）から暗号資産（仮想通貨）を消費した時のレートを差し引いて、消費した暗号資産（仮想通貨）の数量を掛けた金額を暗号資産（仮想通貨）の譲渡損益として算定する必要があります。

第3項……ステップン（STEPN）の税制上の計算を具体的に検証

暗号資産（仮想通貨）の取引所、Wallet又はSpendingで損益が発生しますが、どこで利益が発生しているかを考えながら具体的処理を理解するようにしてください。

以下、12の例を挙げて説明します。

(1)　ステップン（STEPN）のWalletに暗号資産取引所から暗号資産（SOL）を送金／暗号資産取引所で送金手数料が発生

まず、暗号資産（仮想通貨）の取引所で暗号資産（SOL）を取得し、ステップン（STEPN）内のWalletに送付するので、送金手数料を経費として処理する必要があります。

（借方）			（貸方）	
	※暗号資産（SOL）	×××	現金預金	×××
	送金手数料	×××		

※　取得した時のレート（総平均法による価格）に取得した暗号資産（SOL）の数量を掛けた金額と現金預金との差額を送金手数料として処理する必要があります。

(2)　WalletからSpendingに暗号資産（SOL）を送付、暗号資産（SOL）を手放して暗号資産（GST）を取得／Walletで支払手数料が発生

WalletからSpendingに暗号資産（SOL）を送付し、暗号資産（SOL）を手放して暗号資産（GST）を取得します。暗号資産（SOL）を手放すので、Wallet内で支払手数料が発生します。

（借方）			（貸方）	
	※暗号資産（GST）	×××	※※暗号資産（SOL）	×××
	支払手数料	×××		

※　Spending内で取得した暗号資産（GST）の取得した時のレート（総平均法による価格）に取得した数量を掛けて把握した取得価額を算定します。

※※　Wallet内で取得した暗号資産（SOL）の取得した時のレート（総平均法による価格）に手放した数量を掛けて把握した取得価額との差額を支払手数料として処理します。

(3)　NFT靴を購入（資産の購入）／Spending内で暗号資産譲渡損益発生

暗号資産（SOL）を手放すので、暗号資産（SOL）を取得した時のレート（総平均法による価格）に暗号資産（SOL）の消費数量を掛けた金額を譲渡原価に計上します。

暗号資産（SOL）を手放してNFT靴（スニーカー）を取得します。

（借方）			（貸方）	
	NFT靴（スニーカー）	×××	暗号資産（SOL）	×××
			※暗号資産（SOL）譲渡益	×××

※　NFT靴（スニーカー）を取得した時に、暗号資産（SOL）を取得した時のレートとNFT靴（スニーカー）を手放した時の暗号資産（SOL）のレートの差額に消費

した暗号資産（SOL）の数量を掛けた金額が暗号資産（仮想通貨）の譲渡損益として計上されます。

(4) 歩いたり走ったりしてGSTを獲得（GST獲得で利益を上げる）／Spending内でGST獲得利益発生

一番誤解が多く、理解が難しい部分です。歩いたり走ったりして暗号資産（GST）を獲得すると、暗号資産（GST）を獲得した時のレートに暗号資産（GST）獲得数量を掛けた金額が総収入金額に算入されます（雑所得扱い）。歩いたり走ったりするという日々の役務提供により暗号資産（GST）を日々獲得すると考えると分かりやすいかもしれません。

暗号資産（GST）を獲得した時のレートに暗号資産（GST）獲得数量を掛けることにより計算します。暗号資産（GST）を獲得した時のデータは暗号資産（仮想通貨）の取引所の終値を統一的に使い、例えば、CoinMarketCapのヒストリカル・データで確認します[168]。

（借方）暗号資産（GST）×××　　（貸方）総収入金額（雑所得）×××

(5) 暗号資産（GST）と暗号資産（GMT）をレベル上げに消費（資本的支出額を資産に計上 その1）／Spending内で暗号資産譲渡損益発生

①ミント、②レベル上げ、③ソケット開放及び④レベル上げのブーストは資本的支出額として資産計上します。稼いだ暗号資産（GST）で靴を新たに取得（再投資）した場合も靴の取得価額に資産計上する必要があります。

その一方で、❶修理、❷ジェムの合成失敗及び❸ミステリーボックスの開放は経費として取り扱い、稼いだ暗号資産（GST）から直接差し引くことができます。

つまり、ミント、レベル上げ等の時に使った暗号資産（GST等）の取得価額をNFT靴（スニーカー）の譲渡原価に上乗せする必要があり、NFT靴（スニーカー）を売却するまで資本的支出は費用化できないことに留意してください。

暗号資産（GST等）を取得した時のレート（総平均法による価格）に暗号資産（GST等）の消費数量を掛けた金額が、NFT靴（スニーカー）の譲渡原価に資本的支出額として上乗せされることになります。

（借方）NFT靴×××　（貸方）暗号資産（GST）（GMT）×××
　　　　　　　　　　　　　※暗号資産譲渡益　　　　×××

※　暗号資産(GST等)の取得した時のレート(総平均法による価格)から暗号資産(GST等）のレベル上げの時のレートを差し引いた額に消費数量を掛けた金額が暗号資産（仮想通貨）の譲渡損益として計上されます。

168 CoinMarketCap「暗号資産価格、チャート、時価総額」ヒストリカル・データ（令和5年8月31日閲覧）

⑹　ミントにより新たな靴を製造（資本的支出を資産に計上　その2）／Spending内で暗号資産譲渡損益発生

①ミント、②レベル上げ、③ソケット開放及び④レベル上げのブーストは資本的支出として資産計上します。稼いだ暗号資産（GST）で靴を新たに取得（再投資）した場合もNFT靴（スニーカー）の取得価額に資産計上する必要があります。

ミントにより双子のNFT靴（スニーカー）が出た場合は、譲渡原価を半分ずつ計上する等ルールを決めておく必要があり、ミントをした時に元のNFT靴（スニーカー）の価値が下がりますが、損益は実現していないため考慮する必要はありません。

ミントにより新NFT靴（スニーカー）を取得する場合、暗号資産（GST）を取得した時のレート（総平均法による価格）に手放した暗号資産（GST）の数量を掛けて譲渡原価を算定する必要があります。

（借方）新NFT靴（スニーカー）×××　　（貸方）暗号資産（GST等）×××
　　　　　　　　　　　　　　　　　　　　　※暗号資産譲渡益　　×××

※　暗号資産（GST等）を取得した時のレート（総平均法による平均単価）から暗号資産（GST等）をミントした時のレートを差し引いた額に消費した暗号資産（GST等）の数量を掛けた金額が暗号資産（仮想通貨）の譲渡損益として損益に計上されます。

⑺　GSTを修理のために消費（修繕費の計上）／Spending内で修繕費発生

❶修理、❷ジェムの合成及び❸ミステリーボックスの開放（成功するか否かは分からないので費用化可能）は費用計上することができ、歩いたり走ったりして稼いだ暗号資産（GST）から差し引くことができます。資本的支出ではなく費用に該当するため、暗号資産（GST）を取得した時のレート（総平均法による平均単価）に暗号資産（GST）消費量を乗じた金額を費用として計上します。

それでは、暗号資産（GST）を取得した時のレートから暗号資産（GST）を消費した時のレートを差し引いた金額に暗号資産（GST）の消費数量を掛けた金額が暗号資産譲渡損益に計上されるのでしょうか。

結論としては計上されません。利益計上が必要ないか検証が必要ですが、利益確定部分は利益計上されて更に費用化される、つまり、相殺されるので計上の必要はないのです。資本的支出との大きな違いです。

（借方）修繕費×××　（貸方）暗号資産（GST）×××

⑻　靴箱（Shoebox）を購入（取得価額を資産に計上）／Spending内で暗号資産譲渡損益発生

靴箱（Shoebox）は開封までどのようなNFT靴（スニーカー）が生まれるか分からないので、仮に、Common Shoe BoxからUncommon Shoeが出たとしても、Common Shoe Boxの譲渡原価になり、レア物が出たとしても、Common Shoe Boxの譲渡原価になります。つまり、暗号資産、NFT靴（スニーカー）を売らない限りNFT靴（スニーカー）の含み益は実現せず、靴箱（Shoe Box）についても同様です。

靴箱（Shoe Box）を新たに取得した場合は、暗号資産（GST等）を取得した時のレート（総平均法による価格）に手放した暗号資産（GST等）の数量を掛けることにより譲渡原価を計算する必要があります。

（借方）靴箱（Shoe Box）　×××　　（貸方）暗号資産（SOL等）　×××
　　　　　　　　　　　　　　　　　　　　　※暗号資産譲渡益　　　×××

※　暗号資産（SOL等）を取得した時のレート（平均単価）から暗号資産（SOL等）を消費した時のレートを差し引いた額に消費した暗号資産（SOL等）の数量を掛けた金額が暗号資産譲渡損益として損益に計上されます。

⑼　NFT靴（スニーカー）を売却（収益の計上と対応する譲渡原価（取得価額＋資本的支出額）の費用化）／Spending内でNFT譲渡利益が発生

NFT靴（スニーカー）の取得価額にレベル上げによる資本的支出額を加えた金額がNFT靴（スニーカー）の譲渡原価になり、譲渡価額との差額がNFT靴（スニーカー）の譲渡損益になります。

（借方）暗号資産（GST等）×××　（貸方）NFT取得価額　　　×××
　　　　　　　　　　　　　　　　　　　　NFT資本的支出額　×××
　　　　　　　　　　　　　　　　　　　　NFT譲渡損益　　　×××

具体的な数字例で説明します。NFT靴（スニーカー）の取得価額7 SOL＝84,000円（＝12,000円×7 SOL）＋レベル上げによる資本的支出額30 GST＝9,000円（＝300円×30 SOL）の場合、NFT靴（スニーカー）の譲渡原価は93,000円（＝84,000円＋9,000円）、これを、110,000円（＝11,000円×10 SOL）で売却した場合、NFT譲渡益17,000円（＝110,000円－93,000円）になります。

（借方）暗号資産（GST等）110,000円　　（貸方）NFT譲渡原価 93,000円
　　　　　　　　　　　　　　　　　　　　　　　NFT譲渡益　 17,000円

⑽　NFT宝石（ジェム）の合成／Spending内で資産滅失損発生

NFT宝石（ジェム）はNFT靴（スニーカー）と同様に、どんなに金額が小さくてもアー

ト NFT に該当し、資産計上が必要であることに留意してください。

一定の確率で高い NFT 宝石（ジェム）になるので、NFT 宝石（ジェム）強化に成功したら取得価額を合算し、失敗したら損失分を必要経費と考えることが大事です。

〈NFT 宝石（ジェム）の取得に成功した場合の仕訳〉

（借方）新 NFT 宝石（ジェム）××××

（貸方）旧 NFT 宝石（ジェム）の取得価額　××××

旧 NFT 宝石（ジェム）の資本的支出額　××××

〈NFT 宝石（ジェム）の取得に失敗した場合の仕訳〉

（借方）資産減失損××××　（貸方）旧 NFT 宝石（ジェム）の取得価額　××××

旧 NFT 宝石（ジェム）の資本的支出額　××××

⑾ NFT 靴（スニーカー）の合成（スニーカー・バーン）／Spending 内で新しい NFT 靴（スニーカー）の合成費用発生

（借方）新しい NFT 靴（スニーカー）××××

（貸方）5 足の旧 NFT 靴（スニーカー）の取得価額　×××

※5 足の旧 NFT 靴（スニーカー）の資本的支出額　×××

※※ NFT 靴（スニーカー）の合成費用　×××

※　①ミント、②レベル上げ、③ソケット開放及び④レベル上げのブーストは資本的支出額を資産計上する必要があります。

※※　NFT 靴（スニーカー）合成に必要な費用を加えた金額が新しい NFT 靴（スニーカー）の取得価額になります。

⑿ 暗号資産（仮想通貨）のスワップ取引／Wallet 内で暗号資産（仮想通貨）のスワップ損益発生

暗号資産（GST）を USDC に交換して利益確定したような場合、取得した時のレート（総平均法による価格）から交換した時の GST レートを差し引いた金額に手放した暗号資産（GST）の数量を掛けた金額により暗号資産スワップ損益が計算されます。

（借方）暗号資産（USDC）××××　（貸方）暗号資産（GST）　××××

暗号資産（GST）譲渡損益　××××

第 4 項……ステップン（STEPN）の新機能を紹介

ステップン（STEPN）は顧客満足度を高めるために、続々と新機能を発表しています。その新機能と税制上の取扱いについて説明します。なお、内容を理解しやすくするために仮定の数値を用いて仕訳を説明しています。

⑴　NFT靴（スニーカー）のミントスクロール（Mint Scroll）

新しいNFT靴（スニーカー）の合成のためにはミント費用に加えて、ミント用巻物が必要になります。必要なミント用巻物をミントスクロール（Mint Scroll）といいます。ミント費用とNFT靴（スニーカー）合成に掛かったスクロールの費用（ミント費とミントスクロール費用との合計額）が出来上がった靴の取得価額になります。

（借方）新しいNFT靴（スニーカー）×××
（貸方）ミント費用　×××
ミントスクロール（Mint Scroll）費用　×××

⑵　新機能エンハンス（Enhance）通称・NFT靴（スニーカー）バーン

具体的な数字例で説明します。基本的には、エンハンス（Enhance）により5足分の取得価額（旧NFT靴（スニーカー）5足分の合計額185,000円）を1足にまとめて、新しいNFT靴（スニーカー）の取得価額が算出されます。

エンハンス（Enhance）をした時に新NFT靴（スニーカー）の時価（500,000円）が明確に分かる場合は、追加部分の315,000円（315,000円＝500,000円－185,000円、取得価額185,000円を超える部分）について、資産と売上に追加計上（315,000円）が必要になることに留意します。

〈新NFT靴（スニーカー）の時価（500,000円）が明確に分からない場合〉
（借方）新NFT靴（スニーカー）185,000円
（貸方）旧NFT靴（スニーカー）185,000円

〈新NFT靴（スニーカー）の時価（500,000円）が明確に分かる場合〉
（借方）新NFT靴（スニーカー）500,000円
（貸方）旧NFT靴（スニーカー）185,000円
売上　315,000円

⑶　NFT宝石（ジェム）の合成（通称・パリチャレ）

NFT宝石（ジェム）の合成（通称・パリチャレ）は基本的に経費になりますが、NFT宝石（ジェム）の合成（通称・パリチャレ）に成功した場合はNFT宝石（ジェム）の取得価額、失敗した場合は費用になることに留意してください。

〈パリチャレに成功した場合〉

具体的な数字例で説明します。購入したNFT宝石（ジェム）は資産計上、例えば、3つNFT宝石（ジェム）の取得価額合計額260,000円と取得に要した費用（暗号資産（GST））の50,000円を資産計上する必要があります。

（借方）新NFT宝石（ジェム）310,000円　（貸方）旧NFT宝石（ジェム）260,000円
暗号資産（GST）　50,000円

〈パリチャレに失敗した場合〉

購入したNFT宝石（ジェム）も掛かった暗号資産（GST）も必要経費として計算して構いません。

（借方）パリチャレ失敗費用310,000円　（貸方）旧NFT宝石（ジェム）260,000円
暗号資産（GST）　50,000円

(4)　靴のフュージョン（Fusion）（靴の合成）

フュージョン（Fusion）によりαNFT靴（スニーカー）とβNFT靴（スニーカー）靴を合成して、新規のαNFT靴（スニーカー）だけが残ります。つまり、靴のフュージョン（Fusion）（靴の合成）の場合は費用発生はありません。

（借方）新αNFT靴（スニーカー）　400,000円
（貸方）旧αNFT靴（スニーカー）　215,000円
旧βNFT靴（スニーカー）　185,000円

(5)　通常のエンハンス（Enhance）で虹靴（Rainbow Shoes）発生

虹靴（Rainbow Shoes）は、5足分の靴箱（Shoebox）により取得できますが、HP（health point）の回復はできず、HP（health point）がなくなったら使えなくなる、履き潰す靴です。年末までに履き潰せば必要経費、ただし、まだ使える状態で年を越すなら「5足分の取得価額等の合計額」が資産のまま残ることになります。

（借方）虹靴（Rainbow Shoes）　500,000円
（貸方）旧NFT靴（スニーカー）5足分　500,000円

(6)　歩いたり走ったりして拾ったNFT宝石（ジェム）とミントスクロール（ミントに必要）

歩いたり走ったりして、拾ったNFT宝石（ジェム）とミントスクロールは拾った時の市場価額で売上と資産計上が必要ですが、売上と資産計上が必要なのは拾った時に市場価額が明確な場合に限られます。購入したNFT宝石（ジェム）とミントスクロールは取得

価額で資産計上します。

（借方）NFT 宝石（ジェム）・ミントスクロール　500,000 円
（貸方）売上又は暗号資産（GST）500,000 円

⑺　NFT 宝石（ジェム）合成により NFT 虹宝石（ジェム）が発生した場合

暗号資産（GST）250,000 円を用いて NFT 宝石（ジェム）合成をすると、NFT 虹宝石（ジェム）が発生する場合があります。NFT である虹 NFT 宝石（ジェム）は虹 NFT 靴（スニーカー）のみに取付け可能ですが、虹 NFT 靴（スニーカー）が消滅すると一緒になくなります。虹 NFT 靴（スニーカー）の取扱いと同様に、年末までに使用できなくなれば必要経費扱いできます。年を越す場合には、合成に使った GEM の取得価額の合計と合成費用の合計額を資産計上します。

（借方）NFT 虹宝石（ジェム）又は経費　250,000 円
（貸方）暗号資産（GST）　250,000 円

⑻　その他の機能

その他様々な新機能が発表されていますが、NFT 靴（スニーカー）の価値を高めるような支出以外は必要経費に算入することができます。

ⅰ）サブスクのメンバーシップ（月 2,700 円）
ミントスクロールや NFT 宝石（ジェム）が復活することがあります。

ⅱ）1 日獲得 GST 上限増量のための投資
初期設定はレベル 30 の靴で 1 日最大で 300 GST しか稼げませんが、暗号資産（GMT）を投資することで 20 GST ずつ増やすことができます（最大 5 回）。

ⅲ）NFT 靴（スニーカー）のミントに双子が生まれる確率アップ

ⅳ）靴のシューボックス開封時に高いクオリティーの靴が生まれる確率アップ

ⅴ）NFT 宝石（ジェム）合成時に成功する確率アップ
基本的に保有している資産の価値を増すものではない限りは、経費扱いすることが可能です。

第 5 項……ステップン（STEPN）の税制上の簡易計算の提示

⑴　はじめに

まず、ステップン（STEPN）の税制上の簡易計算を提示します。ステップン（STEPN）の十分な記録を付けていない方や計算をしていてもうまく課税所得が算定できない方はステップン（STEPN）の税制上の簡易計算の理解が重要になってきます。

NFT の FAQ においては、ゲーム内通貨（トークン）に係る取引から生じた所得は雑

所得に区分されることが明らかにされました（NFTのFAQ 8（12頁））。そして、ゲーム内通貨（トークン）に係る取引から生じた所得については、ゲーム内通貨（トークン）ベースで所得金額を計算し、年末に一括で評価する簡便法も認められています（NFTのFAQ 8（12頁））。

したがって、筆者が提唱するステップン（STEPN）の税金の簡易計算も、NFTのFAQ 8（12頁）の簡便法と整合性があると考えています。

日々の記録を全て記帳して、記帳記録を基に税制上の計算をするのが原則ですが、記帳していない方もいると思います。ステップン（STEPN）の税制上の簡易計算により、無申告による更正処分等のリスクを避ける必要があることを強調しておきます。仮に、申告の必要があるにもかかわらず無申告のまま放置すると、将来的に延滞税、無申告加算税を伴う更正処分等を受ける可能性があることに留意する必要があります[169]。

令和4年5月のステップン（STEPN）大暴落の前に、高値で暗号資産（GST）を獲得してNFT靴（スニーカー）に再投資をしている方も、トータルでは損失が出ているとしても多額の含み損はNFT靴（スニーカー）を売却しない限り実現しませんので、十分な記録を付けていない方と同様にステップン（STEPN）の税制上の簡易計算の利用を検討するべきです。

ステップン（STEPN）の税制上の簡易計算には2つのパターンがあると考えられます。①Spendingの暗号資産（GST）を全てWalletに移転しますが、NFT靴（スニーカー）やNFT宝石（ジェム）は保有したままの場合と、②Spending内の暗号資産（GST）とNFT靴（スニーカー）やNFT宝石（ジェム）は全て売却する場合に分けて考えます。以下は便宜的に2つのパターンを一緒に説明します。

(2) ステップン（STEPN）の税制上の簡易計算の具体的な進め方

ステップン（STEPN）に関する全ての取引を記録して、1月1日から12月31日までを集計し、翌年の2月16日から3月15日までに雑所得扱いで確定申告するのが基本ですが、十分な記録を付けていない等の場合はステップン（STEPN）の税制上の簡易計算を使って確定申告をする必要があります。

原則として所得金額が20万円超の場合は確定申告が必要ですので、必ず所得計算をする必要があります。所得計算をした結果、利益が算出され、かつ、含み損のあるNFT靴（スニーカー）を抱えている場合には年末までにNFT靴（スニーカー）の売却を検討する必要があります。

課税所得金額を、(イ) 年間出金額（回収額）に (ロ) 資産の取得価額等を加えて、(ハ) 年間入金金額（投資額）を差し引くことにより計算します。

169　読売新聞「暗号資産で申告漏れ、追徴2億円超も…年収900万円の会社員「納められる金額でない」」（令和4年2月20日）（令和5年8月31日閲覧）

・課税所得金額＝（イ）年間出金額（回収額）＋（ロ）資産の取得価額等
－（ハ）年間入金金額（投資額）

1年間の課税所得金額が計算される（イ）年間出金額（回収額）、（ロ）資産の取得価額等及び（ハ）年間入金金額（投資額）を順番に説明します。

（イ）年間出金額（回収額）

歩いたり走ったりして稼いだ暗号資産（GST）等を全て売却して日本円にした合計金額を算定します。煩雑な計算を避けるためには、年末までにNFT靴（スニーカー）やNFT宝石（ジェム）を全て売却して、含み損を実現した方が良いです。

（ロ）資産の取得価額等

年末までに売却せずに残っているステップン（STEPN）のNFT靴（スニーカー）等の取得価額等を加えます。

ⅰ）ステップン（STEPN）のNFT靴（スニーカー）の取得価額、資本的支出額及び再投資金額

NFT靴（スニーカー）を年末までに売却せずに保有している場合は、ステップン（STEPN）のNFT靴（スニーカー）の取得価額にNFT靴（スニーカー）の資本的支出額と歩いたり走ったりして稼いだ暗号資産（GST）の再投資金額を加えます。①ミント、②レベル上げ、③ソケット開放及び④レベル上げのブーストは資本的支出を資産計上することが必要です。❶修理、❷ジェムの合成失敗及び❸ミステリーボックスの開放は必要経費として取り扱い、ここの計算には関係させません。

ⅱ）ステップン（STEPN）のNFT宝石（ジェム）と靴箱（Shoebox）の取得価額

年末までに売却せずに保有している場合は、ステップン（STEPN）のNFT宝石（ジェム）と靴箱（Shoebox）の取得価額を資産の取得価額等に加えます。

ⅲ）一般的なアートNFTの取得価額

年末までに売却せずに保有している場合は、歩いたり走ったりして稼いだ暗号資産（GST）等から再投資により取得した一般的なアートNFTの取得価額を加えます。

ⅳ）暗号資産（仮想通貨）の取得価額

暗号資産（仮想通貨）の取得価額を暗号資産（仮想通貨）の取得価額が存在する場合は加えます。

（ハ）年間入金額（投資額）

暗号資産（SOL）等を購入した投資総額の日本円で計算します。

以上の関係を図表にまとめると次のようになります。

図表 補-1……ステップン（STEPN）の税務上の簡易計算まとめ（図は図解師☆ウルフ[170]）

年間所得 課税対象金額 ＝ ①年間出金額 暗号資産→法定通貨の総金額 ＋ ②資産の取得価額等 ⇩以下で詳細説明⇩ − ③年間入金額 法定通貨→暗号資産の総金額

★単位はすべて"日本円"

【②資産の取得価額等の計算方法】

STEPNのシューズ ＜a.取得価額＋b.資本的支出額＞
a. 取得価額 →購入費・ミント費・エンハンス費
b. 資本的支出額 →レベル上げ費用・ソケット開放費（稼いだGSTからの再投資額も含む）

STEPNのGEM シューボックス ＜取得価額のみ＞
GEMのアップグレード →所得額＝掛かった金額の合計

一般的なNFT（資本的支出額なし）＜取得価額のみ＞

暗号資産（仮想通貨）＜取得価額のみ＞

⑶　NFTのFAQ8（12頁）の簡便法

NFTのFAQにおいては、ゲーム内通貨（トークン）に係る取引から生じた所得は雑所得に区分されることが明らかにされました（NFTのFAQ8（12頁））。そして、ゲーム内通貨（トークン）に係る取引から生じた所得については、ゲーム内通貨（トークン）ベースで所得金額を計算し、年初と年末に一括で評価する簡便法も認められています（NFTのFAQ 8（12頁））。NFTのFAQ 8（12頁）で述べているゲーム内通貨（トークン）とは、ステップン（STEPN）等のブロックチェーンゲーム上の暗号資産（仮想通貨）やアートNFTを指すと考えられます。

NFTのFAQ 8（12頁）において説明されている【簡便法】は次のとおりです。

〈NFTのFAQ 8（12頁）において説明されるゲーム内通貨（トークン）ベースの所得金額の【簡便法】〉

【簡便法】

・　その年の12月31日に所有するゲーム内通貨（トークン）の総額
　－その年の1月1日に所有するゲーム内通貨（トークン）の総額
　－その年に購入したゲーム内通貨（トークン）の総額
　＝ゲーム内通貨（トークン）ベースの所得金額

・　ゲーム内通貨（トークン）ベースの所得金額×年末の暗号資産への換算レート
　＝雑所得の金額
　（注）年の中途で、暗号資産に交換したゲーム内通貨（トークン）がある場合には、交換で取得した暗号資産の価額を雑所得の金額に加算します。

・ゲーム内通貨（トークン）が暗号資産と交換できないなど時価の算定が困難な場合に

170　図解師☆ウルフ「図解の世界」（令和5年8月31日閲覧）

は、雑所得の金額は０円として差し支えありません。

※　この場合、「ゲーム内通貨（トークン）」を「暗号資産と交換できる他のトークン」に交換した時点で、当該トークンの価額を雑所得として申告することとなります。

STEPN等のゲーム内通貨（トークン）に係る取引から生じた税金計算の簡便法による計算を整理すると次のようになります。

〈　(1)年末の暗号資産とアートNFTの時価総額〉

〈－(2)年初の暗号資産とアートNFTの時価総額〉

〈－(3)日本円の入金金額　投資額（費用)〉

〈＋(4)日本円の出金金額　回収額（売上)〉

〈＝ゲーム内通貨（トークン）ベースの暗号資産とアートNFTの所得金額〉

多くのSTEPN愛好家は令和４年２月頃からSTEPNを始めていますから、(2)年末の暗号資産(仮想通貨)とアートNFTの時価総額から、(3)令和４年中に日本円を換算してブロックチェーンゲームに投入した金額を差し引いて、(4)令和４年中に日本円に換算してブロックチェーンゲームから出金した金額を加算します。

以上の議論をまとめると次の図表のように整理できます。

図表 補-2……**STEPN等の税金の簡便法による計算**

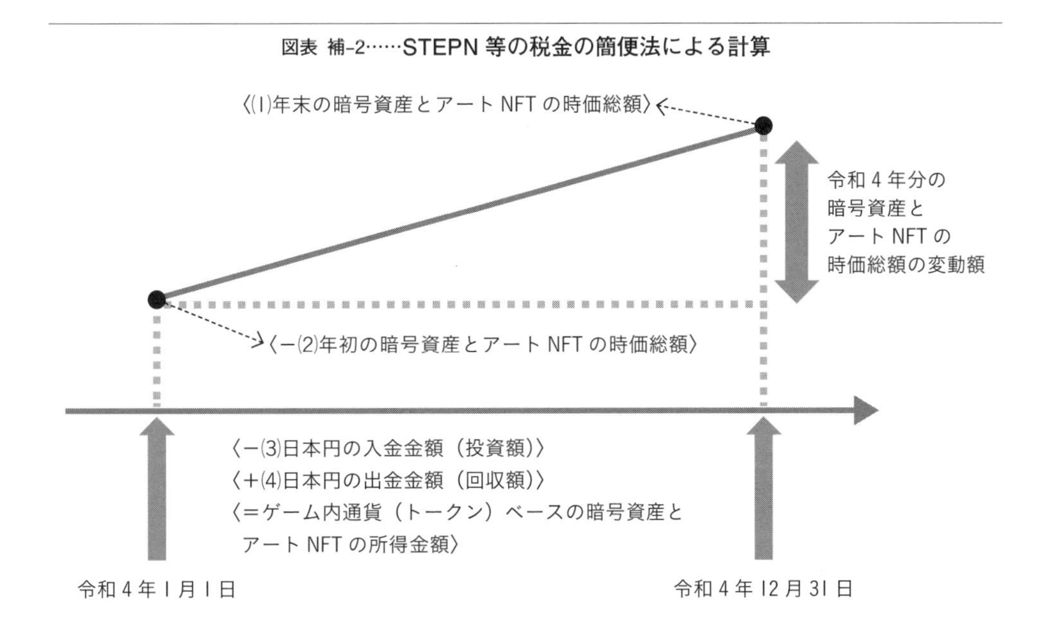

図表 補-3……STEPN 等のゲーム内通貨（トークン）の簡便法

暗号資産取引所

STEPN 等のゲーム内通貨（トークン）

暗号資産購入用
Wallet

※2

※3

分散投資型 Wallet

Spending

※1

STEPN 等のゲーム内通貨（トークン）は簡便法で計算
・暗号資産（仮想通貨）
・アート NFT

※1〈 (1)年末の暗号資産とアート NFT の時価総額〉
〈－(2)年初の暗号資産とアート NFT の時価総額〉
※2〈－(3)日本円の入金金額（投資額）〉
※3〈＋(4)日本円の出金金額（回収額）〉
〈＝ゲーム内通貨（トークン）ベースの暗号資産とアート NFT の所得金額〉

図表 補-4……損益の発生は暗号資産取引所又はゲーム内の取引

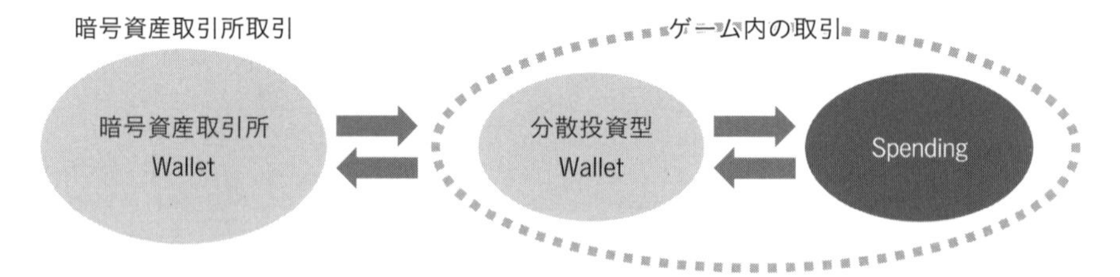

税理士　細川 健（ほそかわ たけし）の略歴

1958年11月1日，東京都渋谷区の広尾病院にて生まれる。
東京国税局勤務後税理士登録。外国法事務弁護士事務所顧問税理士，外資系企業金融機関タックス・マネージャー，国立・私立大学教授（租税法，国際租税法，法人税，租税法修士論文指導担当），国税不服審判所・国税審判官を経て，税理士業務を再開。
青山学院大学大学院国際政治経済学研究科修士課程において国際経営学修士号取得，同博士課程単位取得退学。筑波大学大学院経営・政策科学研究科企業法学専攻修士課程において法学修士号取得。
国際税務，営業権（のれん），交際費課税，重加算税関係の論文を多数執筆，『M&Aと営業権（のれん）の税務』（税務研究会出版局　2000年）と『租税法修士論文の書き方』（白桃書房　2021年）はいずれもAmazonの税法部門で1位を獲得。
趣味はプロレス，お笑い，映画鑑賞。YouTube・Udemy等で税金とプロレスのビデオを制作中。妻は洋子先生，愛猫はTAXちゃん。
連絡先：taxmania55@gmail.com

HP：https://taxmania55.com/

Facebook：https://m.facebook.com/100067509433703/

アメブロ：https://ameblo.jp/taxmania55/

Facebook：https://www.facebook.com/p/細川健-100050497809343/

暗号資産とＮＦＴの税務

発行日 ── 2024年9月16日　初版発行　〈検印省略〉

著　者 ── 細川　健

発行者 ── 大矢栄一郎

発行所 ── 株式会社　白桃書房

〒101-0021　東京都千代田区外神田5-1-15
☎03-3836-4781　Ⓕ03-3836-9370　振替00100-4-20192
https://www.hakutou.co.jp/

印刷／製本 ── 藤原印刷

Printed in Japan　ISBN 978-4-561-44185-4　C3034